人事と法の対話

新たな融合を目指して

Shinya Ouchi
大内伸哉

守島基博
Motohiro Morishima

有斐閣

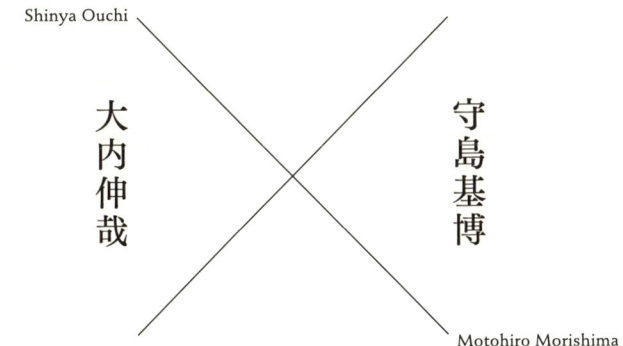

はしがき

人事管理（ＨＲＭ：Human Resource Management）と労働法とは、対立するものととらえられるのが一般的であろう。企業の立場からすると、労働法は次々とハードルを設定し、それを引き上げることにより、人事管理をやりにくくする厄介なものと映る。一方、労働法は、企業の自由に任せていると、労働者の利益が損なわれるので、正義のためにも介入が必要だというコンセプトに依拠している。確かにこれでは、両者は水と油である。

企業としては、労働法があろうとなかろうと、労働者の利益を損なうような人事管理をするつもりはないと言いたいところであろう。労働者を粗末に扱うような企業では、労働者はきちんと働かなくなり生産性が落ちてしまう。労働者の利益をしっかり守ることこそ、企業経営にとって重要なことなのである。

しかも、日本の企業は、採用した労働者の育成をしっかり行う。育成力が強すぎて、新卒で採用された段階では、特別な技能は不要であるほどである。労働者にとって、企業は、自分たちを一人前の社会人に育て上げてくれる存在でもあるのである。日本企業で働きたい外国人が多いのは、この育成力が国際的に高く評価されているからでもあろう。

もちろん、企業は、労働者に良いことばかりをするのではない。ときには、「ムチ」を使うこともある。その「ムチ」の面に目を向けておく必要もある。ただ、本書でも出てくるように、たとえば究極の「ムチ」ともいえる「解雇」や「懲戒」は、人事の頭には基本的には存在していない。「ムチ」は振り方をまちがえると、他の労働者のやる気に影響してしまう点でリスクが大きすぎる。どうしても「ムチ」を振る必要があるときでも、人事は「解雇」ではなく円満退職を、「懲戒」ではなく配転をできるだけ選択しようとするのである。

こうみると、労働法がなくても、企業は労働者を十分に保護してくれると言えそうである。労働法の介入は、むしろ余計なお節介と言えなくもない。ただ、労働法に、その役割を果たす余地がまったくないかと言うと、そうも言えないように思われる。

第一に、企業も人事でミスをすることがある。企業は、目先の利益を考えがちで、視野狭窄に陥ることもある。普遍的な公平性といった客観的な視点を導入することは、労働者の利益を守ると同時に、企業経営にも利益となる。法は、こうした視点を提供する役割を果たすことができる。

第二に、すべての企業が、労働者を大事に扱うとは限らない。世の中には、労働者の育成など考えず、労働力を使い捨てしているような企業もないわけではない。こうした企業は、生産性も上がらないから、市場で淘汰されるとも言えるが、それでも現実には一定数は存在し続ける。法は、こうした企業で働く労働者を保護するために存在意義がある。

第三に、企業が大切にする労働者とは、基本的には長期的に貢献してくれる人材である。いわゆる正社員である。しかし、企業で働く労働者の中には、正社員以外の者もいて、その数は増加傾向にある。こうした労働者（非正社員）を保護するためにも、法が必要となる。

これらの点のうち、第一点目では、人事管理と労働法は、協働関係を構築することができるであろう。たとえば、労働者の評価を公正に行うための手続要件の導入は、そうした例である。差別を禁止する法制度も、人事が陥りがちな偏見を是正するために有用である。

第二点目の問題企業への対処は、人事管理の外の世界の問題のようにも思える。ただ、グローバル化の進展、それにともなう国際競争の激化、少子高齢化の進行など、企業の置かれている環境が変わってくると、日本の優良な企業がこれまで行ってきた人事管理も変わっていかざるを得ないであろう。次々と制定される法律（高年齢者、有期労働者、派遣労働者を保護する法律など）が、そうした事態を加速させることもある。そうなると、労働者を大事に扱いたくても扱えない事態も起こりうるし、現に起きているのである。そこに、法が介入する必要性が生じる。

第三点目の非正社員の保護という視点は、人事管理と法の溝が、一番深刻となるところである。本書の中で、有期雇用の反復更新後の雇止めをめぐって、次のような箇所がある。人事からすると、有期の人を長く継続して雇用して、すでに十分に保護を与えてきたという思いがあるのに、労働法は、長く継続して雇ったために将来への期待が生じたのだから、それも保護すべきという。ここに人事管理と労働法の発想の根本的な違いがあり、この溝はなかなか埋められないかもしれない。

本書の基となる企画は、「これからの人事管理——ＨＲＭと労働法の対話」（ジュリスト一四四一号〔二〇一二年〕四三-六八頁）における対談であった。これが好評であったため、テーマを広げて単行本にしようということになった。単行本化にあたり、いくつかのテーマでは、ゲストを招いて鼎談もした。本書をとおして、雇用の現場に生起する身近なテーマを、人事の立場と法の立場の双方から、深く掘り下げることができたのではないかと思っている。その行き着く先が、「労働者はいかにしたら幸福になれるか」という課題であったことは、私には、シンプルではあるが貴重な発見であった。

近いようで近くない、でも十分に対話もできるという、人事管理と労働法の世界をぜひ読者に味わってもらいたい。

この仕事を通じて、守島さんの豊かな知識と明快な説明から、実に多くのことを学んだ。とりわけ労働法を真の意味で実効性のあるものとするためには、人事の視点や論理を知っておくのが不可欠であることは、当然とは言え改めて思い知らされた感じがする。こうした貴重な学びの機会を得られた幸運をいまひしひしと感じている。また、鼎談に参加していただいたゲストの方には、貴重な時間を割いて、有益な話をお聞かせいただいたことに、心より感謝したい。
最後になるが、本書の基となるジュリストの企画を立案してくださった中野亜樹さん、また単行本化にあたり、手間がかかる対談・鼎談の編集にご尽力くださった鈴木淳也さん、そして若い二人を温かく見守り、要所要所で的確な指揮をしてくださったジュリスト編集長の亀井聡さんには、厚く御礼を申し上げる。

平成二五年八月

大内伸哉

目次

session 03
公正な評価と納得できる賃金

session 04
人材を動かすとき

session 05
人材を育成するとき

ゲスト
株式会社ベネッセコーポレーション
人財部組織人事課課長 澤 和宏

現場では

session 08 退職のマネジメント 183

session 09 高年齢者の雇用 217

session 10 労働紛争の解決 235

session

01

人材を獲得するとき

Key Terms ▼ 採用の自由／エントリーシート／職種別採用／内々定／内定／インターンシップ／試用期間／新卒採用／中途採用／無期雇用への転換／労働者派遣／常用型派遣

1　企業の採用行動

大内　まず「採用」をテーマに取り上げたいと思います。採用というのは、法律の議論のときには、基本的には企業の判断に委ねようという意味で、「採用の自由」という言葉をよく使います。その背景にあるのは、日本の正社員は長期雇用が保障される。つまり、企業は一旦雇った正社員には、できる限り雇用を確保するということをやってきたし、また法的にも解雇権濫用法理、現在では労働契約法一六条ですが、それにより解雇が法的に制限されている。そういうことがある以上は入口の段階、つまり採用の段階では企業が望む、必要とする人材を選ぶ自由がある程度広く保障されるべきだろうという考え方がベースにあったのではないかと思います。

もちろん、女性を差別するのはいけない。これは男女雇用機会均等法五条で禁止されています。あるいは、労働組合の組合員を排除する、組合員であるがゆえに採用しないことも許されていません。[*1] 企業別組合ではあまり考えられないのですが、産業別組合も日本にはありますし、そのような企業横断的な組織である労働組合の場合にはそういう問題もあり得るわけです。こういう差別禁止ルールに引っかからない限りにおいては、企業には採用の自由が広く認められてきたのです。

ただ、学生の立場からすると、企業には採用の自由があるとはいえ、実際に採用を拒否されたときには、どうして私は採用されなかったのだろう、不採用の理由ぐらいは教えてくれないのだろうか、と不満を持つのです。企業は本当にきちんと採用をやっているのだろうか。ある程度の段階まで行った後に不採用とするのなら、多少の期待は持たせただけ、きちんと不採用の納得できる説明をしてほしいという声もあります。現在の法の世界では、何の理由もなく不採用とすることは自由ですし、不採用の理由の説明義務もありませんが、もう少し何かルールがあってもいいのではないかという声もあります。

そこでまず守島さんにお聞きしたいのは、企業は新卒についてどのような採用行動をとっているのかについてです。

守島　新卒採用というのは、まさにいま大内さんがおっしゃったように、企業にとってみると非常に重要な人材獲得の方法なのです。したがって、結構一生懸命基準なども考えるのですけれども、最終的に誰が選ばれるのかというところは、実際に面接をしている人であるとか、採用に直接かかわっている人の主観的な判断に任されている部分が非常に大きいのです。「うちの企業に合う」とか「一緒に働きたいと思う」というような曖昧な基準が使われることもあります。そういう意味では、いまおっしゃったように、後でなぜ私が落とされたのかということを企業に対して説明責任というか、説明を求めるというのは、たぶん多くの企業で戸惑うことが多いのではないかと思います。

明確な基準があって、それも客観的に測れるような基準があって、それで人を雇っているというよりは、会社の雰囲気に合っているだとか、人間として優れているとか、同僚とうまくやっていけそうだとか、ある意味では長期雇用だから当然なのですけれども、会社にうまくフィットできるかどうかという基準が重要視されるのが新卒採用の実態です。したがって、それを客観化して、どういう人が本当にフィットするのかを明確にしろと言われても、企業としてはちょっと難しい面はあるのではないかと思います。

大内　それはよく分かる気もしますが、ある面では、ややいい加減に採用されているようにも思えてしまいます。そういうことで、本当にうまく採用ができているのでしょうか。

守島　できていたのだと思います。二つ理由があって、一つはどういう人がその企業に合うかというのを最終的に判断するのは、その企業の中でまさに長期雇用されていた役員であるとか、部長といった人たちだったわけです。そうすると、その企業の雰囲

＊1　採用の拒否は不当労働行為に該当しないとする判例もある（JR北海道・日本貨物鉄道事件：最高裁平成一五年一二月二二日第一小法廷判決）が、学説はほとんどが反対している。

気であるとか、カルチャーであるとか、価値観みたいなものをある程度共有している人が最終判断をするということになり、比較的正確という言い方がいいのかは分かりませんけれども、有効な判断ができてきたというのが一つです。

二つ目は、日本の企業は、育成の力が非常に強いので、少しぐらい会社にフィットしない人が入っても、育成によって、本人の価値観とか考え方まで含めて変えていくことで、最終的にはフィットできるような人材に育てていけるということがあったのではないかと思います。その二つの意味で、いままでは採用というのが結果的にはうまくいってきたということなのだと思います。

大内　採用段階では、育成の力によっては、企業の価値観にフィットさせることが無理だろうという人材だけをとりあえず除けばよいということだったのでしょうか。そういう意味では、なぜこの人を採用するかという基準はそれほど厳密に考えなくても、やってこれたということなのですね。

守島　いまでも能力であるとか、スキルであるとか、そういう側面よりはどっちかというと人間性であるとか、協調性であるとか、同じことのちょっと違った表現としてコミュニケーション能力であるとか、そういうものが採用の中では重視されるというのは、おっしゃるようにこの人はどこまでフィットさせられるのかまたは育成できるのかというところが、企業にとっては重要な採用基準だったのだと思います。

大内　大学での専門教育というのはあまり関係ないのでしょうかね。

守島　正直に言ってしまえばそうではないですか。ちょっと話が外れるのかもしれませんけれども、理系の採用では、修士卒がいまは一般的になっていますけれども、博士卒の学生はなかなか採らないというのはいまでもあります。博士になると専門性が尖《とが》りすぎていて、狭すぎていて、その企業のビジネスの広さとか、それは将来的な意味での広さも含めてですが、それにフィットしていかないという考え方で博士卒の学生は嫌われます。

企業によっては、修士でも尖りすぎている、狭すぎる。だから学士で採って、あとはうちでいくらでも料理するという考え方を文系についてはもちろん、理系についても持っているトップの方はいまでもおられると思うのです。

大内　本来、大学というのは専門的な勉強をする場だと思いますが、それをやりすぎると企業としては扱いにくいということですね。

守島　扱いにくい。

大内　皮肉な結果ですね。

守島　そうですね。

大内　文系はちょっと違うのでしょうか。

守島　文系は、もともとあまり専門性がない世界ですから少し違います。それでも修士卒が嫌われたり、博士卒は文系の場合にはほとんど採ってくれません。年齢の問題もあるのかもしれませんけれども、専門性が尖りすぎているというのは、一般的に企業は嫌います。

大内　これは、大学関係者としては悩ましい問題ですね。

守島　そう思います。

2　エントリーシートと企業の採用活動

大内　そういう企業の採用スタイルというのは、昔から同じなのでしょうが、いまでも同じでしょうか。例えば、昔は、エントリーシートというものはなかったと思うのですが。

Motohiro Morishima

×

Shinya Ouchi

守島　一九九〇年代ぐらいから、いわゆるネット採用とよばれる、インターネットを媒介にしての採用が増えるようになって、そこでエントリーシートが入ってきました。エントリーシートというのは、いわゆる履歴書とはちょっと違っていて、もちろん自分が何をやってきたか、何に興味があるかなどは書くのですけれども、それプラスアルファでどういう人材になりたいとか、どういう夢を持っているとか、会社に何を期待するとかそういうものを書かせて提出させて、企業が読みます。

インターネットと一緒になったことの一つの問題は、大企業中心の話ですけれども、いままでは普通に郵便応募だと八〇〇〇人とか一万人ぐらいしか来なかったのが、極端に言えば一〇万人単位のエントリーシートが来る企業もある。それを最初の段階で全部スクリーニングするというのは非常に難しい。そうすると、一度不問にしたはずの学歴であるとか、学校のクオリティであるとか、そういうことを選別基準に入れざるを得ないということが起こっています。

大内　そんなにたくさん来ると、企業としては、全部をチェックするわけにはいかないですね。何かの基準でセレクションしなければならない。その基準が伝統的な選別基準である学歴ということなのですね。

守島　そうです。ある会社の人に聞いたのですけれども、ソフトがあって、エントリーシートをザーッと読み込んでいって、会社が指定したキーワードがどのぐらい使われているかをピックアップしてくれて、それで最初のふるいに掛けるという話もあります。

大内　新聞報道によると、楽天が就職専用のＳＮＳを立ち上げるなどして、企業の最初のセレクションのサポートをしようとするなどの動きも出てきているようですね。

守島　そうです。いままで話した流れによって最初のスクリーニングのところを外部の企業にアウトソースしていくようなニーズが出てきた。一種の採用代行なのですけれども、そこの部分を誰かがやってくれて、自社に直接来たエントリーシート以外のルートから何らかのリストが上がってくる、ということを企業としては結構期待するみたいです。

大内　他企業が採用の最初のスクリーニングを代行するなどというのは、うまくいくものなのでしょうか。

守島　まあ、言い方が適切かどうか分かりませんけれども、企業としては、藁をもつかみたい心境なのだと思うのです。またエントリーシートのもう一つの弊害は、内容が似通っていて、その結果、同じような人しかそのルートからは上がってこないのです。企業が、こういう人材がほしいと言って、それに対して入りたい学生はそれに合わせて書くわけですから、同じようなエントリーシートが何万とか来るのです。

大内　インターネットを使っていると、学生は、お互いに情報共有している可能性もありますね。

守島　あります。結果としてみると、アウトソースは、企業としてはエントリーシートのルートに加えて、それ以外のルートもいくつか持っていたいという、その「以外のルート」の一つではないですか。

大内　たくさん応募があるのは大変だということを考えると、例えば、企業がもう少しこういう人をほしいとか、基準をある程度公開して、企業はこういう人を望んでいるのだという情報を出したほうが採用も効率的にできるということはないですか。

守島　あります。いま実際に企業は割合そういう方向に動いていて、どういう人材がほしいのか、期待される人材像みたいなものをきちんとホームページに出したり、説明会で説明してから採用をやっています。ただ学生のほうから見て困るのは、結構企業の間で似ているのです。A社で言っていることと、B社で言っていることが比較的似ていて、学生としてはどっちに応募するかを決められないので、結局両方に応募する。その結果、またエントリーシートの数が増えていく。

大内　企業が採用のときに専門性に必ずしもこだわらないとなると、結局、企業は一般的な基準しか提示できず、そうなると、どこもそんなに変わらなくなってしまう、ということかもしれませんね。

守島　そうです。いまで言えばグローバル人材であるとか、自律的に仕事のできる人だとか、そんなことを言われたって客観的な基準などないわけだから、そういう意味では学生が少数の企業に絞り込むのは難しいのです。

大内　英語ができる人、という基準は増えていますか。

守島　英語は、いまグローバル化の中でＴＯＥＩＣ何点という最低基準などを示している企業もあります。

大内　英語が嫌いな私のような学生にとっては、きついですね。

3　採用拒否の理由開示

大内　学生はなぜ自分が落とされたかがよく分からないということについて不満をもっています。そこで、法的な規制として、採用基準を事前に示せというのはなかなか難しいところはあるかもしれませんが、なぜ採用しなかったかという理由くらいは説明させる、ということはできないか、という議論はあり得るところです。解雇のときだと、解雇理由証明書を労働者が求めれば出さなければいけないのですが（労働基準法二二条二項）、それと同じように採用拒否も、採用拒否の理由証明書を出せと言われたら困りますか。

守島　うーんとねぇ、まあ新卒か中途かによってたぶん違うと思うのです。新卒の場合は極めて難しいでしょうね。先ほど申し上げたように、その企業のカルチャーに合っているかとか、人間性が良いかという基準なので。

大内　もし理由を書けと言われたら、人間性が悪かったと書くのですかね。

守島　そうそう、だから書きにくいですよね。あなたは、この仕事に対して十分なスキルを持っていませんからというのはそれなりに書けると思うのです。そうではなくて、人間性が良くないとか、会社の価値観にフィットしないというのは書きにくいです。一般的能力、いわゆる地頭が悪かった、というのも、その人の全否定になりかねません。

大内　うちの社に合わないという理由ぐらいでも言

いにくいですか。

守島　それは言うことはあるのではないですか。

大内　それは、言ってもあまり意味がないのですね。

守島　本人にとっては、あまり意味がないと思います。うちの社に合わないと言われても、それが本人のせいなのか、会社の社風が変わっているのか分かりにくい。

大内　うちの社風のこうこうこういうところには合わないとか、うちの社風は明るいキャラクターなので、あなたの暗いキャラクターは合わないとか。

守島　やはり人間性や価値観の部分は、キャラクターにしても何にしても説明するのは難しいのではないですか。

大内　そうすると、この辺の理由を示せというのはなかなか難しいですね。

守島　新卒採用の場合は極めて難しいと思います。

大内　中途採用やパートなどの採用は、スキルを見るという要素があるから、それだと不採用の理由は言いやすくなるでしょうが、新卒の正社員採用の場合は難しいということですね。そういうことで、なかなかこの分野では法は踏み込もうとはしてこなかったわけです。

守島　まあ、踏み込まなくてもいいのでしょう。いいというか、本当に先ほどおっしゃった最低限の基準、女性であるとか、組合員であるというもの以上に踏み込むというのは、たぶん企業としては極めて困るのだと思うのです。採用はとにかく自由にさせてくれ、というのが企業の本音だし、実感でもあるのだと思います。

4　職種別採用

大内　スキルということでいうと、新卒でも職種別採用というのが最近は増えていると聞きます。

守島　確かに増えています。その中で、大学で勉強したこととか、それまで培かった専門性みたいなことをある程度考え、勘案して採用するというのが増えています。ただ、見ていると、職種別採用をやらない企業には、うちは意図的にやらないのだという所も結構あります。それはなぜかというと、結局、一つの専門の中で、経理だとか、人事だとか、営業だとかその中で育っていく人材というのは、最終的に経営人材として使いにくい。いろいろなローテーションをかけて、例えば最初は経理だとしても、三年目で営業に移したり、人事に移したりというローテーションを繰り返して人を育てていくというのが比較的一般的だからです。それをやるために、職種別採用というのは難しいのではないかという認識を持っていて、やらないと言っている企業も多いと思います。

大内　ジェネラリストがほしいということですね。ある程度どんなことでもできる人でなければ、会社の幹部としては困るということなのですね。

守島　そうです。

大内　ただ、職種別採用のメリットとしては、大体こういう仕事に向いている人に来てくれ、というメッセージを発することができて、その分だけ効率的な採用ができるという面はありませんか。

守島　それはあります。

大内　おそらく職種別採用にも二つのパターンがあって、この職種だけだと、絶対に変えない、本当に専門性を見るタイプと、ある程度この系統の仕事をやってほしいけど、場合によっては移す可能性もあるよ、という二つがあるのではないでしょうか。

守島　たぶんあるのだと思いますけれども、実際は、新卒で採って、本当にその専門の中でずうっと育てていく、キャリアを一定の専門の中だけで進ませると言う企業はたぶん少ないと思います。

大内　例えばロースクールを修了して司法試験の合格もしたが、弁護士事務所の求人は少ないので、企業の法務の専門として採用されたインハウスロイヤーのような場合は、職種の変更はないですね。こういう専門性を活かした職種別採用ということはあるのでしょうね。

守島　うん、公認会計士とかもそうですね。弁護士や会計士のような、かなり専門性の高い職種の場合は、そこだけでキャリアが形成される可能性は高いと思います。

5 内定・内々定と学生の辞退

大内 ところで、新卒採用のときによく問題となるのは「内定」という慣行です。新卒の場合には、いわゆる内々定をまず貰って、学生は内定を貰ったと言って喜ぶわけですけれども、法的には内々定の段階では、普通は拘束性がない。一〇月一日が多いと思うのですけれども内定式というのをやって、誓約書も出して、そこで本当の内定となる。最高裁の判例があり[*2]、通常は、そこで労働契約が成立することになります。そうなると、その後企業が内定を取り消すという行動をとれば、法的には一旦成立した契約を打ち切るわけですから解雇になる。そうすると、解雇の制限がかかってくる[▸session 08]。だから、内定取消しを行うには正当な理由がなければいけないという話につながっていきます。こういうのが法的な説明なのですが、実態として内定というのはどのように運用されているのか、あるいは企業の意識としてはどうなのでしょうか。

守島 企業の意識としては、まさに同じなのですけれども、内々定の段階だとそんなに強く拘束していない。だから逆に言うと、内々定を出した学生を拘束したいと思ったら、一生懸命いろいろなことをやります。旅行に連れていったり、やたらと集合をかけてみたり、先輩などを付けて、常に見張らせているという企業もあります。逆に一応内定式が終わった後は、普通に確保したという感覚ではないでしょうか。企業のほうはそれでいいと思うのですけれども、働くほうから見ると、どこで自分の、内々定にしても内定にしても自分のほうから辞められるのか。または逆にどういう状況で内定や内々定が破棄されるのか。法律的なことが分かっていないということなのかもしれませんけれども、結構心配になるようで、私もよく相談を受けます。

大内 確かに内定をめぐる法律関係というのはかなり曖昧で、一般の人が分かりにくいのは当然ですし、

*2 大日本印刷事件：最高裁昭和五四年七月二〇日第二小法廷判決

そんなクリアな話もできないのですが、一応大事なポイントとしては、先ほどの労働契約が成立するということになっていたとしても、労働者のほうからはいつでも辞める自由があるという点です。厳密に言うと、一四日前の予告は必要ですけれども、辞める自由はあるわけです（民法六二七条）。そういう意味で内定辞退は可能というのが普通の答えです。ましてや労働契約の成立には至っていない、内々定の段階であるならば、そもそも法的な拘束関係もないので、辞めるのは自由ということになるのですが、それは法的な答えであって、実際上そういうことをやると、あの大学のあの学生は内定辞退をしたという評判が立ち、来年以降あの大学からは採らないとかいうことになって、後輩に迷惑をかけるといった事実上の影響はあるかもしれません。

あとは、法的な影響が仮にあり得るとすれば、あまりに悪いタイミングで背信的に内定辞退をして、それによって会社に何らかの損害が生じていることになると、どんなに辞退が自由だと言っても、理論的には損害賠償を会社から請求される可能性はあります。

守島　そういうところを、学生は結構怖がっているのだと思うのです。内々定にしても内定にしても、学生のほうから取り消すと損害賠償を請求されるのではないかと。そこを怖がっているので、結果的にちょっと気が乗らなくてもそこに行ってしまう。そのようなことがどこまで起こっているか分からないですけれども、ゼロではないと思うのです。

大内　ただ、学生はけっこう辞退しているのではないですか。

守島　いまは辞退しますね。

大内　それで、企業の人事担当者にコーヒーをぶっかけられるとかですね。

守島　こういうことを言うと、人事の人に嫌われるかもしれませんけれども、私は学生に、基本的には全部に行きますと言って、それで後で決めればいいと言うのです。それでコーヒーをぶっかけられて、なんぼの世界だと思います。そのようにすればいいのですけれども、中には非常に小心者の学生がいて、これを断ったらいろいろなところに迷惑がかかるのではないかということを心配する人はいます。

大内　少なくとも、内定式の前の段階であれば、辞退されることを企業も覚悟すべきなのでしょうね。

守島　それはそうですね。

大内　それで、本当にこの人にはどうしても来てほしいとなると、旅行に連れていくのがいいのかということはありますが、メールをしょっちゅう送ってコミュニケーションを取っておくとか、そういう努力をすべきなのでしょうね。

守島　そうですね。だから、内々定時点の拘束については逆にうかがいたいのですけれども、内々定時点の拘束というのは、一部の企業は多少やりすぎの企業もあるのです。

大内　例えば。

守島　良い学生には内々定を四月半ばぐらいに出してしまうのですが、実質的に労働契約が結べるのは一〇月一日です。その半年間、どうやってその人をキープするのか、企業としても非常に困ってしまう。その結果、学生が他の企業に応募しないように、または応募できないようにさまざまな拘束をする場合があります。こういうことはどうなのでしょうか。

大内　これは法的な問題というよりも、モラルの問題だと思います。もちろん脅迫や暴力による監禁のようなことになったら話は別ですが。大学関係者としてみれば、就職活動が前倒しになるのは困るので、就職協定のようなものは必要かなと思う半面、そんなものがあっても契約以外の方法で学生がキープされていて、実際上は守られていないルールだったら、むしろ実態に合わせたほうがいいという考え方もあって、そこは難しいところですね。

守島　難しいところです。もう一つ最近企業がやり始めているのが、いわゆるリクルーター制を復活して、そのリクルーターがリクルートの目的でないというふれこみで活動開始前に学生にコンタクトする場合があります。入社一年目から五年目くらいまでの若手社員で、主に対象大学の卒業生ですが、学生と事前に接触しそれぞれの学生を「品定め」する人のことをそう呼びます。結構早い段階でコンタクトが始まります。

大内　大学の先輩がコンタクトするのですね。

守島　そういう意味では、おっしゃるように実質的に二〇一二年の場合、一二月一日が採用活動の解禁なのだけれども、その前から動いている企業もいまのような形であるわけです。

大内　学生は三年生の一〇月ぐらいから就活していると言っていますから、そのあたりから、あるいはもっと前から、学生の意識としては就活が始まっているということなのでしょうね。

守島　そうです。

大内　これは、やむを得ないのでしょうかね。

守島　企業としては、ある意味でやむを得ないのです。とにかく良い学生を早く見つけ、確保したい。それもエントリーシートに代表される一般採用ルートが始まる前に、ある程度目星をつけておきたいというのは企業としてはものすごく強いニーズとしてある。一二月一日にしても何にしても、そこまで待っていて、そこで一斉に用意ドンで始まるというのは、やはり企業としては困るのでしょうね。もっと前にある程度目をつけておきたい。

大内　三年生の一二月ですからね。そんなところから就活が始まるのはちょっと早すぎます。[*3] 企業の気持ちはよく分かるにしても、冷静に考えると、一年以上先の入社を見越して、企業が採用行動を始めるというのは少し異常な感じがします。

守島　普通に考えると、確かに異常です。

6　インターンシップと試用期間

大内　海外ではこんな採用方法はないのではないでしょうか。新卒一括採用自体が珍しいですしね。

守島　存在しますが、それだけが主な採用方法ではありません。いわゆる中途採用と同じような扱いです。もう一つ、アメリカを見ていると、九月卒業の一年前の夏に非常に長期的なインターンシップをやります。日本のインターンシップというのは一週間とか、子どもだましみたいな長さなのですけれども、アメリカの場合は三カ月ぐらいとかそのぐらいやって、実際に給料も払って仕事をやらせるインターンシップもあります。実質的にはそこでスクリーニングが行われます。そういう意味で、一年前に採用しているといってもおかしくはないのです。

大内　そこで見て、良い人材なら、そのまま採用するということですね。

守島　そういうことが結構多いです。

大内　日本のインターンシップというのは、必ずしも採用とつながっていないところがあると思いますが。

守島　いや、逆に多くの企業ではいまインターンシップはほとんど採用、選考目的のためにやっているのではないですか。企業によっては、インターンシップを経由しないと採用しないという企業もありますからね。

大内　そうですか。そのルートはわりと機能しているのですか。

守島　期間が短いので、学生のほうもインターンシップに行くときに、勉強するというのではなくて、選考されるという意識で行きます。そういう意味でいうともともとのインターンシップの目的から外れています。逆に言えば、採用ルートとしては機能しているところが結構多い。

大内　それは非常に面白い話ですね。ある意味、これは試用期間のようなものではないですか。普通は、入社してから数カ月間試用期間を設けます。現在の試用期間というのは、本当の意味での試用期間としては機能していないのですけれども、本来は例えば三カ月の試用期間での働きぶりを見て、この人はうちの会社に向いていない、期待された水準に達していないというようなことがあれば、試用期間が終わったところでおしまいで、本採用しないというようなことができるはずです。試用期間が本来の機能通りになっていないので、それと同じような機能を、インターンシップが果たしている感じですかね。

＊3　本対談収録後の平成二五年四月、安倍晋三首相が、日本経済団体連合会（経団連）など経済三団体に対し、大学生の就職活動の解禁時期を現在の三年生の十二月から三カ月遅らせ、三年生の三月からにするよう要請した。この要請に対し経済団体側は了承し、二〇一六年三月に卒業する現在の大学二年生から適用される予定である。

守島　そういう見方もできると思います。実際、採用か勉強かというのはそんなに問題ではないと思うのです。実質的にどこの国でもある程度は採用目的でやっていることですから。日本の場合の問題点は期間が短いことです。極端に言えば一週間、それも月曜日に来て三、四日ぐらいのもある。そうすると、実質的に仕事をやる、というところまではいかないで、結果、長い面接になってしまうわけです。おっしゃるように三カ月とか、そのぐらいのインターンシップをやって、それでちゃんと見極めた上で採用するなら採用する。そのほうが試用期間という意味ではより適切です。

大内　日本で長期のインターンシップをやるとすると、どの時期になるでしょうか。

守島　まあ夏でしょうね。

大内　三年生の夏ですか。

守島　そうです。もちろん三年から四年の春休みという手もあります。学生にとってみれば、春休みは結構長いですから。ただ、そうすると、今度は企業の通常の採用サイクルとバッティングしてしまうので、人事部として準備できないというのはあります。でも、理想的にはそのぐらいでしょうね。卒業の一年前ぐらい。

大内　どの時期に選考目的のインターンシップをやるかについては、別に法律上の規制があるわけではないので、企業のほうでやる気にさえなれば、すぐにでもできることです。ただ、実際には、企業はなかなかやろうとしないのでしょうか。

守島　現場が嫌がるのです。

大内　使えない人材を押しつけられる、という感じですか。

守島　そう、使えない人材が長くいるわけですから。人事部が連れていって、現場の人が仕事の内容を説明するとか、比較的マイルドな形で現場への組み込みだったらそんな問題はないのですけれども。本当に仕事をするとなると、誰か社員を付けなければいけないので、現場が嫌がるのです。

大内　しかし、そこにはコストをかける価値があるという考え方はないでしょうか。

守島　そういう判断もできると思います。

大内　アメリカではそこはどうなのですか。

守島　アメリカでは実際に誰かが付いて、その人に仕事をちゃんと教えながら、仕事をさせています。またアメリカがちょっと違うのは、専門性の高い教育を受けた学生が、専門性をいかした職種でインターンになるので、例えばマーケティングの勉強をしている学生であれば、マーケティング部門に行く。ちゃんと勉強していますから、行ったときに割合すぐに戦力になる。そういう違いはあります。

大内　なるほど。日本の企業はあまり専門性を重視しないと言っていることからすれば、その三カ月のインターンシップというのはあまりピタッとしないのですね。

守島　企業によっては例えば有名な例ではＩＴ関係の企業なのですけれども、プロジェクトの中にぶち込んで、そこで実際に仕事をさせるというのはあります。そして、インターンシップを経験した学生しか採用しない。それは学生のほうもＩＴ関係の勉強をしていたり、コンピュータに関心がある学生が多いので機能します。

大内　アメリカの制度も魅力的ですが、直ちに日本ではうまくいかない気がしますね。結局ミスマッチの解消の手段、私は、先ほど言ったような、日本でやるならば試用期間において観察して、ダメな人材であったら本採用しないという形でセレクションしていくほうが、やはりいいのかなという気もします。ただ、これは実質的には、入社から三カ月間は自由に解雇できるという話でもあるので、やや乱暴な議論かもしれません。

守島　それは、その三カ月が最初の三カ月だから難しいのです。

大内　四月から六月になってしまうと、それがちょっときついですかね。

守島　それは難しいのではないですか。三カ月目ぐらいが、多くの企業で、現場に配属する時期ですから。その時に切る切らないという判断はやりにくい。また仮に現場に配属したとしても、三カ月目までに潜在能力や将来性を判断しろと言われても、現場としても困りますし、それは難しいでしょうね。

大内　なるほど。採用前のインターンシップでのセレクションとは状況が違いますね。新卒採用の場合はそういう問題以外にも、懸命に就活をして、やっと入社にたどり着いたという実態があるので、それを考えると、三カ月で「はい、さようなら」というのは冷酷だなという気もします。ただ、中途採用ならちょっと話は違いませんか。

7　中途採用や非正社員の採用

守島　中途採用については、実質的に試用期間みたいなものを設けている企業は多いと思います。

大内　そこでダメだったら切ることもしていますか。

守島　そこでダメだったら切る、もしくは他のところに配置転換するというのはやります。

大内　中途採用の場合は、いまの点も含めて新卒の採用パターンとの違いがいろいろあると思います。

守島　中途採用の最近の傾向は、キャリア採用なので、現場の声がすごく反映される。キャリア採用というのは、中途採用のなかである程度、他の企業で経験を積んだ人を採用する場合です。新卒というのは会社として採用しているので、人事の判断であるとか、経営の意図みたいなのが結構反映されます。キャリア採用というのは、現場の事業部長であるとか、現場のリーダーが入ってきて最終的には決めるケースが多いと思います。

大内　それは、中途採用の多くは、現場でこういう人材が必要だという声を反映して行われるからでしょうか。

守島　そうです。

大内　パートや有期といった非正社員の採用はどうですか。

守島　多くの企業で、パート、有期の従業員の採用はほぼ全て現場に任されているのではないですか。

大内　これは、全く正社員とは違うものですか。

守島　違うと思います。もちろん、パートとか有期であれば、法律的にも面接ができます。派遣社員は、本来はできませんが。ただそういう意味では面接しますけれども、そんなに丁寧にはやっていないのではないですか。

大内　その場合は、何を見ているのですか。

守島　主にスキルです。ある仕事をやってもらうために来てもらうわけですから。あとは非正社員についても、協調性であるとか、人間性であるとか、そんなところではないですか。

大内　スキルを見るというところが、新卒と違うのですね。

守島　何でスキルを見るかというと、いままでにどういうことをやってきたのかという経歴で見ます。新卒の場合は当たり前のことですがそれがないですから、そこが違うのではないですか。

大内　ここは、印象論としては、ねじれている感じがしますね。正社員のほうが高度で、手厚い保障があるではないですか。それだけ高いものを従業員に求められるというイメージで考えると、正社員の採用基準が緩くて、パートのほうが厳格にスキルなどを見られるというのは何かおかしいような気もするのです。

守島　パートは厳格に見るというよりも、付加的な基準があるということではないでしょうか。人間性だけではなくて、追加的に必ず仕事ができるのかというところも見るのだと思います。

8　無期雇用への転換規定のインパクト

守島　ちょっと話がずれるかもしれないのですが、二〇一二年の労働契約法改正で、有期から無期に転換する制度が入りました（一八条）。これによって、企業の人事として極めて困るのは、いろいろな処遇形態の有期・無期が出てくることです。いままでは、有期の無期転換の場合は、正社員の給与表であるとか、長期雇用された人材の処遇形態にのせていたのですけれども、それをやらなくてもいいという話なのです。

大内　従来の労働条件のままでいいからですね。

守島　そうなのです。従来の労働条件のままで、雇用契約だけが正社員という長期雇用というのは、企業としては極めて扱いにくい状態が出てくるのだと思うのです。

大内　実際には第三類型を作れと、いうことですね。

守島　そうそう。いわゆる正社員雇用の多様化の話につながってくるのですけれども、それは企業としては本当にいままで経験していない未知の世界なのです。

大内　雇用形態の多様化というのは、ある意味企業のニーズに合ったところから生まれてくるものではないですか。今回の改正は別にニーズがあったわけではないですよね。

守島　そうですね。

大内　労働者側には無期転換してほしいというニーズはあるかもしれないけれども、企業側は別に必要はないものです。やりたければ、法律の規定がなくても、やれるわけですし。

守島　でも、労働者側も無期に転換をしたいという希望の裏には、もちろん雇用保障という点もあったけれども、たぶん賃金が上がるという部分もあったのだと思うのです。そうすると、極端に言えばとても安い賃金で、長期的にずっと使われるという話ですから、それが本当に働く人にとっていい状況なのかどうかというと、働く人にとってもやはり問題だと思うのです。

大内　そうすると、イオンの二宮さんの話にもありますように、無期転換というのは意外に起こりにくいということですね。

守島　そういう可能性もあります。

大内　雇用保障という点でも、私は次のように考えているのです。企業は自分で責任をもって雇った労働者については、長期雇用の責任を負えというのは言いやすいでしょうが、無期転換によって、法律上無理矢理無期にさせられた従業員の雇用保障というのは一段下がってもいいのではないか。そういう意味で、解雇制限規定（労働契約法一六条）は権利濫用法理という弾力性のある法理なので、そこは差を付けるという解釈もあるのではないかと思っているのです。

守島　さらにそのことをちょっと敷衍して、企業の論理からすると、最近はやりの、いわゆる地区限定であるとか、地域限定みたいな、ちょっと違ったタイプの正社員が出てきたときに、その人たちに対してどこまで雇用保障をきちんと維持しないといけないのかという議論と似ていますよね。

大内　同じかもしれませんね。地域限定だと、地域で事業所が全部なくなったとかということであれば、それは緩やかに解雇できてもいいだろうということです。

守島　そういうのと似ていますね。

大内　そうです。どういう経緯や条件で採用されたか、あるいは正社員になったかが重要ということです。法律の強制による正社員というのは、やはり普通の任意の採用による正社員と法的にも違って扱っていいのだろうと思っているのです。

守島　人事としては、そうであれば、本音としてはうれしいでしょうね。

大内　冒頭にも言いましたように、採用の自由あっての解雇規制だと思うので、そこの採用の自由が奪われるのならば、これまでどおりの解雇規制でいくのではバランスが崩れるだろうと思います。

守島　たぶん、その辺のところは企業もそのように感じると思うのです。自分が採用で選べなかったのであれば、やはり雇用保障などは多少減らしてくれというのはあると思います。

大内　ただ、五年を超してしまったというところに、企業の責任があるとも言えるのでしょうかね。

守島　それはあると思います。ただ、そういう意味では、五年という期間はいまのビジネスサイクルからすると割合と長い期間で、五年が経過する前に、事業が縮小するという場合などで、途中で辞めていただく可能性は大いにあり得ると思います。また強制的な無期転換を避けようとする企業も出てきます。

大内　ただ五年が経過する前に辞めさせようとしても、二〇一二年の改正で労働契約法の中に取り入れられた雇止め制限法理（一九条）がかかってきて、正当な理由がなければ雇止めができないということから、結局、企業が意図しないにもかかわらず、五年を超えて雇わざるを得ないこともあるのです。理論的には、そういう場合も無期転換を認めてよいのかというのは解釈問題としては残ると思うのです。

守島　そのとおりだと思います。

9　派遣労働者について

大内　いま有期雇用の話が出てきたのですが、関連して、派遣の話もしておこうと思います。二〇一二年の労働者派遣法の改正で、施行は二〇一五年の秋からですけれども、違法派遣があったときに、派遣先は、労働契約の申込みをしたとみなすという規定が入りました（四〇条の六）。これもある意味では、派遣先に、その派遣労働者を採用することを強制する規定だと思います。違法派遣があった場合ということが前提なので、違法なことをしたから強制されるということなのですが、これも企業にとってみれば、派遣労働者としてならば居てほしいけれども、でも、直接雇用までは望まないという人を、直接雇用しなさいという話なのです。この新しい制度については何か議論はありますか。

守島　それは、まだちょっと先の話なので、企業も、あまり現時点では考えていないのだと思うのです。ただ、施行されたら、たぶん派遣を使わない、直接雇用、非正規で雇う方向に行くのではないですか。

大内　現在でもそれに近い規定はありますよね。派遣を長いこと使うと、三年を超して使うと、労働契約の申込みをしなければならないという規定がある。[*4] 労働法の考え方というのは、派遣で使うというのは望ましいことではない、仕事があって雇わなければならないのだったら、できるだけ直接雇用しなさいという先ほどと同じ問題なのです。

守島　うんうん。

大内　有期に対してはできるだけ無期で雇いなさい、派遣の場合はできるだけ直接雇用しなさいという話になってくるのですが、これは人事管理（ＨＲＭ）的な考え方と、現在の労働法の考え方とがバッティングするところなのだと思いますね。

守島　違いますよね。派遣というのは、ＨＲＭ的に考えると、こういう言い方をすると怒られるかもしれないのですけれども、極めてモノ的な扱いをしてきたのです。モノ的な扱いというのは、通常の人事管理を行ってこなかった、という意味ですが、いままでは、ずうっときちんとした人事管理を行ってこなかった。ここが難しいところです。いままで人材として、評価や育成、モチベーション管理などをしてこなかった人を、突然正規の従業員として採用しろ、ということですから。

大内　モノという表現が適切かどうか分かりませんけれども、例えば事前面接をしてはいけないというのは、ある意味でモノ的な感じもします。本当にヒトとして雇うのなら、当然事前に見なければ雇えないので、それをしてはならないというのですから、労働力という商品を買うというイメージですよね。

守島　そういうイメージです。

大内　それは、そもそも派遣法も前提にしていたことなのですが、そこに直接雇用的なものが入ってきたり、きちんとした戦力として働かせたりするとなると、派遣労働者もヒトとして見ざるを得ないということになります。

守島　そうなると、おっしゃるように派遣を使うのでも人材としてちゃんと面接しておきたいということがあると思うのです。同じ職場で働く人ですから、いまでも何らかの形で実質的に事前面接をやっているところもありますよ。

大内　となると、労働者派遣法二六条七項の「派遣労働者を特定することを目的とする行為をしないように努めなければならない」という規定は、ほとんどザル法ですね。

守島　ザル法という言い方がいいのかどうか分からないですが、多くの企業は面接というか、なんらかのスクリーニングはやらなくてはならないというのが本音です。

大内　すでに実際上もモノではなくてヒトとして見ているということですね。

守島　それは職場で一緒に働く人ですから、ちゃんと見ておきたいですからね。また、直接雇用であれば、その人の能力が低い場合、育成やフィードバックして、良くしようとしますが、派遣の場合、明日からこの人は要らないと言うことも多いのです。

大内　そういうことを簡単に言えるのですか。

＊4　労働者派遣法四〇条の四・四〇条の五・四〇条の二第一項～三項・三五条の二第二項。

守島　替えてくれと言えば言えるのではないですか。

大内　確かに、派遣労働者は派遣元に雇われているので、派遣元と雇用関係が続く限りは、派遣労働者のチェンジは基本的には配転のようなもので、それほど深刻な問題ではないと言えます。チェンジしてくれというのは結構やるのですか。

守島　やるところもあります。

大内　派遣元と派遣先の契約でこういう人をほしいと言っているのに、それが合わなかったらチェンジしてくれと言うのは当たり前で、そこは確かにモノ的な感じがしますね。これが労働法の考え方に合わないのですね。ただ、二〇一二年の法改正で、労働者派遣法の法律名は、これまでの業法的な名称から「派遣労働者の保護」を含むものへと変わっています。これは単なる名称の変化にとどまらず、労働者派遣法を、モノからヒトへという、労働法的な考え方に合うように変化させることを象徴的に示しているものであるように思えます。

守島　そうですね。

10 「常用型派遣」の活用の可能性

大内　ここまで議論してきた派遣というのは、主として登録型派遣を想定しているものでした。要するに派遣会社に登録していて、派遣先からオーダーがあれば、そこで契約を結んで派遣先に送り込まれるというもので、派遣期間が終われば、そこで、はい、おしまい。場合によっては派遣切りという形で、期間の途中で切られたりすることもある。このようなところでいろいろ問題があったわけですが、それとは違って、いわゆる常用型派遣というのもあり、これはかなり状況が違うのだろうと思うのです。常用型派遣の場合は、むしろヒト的な扱いに適しているようにも思いますが、実際にはいかがでしょうか。

守島　そうですね。モノとヒトという分け方が適切かどうかはまた議論できると思うのですが、いずれにしても、常用型派遣労働者はよりヒト的な扱いをされている。よりヒト的な扱いをされているとはどのような意味かというと、人事管理の対象になっているといいますか、派遣先企業がそのような人材に対してきちんと人事管理をやらないと、うまくビジネスが回っていかない状態が出てきているという意味では、確かにそうだと思います。

大内　実際に常用型派遣がよく使われている業種には、どのようなものがありますか。

守島　一番大きいのはエンジニアの世界で、有名な会社もいくつかありますけれども、エンジニアを常用で雇用して、いろいろな企業に派遣しています。また、医薬業界のMedical Representative、MRと呼ばれる人たちも常用型派遣になってきて、そのような人たちが増えてきています。

大内　常用型派遣が多い業種というのは、何か特徴があるのでしょうか。

守島　いくつかあると思うのですが、やはり一つの企業で使えるスキル、いわゆる企業特殊的なスキルだけではなくて、企業横断的な、専門性が高いとか、どこの企業でも通じるスキルが成果の重要な条件になっているというのが一つあります。

大内　今後、労働市場が流動化していくということが起これば、派遣、とくに常用型派遣が、一層活用されていく可能性があると思うのですが、いかがでしょうか。

守島　ただ、やはり常用型派遣というのは、派遣元企業が常に給与を払っているわけですから、そういう意味では常に働き先がないと派遣元がやっていけないので、業界はある程度絞られてきます。それが労働市場全体にどこまで広がっていくのかというのは、まだまだ分からない。事務派遣のような場面で、どれだけ常用型がうまくいくかというと、分かりにくいというのが本音です。

大内　派遣の場合は、通常、派遣会社が人事管理をするわけですよね。常用型派遣の場合の派遣先の派遣労働者に対するスタンスは、どのようなものになるのでしょうか。

守島　ほとんどの企業は、常用型派遣の人材は専門性のある価値の高い人材として採用しますから、派遣先でもきちんと人事管理される。「人事管理」という言葉は、広い意味で使っていますけれども、きちんとケアされて、ある程度育成されて、評価されてということが起こってくる。つまり、その人がべストなパフォーマンスを出してくれないと、企業のビジネスに直接影響する度合いが高いですから、やはり人事管理がなされていくということです。

大内　そういう場合でも、派遣先のニーズに合わない、要求に合わなかったらチェンジという話はあるのですか。

守島　それは十分起こります。

大内　常用型だから派遣会社との間では雇用はつながっているけれども、派遣先は替えられる可能性があるということですね。

守島　そうですね。さらに、派遣元、つまり派遣会社のほうが派遣先を、一定のインターバルで替えていくということをやります。一つの企業でずっと仕事をやらせるのではなくて、いろいろな企業の経験を積ませたり、替えることによって、その人の賃金を上げていくことができますので、そのようなことも含めて、多くの常用型派遣企業の戦略を見ていると、ある程度の期間は置いておくけれども、それが過ぎると他のところにわざと替えていくということをやることが多いようです。

大内　まさに、それは人材育成ですね。

守島　そうです。派遣元が育成をしているということです。

大内　これはかなり特殊な業界なのでしょうね。

守島　そうです。専門性が高くないと単価もある程度高く取れませんし、育成も意味をもちません。したがって、多くの職種では常用型は成立しにくいということでしょうね。

大内　派遣への批判には、育成をしにくいという点があると思います。しかし派遣先に直接雇用させることで、今後は派遣先が育成しろと押し付けても、なかなか難しいところがあるのです。そこで、もう一歩進んだ議論としては、できるだけ派遣元との雇用は継続するようにして、派遣元にできるだけ育成させようという議論もあるのです。常用型派遣には、まさにそういう面があるのですね。

守島　そうです。常用型の派遣の場合は、ある意味では死活問題で、派遣元は給与を払っているわけですから、仕事がない人がいると困ってしまう、要するに売上げが立たないわけです。ですから、いろいろな企業にきちんと派遣できること、つまり、持っている人材すべてを派遣して、仕事をしていることが重要なので、一生懸命人材育成をします。そうでない、いわゆる登録型の場合は、そこまではやらないのですけれども、ただし、最近少しずつ起こってきていることは、いろいろな派遣会社があり、いま競争状態になっていて、どこの派遣会社がいいかということを派遣を受け入れる企業が決定する場合、人材の質を見る傾向が強くなってきています。その結果、登録型の派遣会社も、価格面だけではもう競争ができなくなってきていて、いい人材を供給することが重要になり、その結果、今度は派遣元である派遣会社が登録型の派遣労働者の育成をする、キャリア開発をするということをやるようになってきました。

大内　それが機能すれば、派遣への評価も非常に高まると思います。

守島　そうですね。もちろん、程度問題なのでどこまでというのはありますけれども、一〇年前、五年前と比べても、いまの派遣会社というのは、自分のところに登録している人材の育成というかキャリア開発に関して、非常に熱心なところが多くなってきています。

大内　派遣業界は、社会的には高い評価を受けているとは言えないのですが、いまのような育成の機能を果たしていくと、ポジティブな評価につながって、派遣業界にとってもいい話ではないかなという気がします。

守島　そうですね。派遣というのはある意味でおもしろい働き方で、従業員にとっては非常に自由度の高い、特に、いわゆる正社員に比べて自由度の高い働き方なので、その中できちんとキャリアが歩んでいける形になっていけば、本人にとってもハッピーだし、社会にとってもハッピーな状況というのができてくると思います。

大内　そういう意味では、派遣を悪と決めつけて、規制を強化したり、派遣という働き方はなくしたほうがいいといった極論もありますけれども、むしろこのような働き方をいい働き方に育て上げていくことが必要であるという気がします。

守島　そうですね。

session

02

正社員と非正社員の間

Key Terms ▼ 正社員／男女雇用機会均等法／パートタイマー／フルタイマー／均衡処遇／正社員への転換／新しい正社員像／パート労働法／無期雇用への転換／短時間正社員／二〇一二年労働契約法改正／格差／均衡

現場では

ゲスト
イオン（株）
グループ人事部長
二宮大祐
Daisuke Ninomiya

1　イオンでの非正規雇用

守島　それでは、正規労働者と非正規労働者に関連する議論を始めたいと思います。雇用形態の多様化に関する議論は暫く前から盛んですが、最近は、非正規労働者の多様化だけではなく、いわゆる「多様な正社員」とか「限定正社員」とよばれる正社員の中での多様化の議論も進んでいます。今回は、こうした中で、広い意味での雇用形態の多様化を、戦略的に進められてきたイオン株式会社グループ人事部長の二宮大祐氏をお迎えして、企業における雇用形態多様化の実態と、そうした企業の動きに法律がどう関連するのかをおうかがいしたいと思います。また、その背後にある人事管理の意図も議論できれば幸いです。

企業の人事管理の面から見ると、雇用形態の多様化は、ビジネス上の必要から意図的に起こしていった工夫の結果であり、またそれが働く人の希望とマッチするとき、うまくいくわけです。それに対して、法律は一定の範囲で、多様化を推進または制限し、企業の動きに影響を与えるので無視できない存在です。ここではこうした観点から、広い意味での雇用の多様化について、企業の立場と法律の立場を対比させていきたいと思います。

では、二宮さん、まず、イオン株式会社での雇用形態多様化の実態から話をしていただけますか。

二宮 イオン株式会社というのは純粋持株会社なので、イオン株式会社だけで見れば実態のあるようなないようなところがあり、たくさんグループ会社を持っていまして、金融もあれば、小売の量販店と呼ばれるところ、あるいは食品スーパーマーケット業態もあれば、専門店業態、サービス事業をやっているところもあります。

社員もたくさんいます。まず世に言う正社員と呼ばれる人たちがいます。私は勝手に正社員五点セットと呼んでいるのですが、日本流の何でもやります、どこにでも行きます、いつでも働きます、四つ目が、六五歳まで、あるいは六〇歳まで働き続けられます、最後が一定の試験をクリアーしているということでいえば、優秀です。このようなものがたぶん五点セットだと思うのです。そういう意味で、それが正社員ですと仮置きしましょうか。そうすると、そうでない人が、量販店とかスーパーマーケットの業種では八割ぐらいいます。

次に、正社員っぽい人がいます。五点セットの中で一つだけ違っています、あるいは、二つが違いますという人たち。お給料の払い方で分けますと、月給で払っています、時間給で払っています、そんな人がいます。

そのようなことでいろいろな人がいるのですが、その中でいま言った五点セットの人を正社員としましょう。でも、五点セットがそろっていない正社員もいます。男女雇用機会均等法のあだ花だと私は思っているのですが、均等法ができたときに、一歩進んだけれども、会社は、総合職と一般職と呼ばれる仕組みを編み出しました。そのときに、辞令一つでどこへでも行けなどと言いません、通える範囲で頑張ってね。あなたたちも、正社員ですよ、というのがありました。

何をもって正社員か、この時点でわけが分からなくなってくるのです。一方で、世に言う「パートタイマー」にも、いろいろな人がいます。ロングタイム勤務パートタイマー、ショートタイム勤務パートタイマー、いろいろな人がいます。これは、当社だけではなく、おそらく世間の実態なのでしょう。

一九七〇年代の後半ぐらいは、正社員と非正社員は半々くらいでした。いわゆる非正規比率というものがだんだん増えていって、いまでは八割おります。コストを理由として増えてきています。

コストを考えたときに、正社員と呼ばれる人の一日の仕事を見回しますと、いろいろな仕事をしているわけです。世間一般的に見て正社員らしい仕事と非正社員らしい仕事を両方やっているというのが当時の姿でした。そこで、仕事を分けて、やってもらう人を分けましょうと、そんな話になってきました。

フルタイムではない人、時間給で一定の限定的な仕事をしてもらう人たちも増やして、コスト・コントロールをしていったわけです。パートはパート、社員は社員、こういう形で分けていきました。当時は、世間のスタンダードは、社員は社員、パートはパート、違って当たり前ではないか、というところでした。

そんな中でパートタイマーがだんだん増えてきますと、パートタイマーの中にものすごく優秀な人がたくさんいることから、会社は、パートなのだけれどももっと大きい仕事をしてもらおう、というようなことを考え出します。そのとき、会社は、パートタイマーなのだけれども、パートタイマーの処遇体系の中で社員の代行的な仕事をしてもらおうとしたのです。社員の体系があってパートタイマーの体系がある、このパートタイマーの体系に上乗せしようとしたのです。我々の業界的な言い方でいきますとパートタイマーの売場主任とかを、そんな形で作っていったのです。

そんな中で、やはり、売場主任をやってもらうのだったらフルタイマーで働いてもらわないといけないのではないか、そうしてもらわないと、やはり仕事にならないな、売場を管理してもらわないと、ということになりました。そんな中で社会保険付きの時間給フルタイマー・パートタイマーというのができてきたのです。パートタイマーの人たちの中でも社員と同じような仕事をしてもらう。ただ、仕事は一緒でも、賃金は別体系で二つ走っています。

その後、違う風が吹いてきました。それは、パートタイマーのほうからではなく、正社員のほうからの風です。成果主義、能力主義、職務基準、こんな風が吹いてきました。職能資格制度もいいけれど、よくないところもありますねと。年齢給とか年功給とか、見直さなければいけませんね、という話が出てきました。

それから二〇〇〇年を超えたぐらいのころから、時間給のロングタイム・パートタイマーも、正社員と働き方も一緒ではないかみたいなことになり、正社員のほうの月給の体系に合わせてきました。こうして均衡処遇が生まれてきました。それから試験で上がっていけば、正社員にもなれるという立て付けにもしています。

大内　新卒で入る場合には正社員で、パートは主婦層が多いという理解でよろしいですか。

二宮　そこもいろいろになってきています。かつては、パートタイマーは大体主婦でした。いまは、世に言うフリーター的な人とかも増えて、価値観も多様です。正社員でなくても地元でずっと頑張りたいとか、やりたいことが見つかるまではパートタイマーでもとりあえずいいとか、残念ながら正社員になれなくてとか、いろいろな層が増えています。もちろん男性もいます。ただ、どこが多いかというと、やはり、主婦層が多いというのは間違いないです。

2　正社員への転換

大内　パートから正社員への転換はあるのですか。

二宮　正社員と、パートタイマーと有期の人との決定的な違いを申し上げますと、日本の場合は新卒一括採用というのをやりますので、真っ白で入ってきます。パートタイマーは、全部中途採用です。いまはイオンにパートで来ていますが、若かりしころは同業で正社員としてバリバリやっていました、事情があって退職しましたが、といった能力がある人はいっぱいいます。他の会社で正社員として鍛えられた、という人は山ほどいます。こういう人たちは中途採用です。中途採用であれば、能力のある方がたくさんいらっしゃるので、活かさないとお互いに損ではないですか。そういう中で希望する人が、正社員に転換していくのです。

大内　どれぐらいの比率ですか。

二宮　これは、会社の要員計画とセットです。

大内　何人かは転換組、何人かは新卒組という感じですか。

二宮　おっしゃるとおりです。

大内　新卒はある程度コンスタントに採り続けるのですよね。

二宮　採りたいです。正社員と正社員でない人の違いはやはりあるので。どちらにも優秀な人はいます。ただ、よく言われるように人を育てるには「どんな仕事をさせますか、誰の下に付けますか、どれだけ大変な思いをしてもらいますか」が大事だと思います。こうしたことを経験させられるのは総合職と呼ばれる正社員だけです。それこそいまの時代でしたら、我々の業種であれば、海外へ若いうちに行くとか、新規事業立上げであれをしろとか、いま、あなたはここにいるけれども、ここに行って、この人の下で勉強してこいとか、やはり五点セットがないとできないです。五点揃っていないとその辺の限界はやはりあります。したがって、そんなことをさせられるのは、いわゆる新卒。そこからたたき上げていく。こういう人材は絶対に必要なのです。

大内　逆に言うと、中途採用は即戦力ということなのですね。

二宮　そうです、基本は即戦力です。いわゆる第二新卒みたいな人たちは中途採用とは言わないでしょう。中途採用は、新たな事業を始めるので社内にそういうスキルを持った人がいない場合とか、あるいはヘッドハンティング的なものとか、そういうものが中心です。

大内　正社員への転換は、数はあまり多くないということですが、それは、希望者が少ないからですか。

二宮　制度を導入した当初は、バタバタッと手が挙がりました。潜在的にいた希望者の多くが転換すると、あとは、だんだん減っています。

大内　パートで働くのは、家庭のニーズとか、本人のいろいろな希望があってそうなっているので、正社員に転換するという制度があっても、手を挙げない人がたくさんいるということですね。

二宮　一〇万人のうち一〇〇人とか、そんな世界です。それは多いのか少ないのかといったら、客観的には少ないでしょう。

3　仕事の差・賃金の差

守島　フルタイムのパートタイマーと、パートタイムのパートタイマーと、あと、正社員と呼ばれる五点セットの人たちがいて、いろいろありますが、仕事の面でどのようにそれぞれのレベル感が違うのでしょうか。

二宮　ショートタイム・パートタイマーの人には、分かりやすくいうと、レジ打ちや商品陳列などの明らかに基本的な作業をやってもらっています。それが値打ちのない仕事でも何でもないのです、その人たちはお客様の前の第一線ですから。そういう人たちがイオンそのものです。地域産業ですので、経営に対して貴重なご意見を言っていただける人たちです。

ロングタイム・パートタイマーの人たちは、お店でいいますと、売場ごとのショートタイム・パートタイマーと同じような仕事をする人と、例えば紳士服とか婦人服とか、あるいは加工食品とか、そんな単位の長で主任と呼んでいる人がいます。主任の層には、五点セットの人とロングタイム・パートタイマーの人が両方いると思ってください。両者の仕事は全然変わりません。正社員と全く一緒ですし、同じ人事評価をしますし、同じ試験を受けて上がってきています。

大内　ロングタイム・パートの賃金はどうですか。

二宮　賃金は次のようにしています。無期雇用の人の中でもいわゆる五点セットで、辞令一枚でどこへでも行くナショナルな人、一定範囲、例えば東北地方とか、関東地方とか、中部地方とか、「リージョナル」と呼んでいますが、そういう範囲の転勤がある人と、転勤しなくてもいい人たちの三種類あるのです。最初の二つのタイプの人の賃金は、一〇〇対九〇。転勤しなくてよい人は、八〇から八五です。

有期雇用の人たちは転勤しなくてよい人と基本的に一緒ですが、年金とかいくつかのフリンジの部分では差があります。

守島　先ほど、無期雇用の中に三種類あると言われましたが、時給のパートタイマーとの比較を考えるとどのぐらいの違いになりますか。

二宮　ショートパートとの間では、倍ほど違いますというのが実際です。月給もそうですが、ボーナスが相当違うのです。

こうした賃金の差が本当に正しいことなのかどうかは分かりません。ただ正社員の賃金の作り込みというと、社長から新入社員をどうつなぐかを考えます。納得をもって、公正感をもってつなぐのが基本です。パートタイマーは別次元でやっています。そのため、差がつくわけです。パートタイマーの人たちは世間相場で決まっているとは言えます。ただ、ロングタイムで主任などをやっている人は正社員と同じくらいになります。

守島　そこまでいくと正社員との均衡があるということですね。

4　新しい正社員像

大内　パート労働法は、均衡のことを言ったりしていますが（九条）、個人的には、どこまでの格差を許容するかは、各社で考えていただいて、従業員が納得する範囲でやればいいのではないかと思っています。

二宮　そうですね。ですから、パート労働法がどう動くかという部分はすごく気にしているのです。先ほど、均等法のあだ花が総合職と一般職と申し上げましたが、パート労働法改正のあだ花も出ていると思います。といいますのは、以前は、正社員でもない、パートタイマーでもない、中間層みたいな頃合いの層があったのです。納得性のあるものだったのです。ただ、どっちに近いですかと言ったら、八割正社員、二割パートといったところではないですか。パート労働法は、これを正社員のほうに持っていこうとしています。そうすると、中間層に対して会社はどう動くかというと、これをなくすと思います。連続性のない、ジャンプしないと上がれないようにするのです。これがたぶんあだ花になってくるかな、という気がします。

大内　パート労働法の趣旨は必ずしもそうではなかったと思うのです。

二宮　そうではなかったのです。均等法もそうなのです。一般職を作ろうと思ってやったわけではないのですが，結局，会社がそのように動いた。白か黒か，はっきり分けましょうとなったのです。会社としては，白と黒の中間がよいと思っていて，これから中間を作ろうと思っていたのに，中間は駄目になった。

二〇二〇年ぐらいになるとどう動くかなと思っているのです。五点セットが変わってくるのです。まず，無期雇用への転換の話です。それと，社会保険が変わります。二〇一六年ですか，週の労働時間が二〇時間から三〇時間の人にも，健保も年金も入れと，こうなるでしょう。

そうすると，分かれてくるのです，二〇時間から三〇時間で働くメリットはなくなってくる。そうしたところで，世界がちょっと変わってくるかもしれないのです。

大内　就労調整をしはじめる段階が早くなるか，それとも，たくさん働くか。

二宮　どっちかなのです。どっちかになるというのは，フルタイム・パートタイマーが増えてきます。この人たちを正社員にしますかと，こんな議論があります。たぶん全ての人はできないでしょう。そうすると，どうしますかという話なのですが。いろいろな正社員をつくらなければいけないという話にたぶんなってくるのかなと思うのです，これは五点セットではない。既にダイバーシティとかワーク・ライフ・バランスという文脈の中で五点セットというのは崩れかけています。▶session 06

大内　勤務地限定とか，短時間勤務とか。

二宮　何か要るのです。ずっと世帯主が一人で一家を支えるというのがこれまでですよね。変わりつつあると言いますが，変わり切っていないですよね。ただ，これが果たしてどうなるのかです。母さんはパートに行っていました。年収一〇三万円で抑えていました。どうも法律が変わると保険に入らないといけないと。「父ちゃん、どうしよう」。そうしたら、「子どもも大きくなったから、フルで働けよ」「頑張るわ」みたいな話。かつては、我が家は、父ちゃんが六〇〇万円稼いで、母ちゃんが一〇〇万円。こうしたバランスが変わるかもしれません。

私の入ったころには社長を目指す、最低でも部長は目指すという人がたくさんいました。私の大好きな昭和時代のコピーに「いつかはクラウン」というのがあります。いまは軽自動車にしか乗っていませんん、それが、カローラになりました、いつかはクラウンを目指すというリアリティがありました。しかし、これからは、本当にクラウンを目指す人は少なくなる可能性もあるし、六〇〇万円稼ぐのに、そんな稼ぎ方をしませんという意思決定をするご家庭が増えてくるかもしれないのです。そうしたときに、会社の中の働き方なり、仕事の与え方なり、人の組合せなどに、これが関係してくるのではないか、ということころをそろそろ考えないといけないのかなと思っています。

何割かは五点セットの人も必要です。この人たちがいなかったら、会社は絶対につぶれます。いま、正社員のほとんどが五点セットです。ただ、そんなには要らないかもしれません。いつかはクラウンに乗るというのではなく、父ちゃんと母ちゃんが三〇〇万円ずつ稼いで、合計で六〇〇万円となればいい、というような人も出てくるでしょう。正社員の中でも、三〇〇万円でいいという人も出てくるでしょう。五点セットの正社員の比率はたぶん下がって、新しいタイプの正社員が増えていく。その他に、ショートタイム・パートタイマーみたいな人がやはり塊でいる。こんな感じで、随分と変わってくると思います。では、そういうことを前提にした中で、そういう体制になったときに人事制度あるいは賃金におけるフェアというのは、たぶん変わってくるような気がするのです。こういうことはそろそろ考えていかないといけないのかな、という気がしています。

大内　ダブルインカムの家庭で、そんなにたくさん働かなくてもいいという人が出てくる。

二宮 そうです。

守島 むしろ働けない。

大内 家族責任もシェアしなければならないからですね。

守島 そうです。

大内 企業はそういう人を正社員としてどう使いこなしていくかということですね。

二宮 短時間正社員というのは、成り立つのでしょうか。心理学的に組織をうまくやっていくための部分としてやはり難しい現実がいまはあるのかなと思います。朝から晩まで開けている店で、「すみません、私、短時間なので、店長をやっていますけれども五時で帰ります。あと、よろしくお願いします」「正月、すみません、子どもが休みなので」。店長がそれでいいの、というのが現時点の現場感覚なのです。その辺のところに、ダイバーシティの壁があるのかもしれません。ダイバーシティというよりも、女性の活躍みたいな文脈で、土日が休みやすい本社だったら行きますよ、というのはあるかもしれませんが、現場でやるというのは大変ですねと。

大内 いまの若い人は、いい大学出ていてもハードな仕事は嫌で、三〇〇万円は少ないけれど、五〇〇万円で十分だと言うのです。

二宮 ですよね。

大内 それで、転勤は嫌で、クラウンに乗りたくもないし、社長なんかは目指さない。将来の安定とワーク・ライフ・バランスのライフがちゃんと確保されればいいという、こちらが驚くようなメンタリティを持っている男子学生が多いのです。もっと覇気出せよという感じなのですが。

二宮 本当ですね。

大内 でも、これはだんだん増えてくるのですよね。

守島 増えているのだと思いますよ。

大内 それで、奥さんにも働いてもらうと。

守島 五時に帰りたいと。

大内 そうです。

守島 二人で合わせて七〇〇万円とか、それぐらい年収があれば十分みたいな人は、たぶん多いのでしょう。仕事の組み方とか考え方を変えていかないといけないということなのですかね。

二宮　会社は、採用してあげる立場なのか、入社してもらう立場なのか。これは労働力の需給や会社によって大きく違っているという実態があります。それに会社は対応しながら、結局はいまある五点セットみたいな人たちの比率をどう見ていくのですかという部分が、やはり大切です。実際はそんなに要らないのですよということも言えます。

大内　正社員が多すぎたということですね。

二宮　そのとおりですね。

大内　ただ、二割はそんなに多いほうではないのではないですか。

守島　業種とかビジネスによって違います。だからそれなりに、自分の企業のあり方というか、ビジネスの特性によって決めていかないといけないという話になるのでしょう。

二宮　当社ではやはり、必要に応じてということを精査して、やっぱり多いという感覚はあります。ただ、パートをもっと増やすかというと、それよりも新しい概念の正社員をどうするかということになると思います。

5　労働契約法の改正が及ぼす影響

大内　二〇一二年の労働契約法改正で、有期雇用を更新して五年を超えると労働者に無期雇用への転換権を与えるという制度が入ったのですが（一八条）、この制度についてどうお考えですか。五年にならないようにするとか。

二宮　そんなことは考えていません。ほとんどの人が更新している、というのが実態なのです。

守島　そうですね。

大内　だから長期になる。

二宮　ええ。例えば製造業の期間工とかとは違うのです。要は、我々の「キカン」というのは違う意味の「キカン」です。字が違う「基幹」従業員です。そうなると、辞めたらまた採用しないといけないということになりますが、八割の人を入れ替えるようなことはやっていられません。普通の人は残ってもらう。そうなると、契約の期間そのものはなくなりますね。でも、一方で労働条件についての期間契約は続くのでしょう。

大内　どういうことですか。

二宮　いまだと、この時給は、この期間までですよ、半期経ったらもう一回見直しますよということです。これを放っておいたら、そこまで無期になってしまって、もう変えられなくなってしまいます。お互いによくありません。いまだと、そういう部分は、雇用契約とセットでやっているのです。

大内　契約期間を更新するたびに労働条件の見直しをしていたのが、無期に転換すると、そういうようにできなくなる。

二宮　ええ。期間契約がなくなったとしても、やはりいまと同じようにやっていかなければいけない部分があります。うちのショートタイム・パートタイマーの皆さんのお給料とかはどういうふうになっていますかという話ですが、例えば、そのお店で雇用契約をしています。いい格好を言うわけではないですが、当社は雇用を大事にするのです。だから、無期になったときに雇用をどうやって確保し続けるかというのを考えてしまいます。そうしたときに、店ごとの契約では、それは守れないだろうと。あちこち引っ越してくれとは言いませんが、近所にある店だったら行ってください、という契約をしないといけないでしょう。それと、雇用を確保しようとすると、会社は生き物ですし、売場も生き物ですので、お店の中の売場の改廃というのがあるのです。現在は担当部署も決めた契約になっています。この売場でしか働きませんと言っていても、この売場はなくなることがあるのです。この売場がなくなったからさようならとはなかなかいかないし、簡単にやりたくもない。無期雇用みたいなことになると、そういう部分がどうなるのかを意識してしまいます。

大内　転勤や部署替えは受け入れてもらわなければ、ということですね。

二宮　そうです。いまの延長線上ではありますが、そういうことはきちんとしていかないといけないだろうと思います。ただ、二〇二〇年のことを考えると、さっき言いました部分の新しい正社員像みたいなものを作るということもあるので、こっちのほうも一緒にやらないといけないといった話を社内でいま、しはじめているところです。あとは、会社がそう思うけれども働く人たちがどう変わってくるのか、そういう話ですね。

大内　無期雇用に転換できる権利がある人は、どれくらい手を挙げそうですか。

二宮　それはその人がどのような家庭環境におかれ、ワーク・ライフ・バランスをどう考えるかによって異なると思います。さっき言いましたように、どこへでも行ってください、どんな売場にでも行ってくださいみたいなものが加わった五点セットにすると、あえて無期雇用を選ばない人が増えてくるかもしれません。

大内　ただ、法的には、従来と同一の労働条件にしなければならないと定めていますね。転勤できるようにするというのは労働条件の不利益変更になりますよね。

二宮　だから、転換権が行使されることになる五年後よりも前に、見直しは必要だと考えています。

守島　そのときに変えるのではなくて、その前からやらないといけない。

二宮　前からやっておかないといけない。ですから、いまから組合ともどうするかという話を真剣にしておかないといけない、という話です。

無期雇用にするのをフリーパスにするというのも一つの方法でしょう。でも、選べる形はどう残すか、という話なのだろうと思います。その選べる形について、どうすればフェアなのかというようなことを考えてしまいます。

守島　本人が納得して、会社にとってもいいと、そういうことですよね。

二宮　そうなのです。

大内　こういう法律ができてしまったから、それへの対応ということはあるかもしれませんが、考えようによっては、より多様なパートの活用につながる一つのきっかけにはなると、そうポジティブに受け止められているのですね。

二宮　ええ。ポジティブに受け止めないといけないよねという議論をしているのです。法改正に諸手を挙げて賛成ではないですが。

大内　できれば、法改正はないほうがよかったと。

二宮　ええ。でも、労働人口が減りますと、頭数が採用できなかったら、一人当たりの労働時間を増やさないとしょうがないではないかと。こうなると、ショートタイムのパートタイマーの人にフルタイムになってもらわないと合わないというようなところはあります。一番正直なのは人口動態ですので、ここには逆らえないという部分はあると思います。

6　おわりに

大内　最後に、格差と均衡という観点から整理すると、本日、お聞きしたことから分かったのは、正社員・非正社員などという区分は勝手につけているものので、そんなことを言っているのは研究者だけかもしれなくて、実態は、連続性はかなりある。だけれども、お聞きした限りでは、ショートパートと、ロングパートの中の主任クラス以上となると、その間ではやはりちょっと隔絶した質的な違いがあるように思います。パート・正社員という区分ではなくて、その会社におけるパートの中での区切りの問題ですね。

守島　そうですね。それが明確であれば、逆にいえば、ある意味では均衡になるわけですよね。

大内　ええ。

二宮　大体、給料の違いというのは、三つしか比べるところがないではないですか。昨日の私と今日の私、去年からいくら上がったかというのがまず一つでしょう。たぶん二つ目は、社内におけるこの人とこの人の比べ方です。三つ目、向かいの○○さんと私の、世間相場の違い、この三つぐらいしかないと思うのです。それをどうきちんと伝えるかという話ですね。最初のものが、いまの経済状況ではなかなか難しいのですが。三番目はある程度は仕方ないですね。でも、二番目は一番大事なところだと思います。

大内　二番目で変な差を付けると、従業員のモチベーションも下がってしまうのですね。

二宮　おっしゃるとおりです。

鼎談をふまえて

Motohiro Morishima

×

Shinya Ouchi

1　正社員の定義

大内　最近、世間では「限定正社員」とか「準正社員」のように、「正社員」に形容語を付けた言葉が使われることが多いのですが、そもそも「正社員とは何か」というのがはっきりしていないように思います。今回の二宮さんの話では、イオンの正社員について「五点セット」で見ていくという説明があったわけですが、このような正社員の定義というか基準というのは、一般的なものと考えていいのでしょうか。それともこの業界特有のものと理解したほうがよろしいのでしょうか。

守島　「五点セット」とは、「何でもやります」「どこにでも行きます」「いつでも働きます」「六五歳・六〇歳まで働き続けます」「優秀です」となっています。このような基準を明確にしているかどうかはいろいろな企業によって違うと思うのですが、一般的にザクッと考えて、この五つの基準のようなもので「正社員」を理解している企業というのは、たぶん多いと思います。

大内　法律の世界での「正社員」というのは、単純に、期間の定めがなくて、フルタイムであると考えてきました。定義があるわけではありませんが、だいたいそう考えて議論をしていました。ただ、HRMのほうではもう少し細かい区分がありそうですね。

守島　そうですね。実は、政府の審議会でも同じような議論を一度したのですけれども、「正社員」というのは、多くの場合、企業にとってある特定の働き方や貢献の仕方をしてくれる人材の簡略的な呼び方で、内容を細かく表すと、この「五点セット」になるのだと思います。そのような意味では、期間の定めがない、フルタイムという基準だけではなくて、それ以上のものを正社員には求めているということだと思います。

2　非正社員の正社員化

大内　二宮さんとの議論でも出てきましたけれども、イオンの中でも正社員の五点セットのいくつかが欠けている人、それは非正社員になるのでしょうが、仕事の中身を見ていると正社員に近いようなことをやっていて、そのような人を正社員と非正社員の中間のような、二宮さんはこれをロングタイム・パートと呼んで、そういう働かせ方をしたりしていたわけですけれども、これは非正社員の正社員化なのか、正社員の非正社員化なのか、どう見ればいいのでしょうか。

守島　たぶん、非正社員の正社員化だと思います。つまり、もともと非正社員というカテゴリーがあって、その後で、一部の人について、仕事の内容にしても、処遇のあり方にしても、正社員の方向にもう少し近付けてきたということだと思います。

大内　イオンでは、仕事の中身を見て、まず区別をし直して、そこから賃金など処遇を見直していくという話が出てきたと思うのですが、非正社員の中でも正社員に近い仕事をしていた人たちに対して、モチベーションを与えるという理由が大きかったように思えます。

守島　そうですね。やはり公平性の観点から見て、企業の戦略達成により近い仕事をしているのであれば、それなりの処遇をしなければいけないという議論です。モチベーションとか、リテンションなども関係していると思います。

大内　辞めないようにもするということですね。

守島　そのような問題もあると思います。

大内　もう一つ、二宮さんの話の中で、イオンには非正社員から正社員への転換制度があって、導入当初は、もともと正社員希望だったという上澄み層が正社員に転換したが、その後は、転換制度はあまり使われていないという話がありました。一般的にも、非正社員の中の正社員転換へのニーズというか希望というのは、それほど大きくないと理解してよろしいでしょうか。それとも、この業種の特殊性というのがあるのでしょうか。

守島　業種の特殊性もあるとは思います。でも一般的にもパート従業員が正社員に転換したいかと聞かれたとき、たぶんいろんなことを考えると思うのですが、その瞬間にパートから正社員になりたいと言う人は、実はあまり多くはないと思います。長期的には正社員になりたい、なったほうがお金もいいし、雇用も安定するので、正社員になりたいと漠然と思っている人はいると思うのですけれども、そのとき置かれている家族の状況など様々な条件を考えた場合、その瞬間に正社員になりたいと言う人は、実はそれほどいないのです。この議論は一般的に他の業種でもあてはまるのですが、これまでこの業界は、パートの人たちを積極的に活用して短時間で働いてもらってきたので、そのような意味でこの業界でのパートという働き方を積極的に選んでいる割合が高いかもしれません。いま、それ以外の選択が提示されても、選択できない人が多いということだと思います。

大内　本当は正社員として働きたいのだけれども、いまの自分が置かれている状況と合うのは非正社員の働き方だということですね。

守島　いまも申し上げたように、いまこの状態のまま正社員になって、フルタイムで働いて長期的なコミットが要求されると困るけれども、どこかの段階ではそうなっていきたいと思っている人は多いと思います。

3　多様な働き方と人事管理のこれから

大内　なるほど。今回の二宮さんの話から、結局、正社員とは何か、非正社員とは何かということについて、いくつかヒントとなるものを得た気がします。二宮さん流に言うと、五点セットがある人とない人という大きな区分がまずあって、それで正社員と非正社員に分けられるのですが、さらに五点セットが部分的にのみ欠けている人が出てきて、それは、一応は非正社員であるものの、モチベーションやリテンション、公正さなどの観点から正社員に近い処遇に引き上げていくという感じですね。こうなると、正社員、非正社員という区分では捉えきれないような気がします。私が先ほど言った正社員の非正社員化とか、非正社員の正社員化という議論の立て方自体が、現実に合わなくなっているような気もしますね。

守島　スーパーなどの業界を除くと、他の多くの企業では、合わなくなっているところまで行っているかどうかは分からないのですけれども、この業界ではいわゆるパート契約で短期で、短時間で有期雇用でという人たちから、二宮さんの言う正社員で五点セットまでのレンジがある中で、様々なタイプの働き方を持っている人たちが出てきたということだと思います。それに対して人事というのは、それなりの対応をしている、もしくは対応していかないと企業としてビジネスがうまく回っていかない状態が起こってきています。したがって、そのような意味では、最近は「限定正社員」という言葉も出ていますが、人事管理上でも「正社員」もしくは「非正社員」という言葉自体も、もはや確固とした人材グループと対応した形で意味を持っているかというと、一定数の企業であまり意味がなくなってきたのだと思います。ある人はある働き方をしているし、ある人は別の働き方をしているということに対して、呼称はともかく、人事としてなんらかの対応をしていくことが重要になってきました。

大内　それは人事管理も多様化してきたということなのでしょうか。

守島　そうですね。

大内　企業としても大変ですね。

守島　大変です。しかし、私は人事管理の理想は個別管理だと思っています。一人ひとりが望む働き方に対して、企業が望ましい働かせ方をマッチングさせていくというのが、企業の人事管理の理想だと思うのです。もちろん、現実には一人ひとりというのは無理ですから、人材を一定のかたちでグループ化していくわけですが、グループ化をするときに、正社員、非正社員というよりも、もう少しきめ細かいグループ化がなされてきています。確かに大変ですけれども、人事としてはやらざるを得ないと言いますか、やらないと企業がうまく回っていかないということで、そのような意味での最先端がイオンという企業ではないでしょうか。

大内　よく分かります。ただ、企業の中でじっくり育成して、長期的に貢献してくれる人も必要で、そのような人を正社員として中核に据えるというスタイル自体は変わらないのではないでしょうか。

守島　変わらないと思います。ただ、長期的にじっくり育成するようなタイプの人材の割合が、昔に比べれば少なくなってきたので、法律的な意味での期間の定めのない雇用をされているフルタイムの、いわゆる「正社員」の人たちが一定数いるとすれば、昔はその人たちのかなりの部分に関して、いまおっしゃったような人事管理をしてきたのに対して、いまはその中でも小さなグループに対して丁寧な人事をやるようになってきて、残りは、流行の言葉で言えば、「多様な正社員化」させていくという人事管理にだんだんなってきているのではないですか。

大内　その変化というのは、なぜ起こっているのでしょうか。正社員が多過ぎて、いわば水ぶくれだったのを、本来のところに戻したということなのでしょうか。

守島　一つの大きなポイントは、やはりコストです、コストが高過ぎたのです。企業として全員を最後まで引っ張っていけるような余裕がなくなったというのはあるでしょうし、もう一つは、働く側もフルタイムで定年まで、この五点セットを守って働いていかなくてもいいのだ、いきたくない、しかし、いわゆるパートで働くということでもない、その中間的な働き方を望む人たちが増えてきたというのはあるのではないでしょうか。

大内　なるほど。それは二宮さんの話の中にあった、クラウンに乗ることを目指さない人が増えてきた、そこそこの年収で、奥さんも働いて、二人でそれなりの額に達すれば十分だという意識を持っている人が増えてきたということですね。

守島　実際、そういう人がだんだん増えてきたのではないですか。正社員、非正社員という区分けは、いつ、その意味がなくなるのかは別として、人事管理的には、正社員だから一つのパターン、非正社員だからもう一つのパターンというのは、たぶんこれからは多くの企業には当てはまらなくなってくるのだと思います。

大内　そうすると、我々も言葉の使い方に気を付けなければいけないということかもしれません。

守島　正社員の非正社員化でもいいし、非正社員の正社員化でもいいし、要するにイオンは多様な働き方を持つ人たちが集まった全体が企業にとってのワークフォースだという考え方になっているのでしょうね。

大内　イオンのやっていることは、今後の日本の雇用社会を占う上でも重要な、シンボリックな例なのでしょうね。

session

03

公正な評価と納得できる賃金

Key Terms ▼ 成果主義賃金／公正査定義務／職能資格制／勤続年数／賞与／定期昇給／春闘／新卒採用／インセンティブ／役割等級／降格／懲戒／キャリア権／キャリア／賃金システム／均衡／退職金／効率賃金仮説

はじめに

大内　賃金は、労働法による規制が、あまりなされてこなかった分野だと思います。確かに、最低賃金規制はありますし、男女差別、組合差別、パート差別のような賃金はいけないとか、そういう規制はあるのですが、賃金制度をどう構築するかというようなことについては、基本的には企業の判断に委ねられてきました。

また、評価についても、法的な規制の対象とはされてこなかったのですが、近年では成果主義賃金の拡がりということがあり、評価のあり方が、基本給にも影響してくることが増えてきました。そのような中で、労働者の業績や成果の評価にも、法的なメスを入れるべきではないか、という議論が高まってきました。その代表例が、通説にはなっていませんが公正査定義務というような主張です。

ただ、全体的に見ると、賃金に対しては、法的な規制は非常に緩やかであったと思います。とはいえ、賃金という労働条件が重要であることは誰も否定しません。これまでのような企業の裁量に委ねるということでよいのかは、検討しておく必要がある論点です。そこで、ここでは特に賃金あるいは評価の公正さというものについて、それがどうあるべきかを議論してみたいと思います。

1　日本の賃金制度の変容

大内　まず、その前提として、日本の賃金制度というものが、一体どう変わってきているのかを確認しておく必要があると思います。伝統的には、長期雇用の下での職能資格制で、勤続年数に応じて資格が上がっていき、それに連動して賃金も上がっていったわけです。そのため、降格のようなことは、基本的にはありませんでした。こうした日本的な仕組みに、何か変化が起きているのでしょうか。あるいは、先ほどの成果主義というのは、これにどう関係しているのかということについて、まずお聞きできればと思います。

守島　日本の賃金制度がどのように変わってきたか

という観点では、いま大内さんがおっしゃったように、まさに一つの大きなターニングポイントとでも言うべき変化が、過去二五年ぐらいで起こってきている、いわゆる成果主義的評価・処遇制度の導入だったと思うのです。

成果主義については、よかったという議論もあるし、よくなかったという議論もあり、いろいろな意見があるのですが、私の見るところ、やはり成果主義が入ることによって、賃金、もしくは評価が、本人の成果やアウトプットに敏感に反応するという傾向が結構強くなってきました。昔は、短期的な成果というものに呼応して賃金を決めていく程度が弱かったのですが、昔よりはかなり高まってきたというのは実態としてはあるのではないかと思います。

ただ、難しいのは、賃金制度に関する研究、実は賃金制度というのは人事管理の中の根幹なのですが、それについての研究というのは、最近あまり行われていなくて、実態として、あまり把握が進んでいないというのはあります。でも私の印象論も含めて、いま言ったように、成果感応性が高まってきたというのはあるのではないかなと思います。

大内 研究があまり進んでいないのは、どういう理由からですか。

守島 非正規の問題▶session 02であるとか、ワーク・ライフ・バランスの問題▶session 06であるとか、そういうテーマが非常に大きく取り上げられて、成果主義のブームが去ったあとは、いわゆる基本的な賃金制度のようなものには、あまり関心が持たれてこなかったというのはあるのではないでしょうか。

大内 なるほど。ところで、成果主義のことなのですが、賞与というシステムは昔からあるわけで、これも、ある意味では成果主義ではないかと思うのですが、これは先ほどおっしゃった成果主義と、どういう点に違いがあるのでしょうか。

守島 昔から賞与というのは、おっしゃるようにわりあいと成果感応型な報酬という色彩が強かったのですが、昔は賞与の決め方として、基本給とか、月例賃金があって、月例賃金の何カ月分というところから出発して個人の評価に基づいて、決めるという仕組みが、多くの企業に存在していたのですが、いまはそうではなくて、最初から、企業の業績、本人の業績というものを重視するという傾向が昔よりも高まってきました。そういう意味では、成果というものに対する感応性が、賞与に関しても昔よりも高まってきたというのはあるのではないですかね。ただ、その場合の成果や業績には、本人のそれに、会社としての業績も加味する点では、成果主義的な仕組みのもとでの基本給の決定と大きく異なり、両者が考慮されます。

大内　基本給を成果主義的にするというのは、具体的にはどういうことですか。

守島　いろいろあるのですが、本人の成果を測って、月例賃金の基礎部分を決める重要な要素として考慮するということです。

いままでは、職能資格制度の中で本人の能力を測って、能力に対応してその人の社内資格を決め、それが基本給を決めるうえで大きなウェイトを持つということだったのですが、能力の顕在化したものとしてのアウトプット、成果というものを大きく考慮して、月例賃金を決めていくということです。

大内　ただ純然たる成果主義というものは少なく、むしろ職能資格的な要素とのハイブリッド的なものが多いと聞きますが。

守島　確かに、実際はハイブリッド的なものが多いようです。職能資格的な基準を維持しつつ、同時に、資格のレンジの中で、どこに位置するかを成果的に決めていくというのは多いと思います。

2　定期昇給と成果主義

大内　成果主義的な考え方を貫徹させると、定期昇給、これは日本の雇用システムの一つの中心的な要素だったと思うのですが、これと相容れないものになるのではないかという気もします。

守島　最近の春闘でも、結構話題にはなっていますが、定期昇給みたいなものが、本当に維持できるのかどうか。それは企業の財政的な基盤という意味でもそうですし、いまおっしゃったような原理論的な意味で、やはり能力というものをベースにする考え方から、いわゆる成果というものに給与のベースを大きく振っていくと難しいでしょう。一歳、年を取ることによって能力は上がっていくから、給与を上げていくという形の定期昇給という考え方というのは、成果的な賃金制度とは、相容れないものになるのではないですかね。

大内　かつての定期昇給というのは、顕在化した能力を問うものではなかったわけですよね。ただ、労働者の能力は、例えば一年在籍する中、企業による訓練を受けて、本人の生産性が高まるとみなして給料を上げていくというシステムで、いわば技能形成や職業訓練と連動しているところもあったと思うのですが、その要素は、いまでもあるのではないですか。

守島　いまの日本の賃金体系というのは、一人の人間のキャリアを見た場合に、いわゆる管理職以前のヒラの時代、組合員時代の賃金制度、もしくは評価制度と、それ以降の評価制度が違っているというのが、一つの実態としてあるのです。

中でも、キャリアの初期、いわゆる育成期、つまり一人前になるまで、一人で仕事ができるようになるまでの時期は、いまでも多かれ少なかれ職能主義的な扱いをしている企業が多いです。でも管理職になると、今度はほとんど成果で評価される、能力形成の時期は終わったので、成果で賃金を決める。キャリアの段階によって、違った形の賃金制度が入ってくるというのが、実態としてあります。

大内　成果主義が広がったというのは、いまの話でいくと、基本的には管理職に限られるということですか。

守島　歴史的にいうと、まず管理職に入れて、管理職に入れたものを、その下のいわゆる組合員時代の、育成のための時期までも適用したのですが、いま、一部の企業では、入社後しばらくのキャリアの初期は、成果主義ではなくて、もう少し職能的な管理をしようと、逆戻りしているところがあります。

大内　成果主義からの揺り戻しは、若い層で起きて、管理職層は依然として成果主義ということですね。

守島　また成果主義というもの自体も、そういう意味でいくと変わってきているところがあって、導入された初期は、個人の成果に対しての強い連動だったのですが、いまは、能力評価とのハイブリッドに戻るとか、また事業部であるとか、企業であるとか、もう少し大きな単位での成果というものに、賃金が連動するという形になるなど、変化がおきていますね。

大内　若いほうで成果主義があまりうまくいかなかった理由は、どこにあるのでしょうか。

守島　やはり日本の場合は、新卒採用がいまでも一般的ですから、新卒採用した人というのは入社の次の日から仕事ができるわけではなく、成果などは出せませんから、一定訓練期間が必要です。

訓練に対して、もしくは育成、成長に対して、インセンティブを与えなければいけない。成長のインセンティブを与えるという意味でいうと、成果主義というのは合わなかったのだと思うのです。

大内　例えば三年ぐらい頑張って、これだけ成果を上げれば、これだけ給料を上げるというインセンティブは働かないのでしょうか。

守島　状況によっては働くのだと思います。ただ、それでも最初は仕事の仕方を覚えないとどんなに頑張っても、成果は出ない。そのための勉強を促進するインセンティブが必要です。その時期は職能的な評価方式を重視して、成果評価のウェイトを少なくしておく。

大内　ここでの若手というのは、大体何年ぐらいなのですか。管理職になるのが何歳かということにもよるのでしょうか。

守島　そうですね。いまは早い場合、三二、三三歳で管理職になりますから、一〇年ぐらいです。

大内　一〇年は訓練期間ということですね。

守島　ある商社は、最初の九年間は職能的な扱いをするけれども、それ以降は成果的な扱いをするということを言っていますから、その商社で言えば、九年間は若手なのです。

大内　成果主義のことをもう少し聞きたいのですが、成果主義と言いながらも、成果に応じた賃金の変化があまり大きくならないようになっているということを聞いたことがあります。

守島　それもいろいろな試行錯誤の歴史があって、ある企業で私が聞いた話だと、これは部長級ですが、部長級であったならば、平均的な年収が、例えば一五〇〇万円ぐらいだったとして、上が二五〇〇万円、下が八〇〇万円とか、そのぐらいは年によって違いがあったということは聞きました。そのように大きく変動を入れたというのが、最初のころだったのです。

でも、それをやっていると、あまりにも働く人にとって年収が安定せず、安定的に人生を送れないというので、もう少しマイルドにはなっているのだと思います。例えば住宅ローンも組めないという笑い話もありました。

大内　学生とゼミで議論しても、成果主義の評価というのはかなり分かれまして、安定指向の人は嫌がるのです。着実に、勤続年数に応じて上がっていくほうがいい、予測可能性も立つし、人生設計もしやすいというので。その一方で、成果をちゃんと評価してほしいという学生もいるのですが、数で言えば、前者の安定指向が圧倒的に多いのです。これは最近の若者の傾向かもしれませんが、そもそも日本には成果主義は合わないという意見はないでしょうか。

守島　いわゆる、本当に成果で大きく格差が付いて、かつ年によって大きく変動があるというようなタイプの成果主義がどこまで受け入れられるかというのは、私も確かに疑問はあります。だから、そういう意味では能力プラス成果のハイブリッドに落ち着いていくというのが、多くの企業の答えなのだと思います。

大内　管理職でも、そんなに激しい成果主義で年収が大きく変わるようなものではなくて、もう少しマイルドで、予測可能性もあるような制度になっているのでしょうか。

守島　管理職でも少しは揺り戻しが起こっています。ただ、三〇年前、三五年前などと比べると、管理職レベルでの賃金格差や変動は大きくなりましたよ。

大内　管理職がそういうものを受け入れているのは、成果主義は雇用に直結させないという前提があるからかなと思いますが、そういう理解でよろしいですか。

守島　そうですね。あくまでも賃金の格差、もしくは変動であって、本人の雇用まで影響されるということはないというのが、いまの前提だと思います。

大内　企業としては、雇用にも影響させたい気持ちはあるのでしょうね。

守島　どの範囲まで影響させるかという問題ではないですかね。従業員の下の数%を対象にするのか、それとも下から三〇%を対象にするのかというところでいうと、本当に下の数%、五〜六%ぐらいには、成果が出ないから雇用継続について、何らかの措置を講じたいというのはあると思いますが、その上の人たちについては、雇用というところまでは手を付けないで、賃金による格差でインセンティブを与えたいというのが、企業の考えだと思います。

大内　ここまでの議論をまとめると、日本の雇用というのは、最初の一〇年ぐらいは訓練期間で、企業がちゃんと育てます。一〇年経ったところで、ここからは競争で、自力で稼いでください。本音はともかく、雇用には手を付けませんが、その代わり給料では差を付けます。そういうイメージですね。

守島　そういうイメージになりつつありますね。

3　役割等級制とは

守島　さらに、企業によってなのですが、いわゆる訓練期間から管理職になるときに、洗い替えをする企業があるのです。つまり、そこで、いままでの職能資格のレベルを全部取り払ってしまって、例えばそこから別の役割等級のようなものを入れて、そこから別の賃金体系に移っていくというやり方を取っている企業が多いです。

大内　役割等級とは、どういうものですか。

守島　役割等級というのは、職能資格制度と、いわゆる職務主義といわれる、職務に賃金が付いている仕組みとの中間のような考え方で、役職や仕事に求められる「役割」の大きさに応じて等級を設定し、その役割を担当する従業員の格付け、つまり賃金決定を行う制度のことです。ただ、実際は、ある役割に対して、基礎賃金みたいなものが決まっていて、その他に一定のレンジがあって、成果であるとか、そういうものによって、実際に払われる賃金の額が決まるというタイプが多いようです。職務等級制度と似ていますが、やや曖昧で、役割の定義の中に、職能等級制度的な本人要素が入っている企業もあります。

大内　これは、いま増えているのですか。

守島　増えていますね。

大内　管理職に対してですか。

守島　管理職については、かなり多くの企業で入れていると思います。職務主義的な、シングルレイトで一つの職務に対して一つのレベルの賃金しかないという形のものは、ほとんどないですけれども、賃金は基本的には役割によって決まるが、レンジを持っており、本人の能力と成果に応じて、レンジの中で賃金をあとで決めていけるというタイプの役割等級制度は、非常に多くなっています。管理職ではかなり一般的な考え方になっていると思います。

大内　役割というのは、業種によって違うのでしょうけれども、具体的にはどういうものですか。

守島　例えば部長や支店長、そういう役割ですね。

大内　年俸制なのですか。

守島　年俸的に決めているところもあるし、月例給的に決めているところもあると思います。

大内　そこでは当然、能力を発揮できなければグレードが下がっていく、役割自身も下がってしまうこともあるということですね。

守島　そうですね。能力というよりは成果でしょう。役割等級制度を入れる一つの大きなポイントは、役割を外れたときに賃金を下げられる、もしくは賃金が役割と連動して変わってくるということが、実態としてあるということです。

大内　これも、ある意味では成果主義ですよね。

守島　そうですね。営業店の店長として期待されるアウトプットが出なければ、その役割を外される。外されると当然ですが、賃金は下がっていくわけですから、そういう意味では成果主義ということは言えると思いますね。

4　降格の実情

大内　法的には、成果主義的なものが入ってくる中で、降格のような問題が新たに出てきます。以前は、降格は懲戒処分を除くと、あまりなされておらず、降格の法理というのもあまり発展していませんでした。

ただ、いまのお話だと、役割等級制では、実質的には降格のようなこともあるということですね。これについては、管理職から不満などは出てこないのでしょうか。

守島　成果が出ているか、出ていないかということによって降格をされるというのは、納得できるかどうかは分からないけれども、受け入れざるを得ないというのが正直なところでしょう。

大内　降格するかしないかの基準は明確なのですか。

守島　そうですね。

大内　実は、降格には二種類あって、役職などを引き下げるという降格と、賃金の等級や号俸を引き下げる降格があります。法学の議論では、この二つの降格を分けて、後者については厳格な法理を適用すべきであるというのです。

守島　人事管理でも、一般的な企業でいうと、職能資格がある場合、いわゆる降格、職能資格上のランクを下げるというのは、懲戒的な場合を除けば、ほとんど行われていないというのが実態だと思いますね。

だけれども、先ほど申し上げたように、役職を離れるということで、賃金の減俸・減給というのはあり得ますね。それは降格というものを必ずしも伴わないで、役職を外れるということによって賃金が下がるというロジックで下げています。

大内　そのとき、等級は変わらないのですか。

守島　役割を外れるという意味では、等級は下がるのかもしれません。もともと職能資格制度ではないので、資格が下がるという概念そのものがないところもあります。

大内　職能給における職能資格等級の降格については、現実にはあまり起きていないということですか。

守島　職能資格上の降格は、あまり起こっていないと思います。懲戒的な状況を除けば、ほとんど起こっていないと思います。

大内　懲戒は、これは規律違反があった場合の処分ですから、そういう降格があるのはよく分かるのですが、賃金等級の降格がないというのは、やや驚きです。成果主義的な運用が広がれば、ここでも降格が増えているのかなと思っていましたから。そうした降格をやるのは適切でないという考え方が企業にはあるのでしょうか。

守島　要するに、会社の行った能力評価自体が間違っていたということですからね。論理的に考えて、能力自身が下がるということは普通は考えられないわけです、病気とか、けがとかでない限りは。したがって、能力が低下した、またはその能力評価が間違っていたということを正当化するロジックが、あまり企業の中にないので、本人もそれを受け入れられないということになります。

大内　一方、役職に就けたけれども、それが間違っていたということはありなのですね。

守島　それは、その役職に期待される成果が出ているか出ていないかということで評価できますから。能力が低いかどうかの評価ではありません。

大内　なるほど、そこの違いですか。

守島　職能資格制度上の格づけというのは、能力の評価によって、ある人をランキングする。もしくは長期的な意味で顕在化した成果によって決めるので、そういう意味では非常に安定的だと考えられています。

5　フレキシブルな人事

大内　ところで、最近は、労働者自らが、降格を申し出るということもあるようですね。

守島　そんなに多くの企業で起こっていませんが、自分の望むべきキャリアを歩むために、一旦降格して、下がったレベルから始め直すというケースは、少しずつ増えています。またはある資格以上になると、管理職相当になってしまうので、管理職になるのを避けるために降格を申し出るという消極的なケースもあります。

大内　そういう自分の希望を企業が受け入れてあげるということですね。

守島　ある程度ですね。

大内　ある種、キャリア権的な発想かもしれませんね。本人のキャリアに対する希望を尊重するということですから。

守島　そうですね。

大内　それに、企業としても、本人がやりたいということをやらせたほうが、より力を発揮して生産性も上がるだろうということですか。

守島　そうですね。

大内　そういう意味では、人事権というのは、かなりフレキシブルなものともいえますね。

守島　企業が行使する人事権は、フレキシブルな運用になってきましたね。本人がやりたいことをやらせてあげるということが、昔よりも多くなってきた。

大内　そうしたことの背景に、企業のほうで、何か考え方の変化があるのでしょうか。

守島　企業としては、キャリア自立ということをここ二〇年ぐらい言っていますから、自立した人に対応しないといけないというのもありますし、もう一つ大きなポイントというのは、そうでないと辞めてしまうという人たちが増えてきたのです。自分のキャリアというものを、つまり、各人の望むキャリアを一〇〇％ではないにしても、ある程度はかなえてあげないと、退職してしまうという人たちが増えてきたので、そういう人に対応しなければいけないというのもあります。

大内　大したことない管理職だったら、言うことも聞いてやらないけど、辞められたら困るような人だと聞いてやるという感じですね。

守島　そうですね。

大内　そうした管理職は交渉力があるのですね。

守島　ありますよ、いまの優秀な人たちは。

大内　労働法では、労使の非対等性というか、交渉力の格差があるということを前提に議論するわけですが、いまの話は全く違う世界ですね。

守島　全員かどうかは分かりませんが、優秀層というのは、かなり交渉力が出てきました。

大内　それは一握りのエリートというよりは、もう少し広いですか。

守島　専門性の高い人材も入りますから、もうちょっと広いですね。

大内　それが広がっているということだと、企業の人事システムも変わっていくのでしょうね。

守島　変わっていくのだと思います。つまり、いままでは企業が人事異動をする、人を動かすというのが一般的な形態だったけれども、そうではなくて、いわゆるジョブポスティングや社内公募と呼ばれるような、企業の中にあるポジションというのをオープンにして、人の側から応募してもらってというようなタイプの異動が、実際には増えてきています。

6　人事管理からみた評価の公正さとは

大内　もう一つ、賃金システムとの関係で、評価のあり方という問題もあります。法的な介入が難しい分野なのですが、労働者にとっては重要な、賃金という労働条件にかかわるところだから、やはり何らかの法的な公正さの基準のようなものが入ってもいいのではないかという議論もあるのです。評価の公正さというのは、どう考えていけばいいのでしょうか。

守島　そういう意味では人事管理は逆で、法律的な意味での公正さ、公平さみたいなものについては、たぶんあまり関心がないと思うのですが、評価の公正さというのは、人事管理の中で、ものすごく大きなテーマで、昔からここについては議論が積み重ねられてきたのです。

大きく分けて三つぐらいのタイプの公正さ、公平さがあって、一つは「結果の公正性」といって、つまり、もらった賃金自体が他の人と比べて公平か、公正かということが、まず問われます。もう一つは、それを決めるプロセスで、本人がどこまでインプットできたのかとか、評価がきちんと行われていたのかとか、基準が公開されていたのか、明確だったのかとかに関する「手続の公正性」という考え方があります。三番目に、評価する人が評価される人に対して、どこまで公正な態度で評価をしていたのかという、「対人的な公正性」があります。

評価の公正性というのは、納得性という議論と関連しています。納得性を確保するためにどういう評価システムを作らなければいけないかという議論は、いまの三つの基準に基づいて、結構昔から多かったと思います。人事管理の一つの大きな目的関数は働く人の納得ですから。

大内　その議論というのは、三つの基準のうち、どれが一番納得度が高まるかということをめぐってですか。

守島　もしくは、どういう組合せをすればよいかということですね。つまり、例えば結果の公正性という、実際にもらった賃金の額における公正性というのは、納得性を確立するのは極めて難しいわけです。例えば大内さんが同僚だとした場合に、大内さんが出している成果であるとか、大内さんの能力であるとか、そういうものに対応して、大内さんがもらっている報酬と、私の成果や能力に応じて、私がもらっている報酬を比較するという議論になります。

でも、それは難しくて、大内さんがどこまで成果を出しているか、どこまでの能力をもっているかというのは正確には分からない場合が多いのです。さらに、いくらもらっているかというのも分からないので、結果の公正性というのは、極めて確保しにくいのです。特に成果主義のように成果で大きな処遇格差がつく場合は、納得を得るのは難しい。それでも、結果の公正性がゼロではいけない。ある程度はないといけないのです。

そして、それでは不十分な場合に、どうやって手続的な公正性で納得感を得ていくのか、補強していくのかとか、そういう議論がつづきます。さらに結果の公正性も、手続の公正性も、仮に、それがパーフェクトであったとしても、評価する上司が非常に無礼なまたは差別的な態度で評価をしていたら、やはり本人には嫌な気分が残って、納得しないということがあり得ますので、対人的な公正性が重要になる。三つをどう組み合わせるかというのが、大きな議論ですね。

大内　結果の公正さというところで、判断者の主観的な要素を取り除くことを極限まで推し進めると、職能資格で、勤続年数に応じて上がっていくということになるような気がします。

守島　確かに、結果の公正性の最もクリアな確保の仕方は、勤続年数賃金のように見えるのです。ただ、それをやると、同じ年齢の人が全て同じ能力かといったら、そうではないわけであって、そこで今度は別の意味での公正さを欠く部分が出てくるのです。

大内　自分はこれだけできるのに、何であの同僚と同じ給料なのだ、ということで、納得性が小さくなるということですね。

守島　そうです。

大内　先ほどの話と組み合わせると、最初の一〇年の若手の間というのは、そういう意味では、そんなに能力の差もないだろうということで年功的な職能賃金でいいのですね。

守島　能力の差もないし、成果の差も大きく出ないから、いわゆる年功的な意味での処遇をしてもよいということなのではないですかね。

大内　対人関係の公正性というのと、いまの手続的公正さや結果の公正さとは違うような気もします。

守島　この三つの考え方というのはアメリカで起こってきた考え方で、アメリカというのは現場の上司が持っている人事権みたいなものが、ものすごく大きくて、したがって、上司がどこまで部下のことをきちんと考えているかということが結果にものすごく影響するのです。好きか嫌いかだとか、いい人材だと思っているかとかで、極端に言えば、クビにもできるわけです。

だから、そういう意味では、その二人の間の信頼関係みたいなものがちゃんと確保されているということが、働いていることの納得感につながっていくという議論が、たぶん出てきたのだと思います。

日本は、それにプラスして、いろいろなものに守られていますよね。まさに法律で守られているし、雇用安定についての企業の姿勢みたいなものに守られているので、そういう意味では、一人の上司が持っている人事権や影響力が、海外に比べると弱いので、対人的な公正性の重要さは、日本では薄れるのだと思いますけれども、海外では重要なポイントなのです。

大内　人事管理的な観点からは、上司は部下から信頼を得なければ、納得性は得られない、そういう話ですね。

守島　そうですね。だけれども、もっと言ってしまうと、言い方がいいかどうか分かりませんが、例えば差別であるとか、そういうところにも実はかかわってくるのです。いわゆるミクロな職場レベルでの上司の部下に対する差別みたいなものがそこに入ってくる可能性はあるので、それも大きな意味でいうと、対人的な納得性、公正性の中に入ってくるのではないですかね。

大内　そうだと思いました。だから、いまおっしゃった上司との関係という点は、法的な議論においては、まさに差別の問題としてみるのだと思います。上司が、恣意的に、女性だから低く評価するとか、外国人だから、あるいは労働組合の組合員だから低く評価するとかは、まさに法的な議論でいくと差別の問題となりそうです。

守島　そうですね。

大内　そして、そうした差別の問題は、単なる公正さにとどまらず、法律で禁止されているものもあるわけです。

ここまでは公正に関するどちらかというと理論的な話だと思うのですが、企業の現場ではどのようにして納得性を高めているのですかね。

守島　いろいろあり得るのですが、成果主義的な動きが起こる前は、先ほども議論したように、比較的年功給的なところが強かったので、いわゆる結果の公正性で最終的には納得性を得ていたというのが多かったのですが、いまは成果主義で格差も大きくなってきているし、変動も大きくなってきているので、そういう意味で、手続的な公正性に大きくシフトしているというのが実態ではないですかね。

大内　結果の公正さを、年功で同じにするということで実現するのは簡単で、法的にも問題がないように思います。一方、なんらかの差を付けたときに、その差が公正かどうかというのは、法的には手の出せない領域だと思うのです。

守島　出せないです。ただ、先ほど申し上げたように、人事管理ではものすごく重要で、したがって、フィードバックをちゃんとしなさいとか、なぜその評価が付いたのかを説明しなさいとか、目標設定のときに、これが何%達成されればどういう評価なのだということを理解し合っておくとか、そういう上司と部下との現場での人事管理というのがすごく重要になってきていますね。

大内　法的にも、きちんと公正な手続を踏みなさいぐらいのことまでなら、義務づけることは可能でしょうね。

守島　義務づけられると思うし、私は望ましいことだと思います。

大内　ただ、そこまで法がやると、やりすぎということはないですか。

守島　これは人によって考えが違うと思うのです。だけれども、私はやはりそこのところ、つまり公正な評価の手続を踏まないといけないというのは、私は大枠としては作っておいたほうがいいと思いますね。いろいろな企業が世の中にはありますから。また公正な評価を行うことは、長期的に見て多くの従業員が納得して働くという効果を生むので、企業経営にとってもよいことです。

大内　ただ、法でできることというのは、一定の公正な手続を踏むように、という抽象的なことまでで、具体的にどのように手続を踏むかを法でルール化するところまではできないでしょうね。

守島　もちろんそうですね。それは各企業の自由というか、裁量に任されるべきでしょうね。

大内　そういう意味では、他のテーマでも出てくるのですが、法というのは、信頼性を高める、納得度を高めるための基本的なルールを設定する。そういう基盤作りは法がやって、それに基づいて、その内容をどう構築していくかは、各企業での労使の話合いなどに任せていくというのが理想だと思います。

守島　そうですね。

7　「給料」は何に対して支払われているのか

大内　労働契約法の三条二項では、「就業の実態を考慮した均衡」という規定が入っています。前に、正社員と非正社員の均衡という話▶session 02もありましたが、労働契約法は、正社員を含めた労働者全般において均衡を実現しなさいということを言っているのです。ただ、これが具体的にどのような意味であるのかははっきりしません。均衡という言葉だけで捉えると、まさに結果の均衡を求めているようにも思うのですが、これまでの議論からしても、均衡を考慮せよというルールは、企業にとって守りにくいものだと思います。

守島　均衡というためには、ある基準があって、その基準で測って一緒のレベルなのに、賃金が違うかどうかということを問題にするのだと思うのです。その、もともとの基準が何かというところが定まらないのだと思いますね。

だから、いま議論されているように、それが年齢なのか、勤続年数なのか、それとも成果、アウトプットなのか、仕事の中身なのか、その人の長期的な人材活用のあり方なのかという議論がなされるのでしょう。その基準が定まらないので、均衡という議論は、多くの場合、人事的には空虚な議論になっていると思います。

大内　結局、給料というのは何に対して払われるべきものなのかということですよね。

守島　それは難しいですよね。暫く前までは、本人の持っている能力に対して払われるという形で、その前が年齢だったのですよね。年齢というのは能力の代理変数ですから。そういう意味では、能力に対して払われるというのとあまり変わりませんでした。

大内　年齢が能力の代理変数となるというのは、ＯＪＴをやっているからということですか。

守島　ＯＪＴをやっているというのもあるし、またこの考え方がそれほどおかしくなかったのは、競争基盤が大きく変わらない、つまり経営環境や業態などが比較的安定的で、一つの仕事の内容というものがそれほど変わらないということが大きな前提だったからです。したがって一年経てば、一年前よりもより習熟しているという状態、もしくは仕事を遂行する能力が高まるというのが、実態としてはあったのだと思いますね。でも、それが大きく変わってきたので、いまは顕在化したアウトプット、つまり成果での評価という話になっています。

ただ成果に対して払うというのは、人事管理論的にいうとプラスアルファの議論で、本人の能力に対して払うか、その人が就いている職務に対して払うかが両極です。成果というのは、能力に対して払っていて、その能力よりも高い成果を出した場合、もしくは職務に対して払っていて、期待よりも高い成果を出した場合で、そのプラスアルファ、付け加えの部分が成果報酬であるべきなのですよ。

大内　どういう払い方がいいのかということの判断は、人事管理論では、結局、どうやったら生産性が高まるかということになるのでしょうか。

守島　生産性よりも、もっと広く、企業にとって何が必要かということで決まるのでしょう。どういう環境条件で、その企業がビジネスをやっているのかとか、企業が持つ戦略や、さらには国全体、社会全体がどのような状態にあるのかが、企業にとって必要なことを決めます。例えば日本の高度成長期は、成長というのが経済の大前提で、したがって、その成長に合わせて、人を育成しなければいけないという大きなニーズがあって、そのためには職能的な、つまり本人に対して成長するインセンティブを与えるような賃金制度がよかったという話になります。

今度は成長がだんだん止まってくると、成長に対するインセンティブよりは、小さなパイの中で、どれだけその中で利益を上げていくかという、成果に対するニーズが高まってきて、したがって賃金決定の基盤が、もう少し成果であるとか、そういうものに対して振れていくということです。

大内　たいへん面白い話です。法律の世界では、労働基準法では「賃金は労働の対償だ」という捉え方で、労働に対する報いとされています。その対償性をどういう基準で判断するかについては不明確なところが残っていますが、いずれにせよ労働に対する対償という捉え方が法律家の賃金論です。一方、人事管理論では、もっといろいろな機能というか、インセンティブの機能も与えている。

守島　非常に単純に言ってしまうと、労働に対する報酬であるとか、対価という考え方もありますが、人事管理の中では、賃金というのはインセンティブなのです。企業が必要な何かを人にやってもらうため、もしくは人から広い意味でのアウトプットを引き出すためのメカニズムというのが賃金です。

例えば、アウトプットが人の成長ということもあります。だから、成長を求めるときには、成長に合った賃金制度にしておかないといけないし、成果を求めるときには成果を出してもらうための賃金制度にしなければいけないし、職務に期待されることをきっちりやってくださいという場合には、それに合った賃金制度をやらなければいけないという話です。

大内　基本的に、役職は別ですが、降格によって賃金を下げないというのも、インセンティブを削いでしまうからですね。

守島　一つはインセンティブを削いでしまうからというのもあります。でも、先ほども述べたように、降格というもの自体が持っている原理的な問題みたいなものもあると思うのです。降格というのは、能力が低くなったから下げるということになるわけです。それは企業が間違った判断をしたとか、何らかの理由があって、本人の能力が下がったということを言わないといけないので、やはり難しいと言うことです。原理的な意味での難しさもありますね。

大内　これは納得性の問題ともつながっていますね。

守島　賃金制度というのは、実は人事管理の中では、極めて根幹的な部分だと思うのです。つまり、ビジネスをドライブしていくという視点から、労働者にインセンティブを与えるという意味でもそうだし、さらに賃金制度を間違って設計や運用してしまうと納得感、公正感がなくなって、法律に触れるということまでいかなくても、人事管理がうまくいかないということがあります。つまり、賃金とか評価というのは、人事管理の非常に根幹的な部分で、最初におっしゃったような、法律が入ってくる余地がない部分なのですが、人事管理としてはかえってものすごく重要な部分で、もっといろいろなことを考えていかないといけない分野なのです。

大内　だからこそ、法律は、あまり余計な手を出さないほうがいいのですよね。

守島　大きな枠組みだけ作っていただくのでよいと思います。最低賃金のようなベースのところと、差別をしてはいけないというベースのところ、そういうことだけやっていただければよくて、企業の中で具体的にどういうことをやるかというのは、企業が自分のビジネスに合ったやり方、状況に合ったやり方で考えていくということで十分だと思います。

大内　退職金も、インセンティブの観点から説明がつく制度ですよね。

守島　退職金というものが、どのように考えられるかというのは、実はいろいろな議論があるのですが、基本はやはり長期雇用のインセンティブなのです。だけれども、長期雇用という慣行自体が崩れてくるとすると、例えばもう少し早く退職金部分をもらいたいという人や、退職金制度を止めたいという企業も出てくるかもしれませんので、そうなってくると、退職金制度は少し変わってくるのかもしれません。

大内　変わってくるのでしょうが、退職金が長期雇用へのインセンティブを目指す制度という点そのものには変化が生じないのではないでしょうか。

守島　もちろん、ある程度の資金が社内留保できるわけですから、それを使って、他のことに使えるという部分もあったのだと思いますが、人事管理的には、長期雇用へのインセンティブですね。原理はそうですが、さっきの話は、その長期雇用そのものに対する企業や人のコミットメントが低下する場合の、退職金制度の変化です。

大内　この長期雇用へのインセンティブという点を学生に聞いたりすると、そういうやり方というのはフェアでないのではないか、渡せるものを渡さずに取っておいて、長期雇用を引っ張るようなやり方は露骨ではないか。しかも、懲戒解雇になったら支払わないぞという、規律的な面も持たせているというのは、やり過ぎではないかと言ったりもするのです。

守島　そうなのですが、人事管理的に見ても、いわゆる効率賃金仮説[*1]みたいなものがあって、退職金が

*1　効率賃金仮説とは、高い給与を払えば、労働者は失うリスクを恐れて怠けないというものだが、ここでは退職金があるので、働く人は怠けたり、悪いことをしなくなったりするという考え方を指す。

あるから、労働者は怠けないのだという議論もできますから、それはある程度合理性はあったのではないですかね。

大内　学生からすると、そういうものがなくても、きちんと怠けずに働くのに、と言いそうですが。

8　年功型とは異なる賃金体系の可能性

大内　それから、いまのような賃金や退職金の制度は、正社員だからですよね。これが、請負社員とか、フリーの人であったりすると、全く違った報酬体系になるのでしょうね。

守島　そうだと思います。体系とは言えないでしょうが。つまり、賃金体系というためには、いまもらっている給与と、来年もらう給与や一つ上のレベルの仕事でもらう給与が、どのぐらいなのかが明らかで、これが、何段階にもわたって、システムとして連なっているというのが大切で、それを示したのが賃金体系なのです。

だけれども、非雇用の業務委託や請負などでは、そのときそのときの仕事の成果に対して対価を払っていく形になりますから、仕事や成果の価値に対する対価という色彩が、強くなるのではないですかね。

大内　そういう色彩を、正社員の賃金体系に取り込もうという発想は、あまりないのですね。

守島　正社員の賃金体係に取り込もうとした一つの流れというのは、純粋形での年俸制という考え方です。例えば雇用ではありませんがプロ野球の選手みたいな形で、年間にいくらということで決まってくる賃金の払い方は、ある意味では、その仕事に対していくら払いますということなので、本人の持っている将来性であるとか、キャリアであるとか、そういうことはほとんど考えない意味での賃金の払い方ということになります。証券会社などで、正社員に対して、一定の、それもかなり低額の基本給を支払うことにしておいて、追加分は、年度や各期ごとに、各人の売上げ、成果に応じて決めるというケースもありました。

大内　そういう賃金の払い方は、普通の正社員には使われていないのでしょうが、それはなぜでしょうか。

守島　どこの国でも、ある程度は一定期間にわたって人材を活用していきたいというのが、ベースにあるのではないですかね。逆にこういう発想がない場面では、年俸制的な賃金が多くみられます。そういう形態がないというのは、例えば二年間雇っていくらということになると、二年以降の世界というものを本人も考えないし、企業も考えないということが前提になるのですが、一般的に正社員の場合には、そういうケースはあまりない。日本だけではなく、多くの国でどちらかと言えば、ある期間長期的に人材を活用していくことが、雇用というものの前提であったのではないですかね。もともと人事管理という分野自体が、日雇いのようなスポット的な雇用が普通だったときに、労働者の管理のしやすさや技能の向上などを目指して、一定の期間雇用をするようになった時に始まったものですから。

大内　職務給だとインセンティブ的な要素は出てこないですかね。

守島　インセンティブの意味にもよりますが、インセンティブ的な要素はもちろん入れられます。成果給的なものを追加していくことは十分にできます。また職務を積み上げたジョブラダー、職務階梯というもの作って、能力向上を促すインセンティブも提供できます。職務階梯があるので、職務給でも賃金体系があります。

大内　長期的なものを考える際には、職務給というのは、あまり適合しないのでしょうか。

守島　職務給というよりも、年俸制的な考え方は、あまりフィットしなかったということでしょう。

大内　例えばパートに対して、職能給にしないのは、やはり長期的な雇用を考えていないからですか。

守島　パートに対しても、長期的に雇用をしたいところは、職能給的な仕組みを入れ始めていますから、▼session 02そういう意味では、長期的に人材を活用したいというときには職務給的な要素だけではなくて、職能給的な要素がそこに加わってくるというのが、わが国では多いですね。

大内　職務給イコール短期雇用というわけでもないのですね。

守島　先にも話しましたように、職務給でも、職務がラダーになっていて、積み上がっており、それにしたがって賃金が上がっていくという制度ができていれば、長期雇用にだんだんとつながっていくわけです。つまり、会計士レベル1、会計士レベル2、会計士レベル3みたいのがあって、だんだん上がっていって、それぞれに給与も上がっていくし、仕事の内容もだんだん高度化していくという体系ができていれば長期の雇用を促すことになります。

大内　ヨーロッパは職務給ですね。日本は伝統的に職能給です。どこから違いが出てきているのだろうか、ということです。ヨーロッパでできることが日本でできないことはないと思うのです。ヨーロッパのものが何でもいいとは思いませんが、日本で職務給が成立しない理由はどこなのだろうかと思うのです。

守島　いろいろな理由は考えられますが、いまの時点で考えると、これからの総取替えというのは、とても難しいというのがあるのだと思います。

もう一つの大きな理由というのは、やはり日本の場合は、人が仕事をつくるという部分が、結構重視されていて、課長だからいくらというのではなくて、課長に大内という人間が就いていて、どこまでやっているからいくらという傾向があるのではないですかね。つまり、仕事基準ではなく、人基準で賃金を決める仕組みです。

大内　日本でそういうのが発展してきたのは、なぜなのですかね。日本人の特性なのでしょうか。

守島　文化的なものもあるし、あとは日本の組織の組み方というのがあるのだと思います。ちょっと比喩的な議論になってしまいますが、例えば御輿を担ぐときに、一人ひとりの役割は決まっているわけではありませんよね。一人が、周りを見てどこまでできるかなと、本人が判断して、自分のやるべきことを決めていく。そういう組織の形態、組織のあり方、それに対して、あなたは右の一番前でやってください、そこだけやっていればいいですというのが職務主義ですから、そうではなくて、そこにたまたま当たった人が、周りを見て、自分がやるべきことは何かを決めていくという組織の形態というのが、日本はわりと機能する。言い換えれば、やるべきことを判断して、実行できる能力が職務遂行能力だと考えられていた。もちろん、さらに戻ると文化的な基盤があるのかもしれませんが、そういう組織のあり方が少し違っていたのでしょうね。

大内　外国だと、ちょっと手伝ってくれたら客も喜ぶのに、「それは私の仕事ではない」といって、自分の職分以外のことはやろうとしないということがありますよね。そういうのは日本では、ほとんど経験しません。それは日本のよいところなのですが、そういうことを可能にするには、職務給ではいけないとも言えるわけですね。

守島　言える可能性が強いと思いますね。自分の範囲を超えて仕事をやってもらうということが、職務給的な賃金の仕組みで、どこまで可能かということなのです。

ただし外国でもマネージャ層になると、広い範囲で自分の仕事を拡大していくことはよいとされています。そのときは、ブロードバンディングなどにより、職務給なのだけれども非常に広い範囲で職務に対応する賃金が決められているので、その人の努力に報いるという対応ができます。

ブロードバンディングとは、複数の職務等級を一つのバンドとしてくくり、そのバンドの中での基本給は能力や成果など、本人要因で決める制度で、最近欧米の賃金の仕組みで使われることが多くなってきました。

大内　日本でも、どんどん労働市場が流動化していくと、企業内の賃金体系だけでは収まらないことになって、企業横断的な職務給的なものが出てくるのではないかという議論もあります。ヨーロッパでは、そうした企業横断的な職務給について、同じく企業横断的な労働組合がコントロールして、労働協約で基準を決めているのですが、日本もそうなっていく可能性はあるかもしれません。

守島　どうでしょうかね。企業横断的に職務ごとの賃金相場が決まり、それが企業内の賃金レベルを決定していく、という状況が起こるには、まず企業内部での職務等級制度への転換が必要です。いまの職能的な賃金体系から、職務等級制度への転換は一部の企業では起こっていますが、先ほども述べましたように、かなりの大仕事です。あまり急速に浸透するとは思えません。

ただし、ハイエンドの比較的優秀層であるとか、管理職でランクの高い層では、実際に外部労働市場で賃金が決まる傾向がでてきています。つまり、企業内部での職能資格体系などで賃金が決まるのではなく、その人の外部労働市場での価値によって賃金が決まるのです。

大内　市場賃金があるということですね。今後、これが広がっていく可能性はあるでしょうか。

守島　あるとは思います。いまの仕組みは、暫くは残ると思うのですが、中途採用でも、入社の段階で、ある程度市場賃金が強く影響するようになってきています。

大内　賃金論は、人事管理論の根幹にかかわる重要なテーマであることがよく分かりましたし、法的な観点からのルール化が容易ではないこともよく分かりました。

session 04

人材を動かすとき

Key Terms ▼ 人事異動／配置転換／出向／転籍／グループ内異動／同意／人材育成／ローテーション／異動拒否／懲戒解雇／降格／グループ採用／育成出向／リストラ出向／職種別採用／職種転換／営業譲渡／事業譲渡／キャリア権

1　人事異動は企業の自由な権限なのか

大内　それでは、続いて配置転換、出向、転籍、いわゆる人事異動をテーマに取り上げたいと思います。人事異動と言いましたが、この三者にはかなり違うところもあります。「配転」は企業内における異動、配属場所の変更が主たるものです。別企業への異動のうち、元の企業での籍が残っている場合を「出向」あるいは「在籍出向」といいます。「転籍」は、別企業への異動という点では出向と同じですが、元の企業との関係が切れてしまうものをいいます。一応、法律の世界ではこういう区別をすることが多いのですが、別にこれは法律上の定義があるわけではありません。もし人事管理でこの言葉の使い方が違っていれば、そこはご指摘いただきたいと思います。

人事異動については、法的なルールの介入はほとんどなく、その意味で企業の自由な権限の行使に委ねられている部分が多いのですが、全く自由かというとそうではなくて、例えば配転に関しては、有名な東亜ペイント事件[*1]というのがあります。これは転勤に関する例ですが、業務上の必要性がない場合、業務上必要性があっても不当な動機・目的による場合、あるいは通常甘受すべき程度を著しく超える不利益を及ぼすような場合には権利の濫用になり、だから無効になるのだという法理を裁判所が作り上げています。したがって、いま言った意味での権利濫用となるような転勤は許されないことになっていますが、実際上の裁判例を見ると、裁判所はそんなに簡単には権利濫用とは認めないわけです。例えば、「通常甘受すべき程度を著しく超える不利益」については、これは文言上も「著しく超える」という言葉が使われていることからもわかるように、かなり限定的な概念で、むしろ通常甘受すべき不利益ならば甘受しなさいということです。例えば家族に病人がいて、それを労働者が看護しなければならないというような場合は、裁判所は割と労働者に同情的で、転勤は権利濫用で無効だと言うわけですが、そういう事情以外で権利濫用と認められた例はほとんどないのです。そういう意味では、企業の権限を広く認める法理が展開されていると言えます。

「権利」の濫用という話をする前提としてそもそも、どういうときに企業には従業員を配転する権利があるかという問題もありますが、これについて、企業と従業員との間に特段の合意がなくても配転権は企業にあるのだと考えられています。実際には、多くの場合、就業規則に、業務の必要性があれば配転を命ずることがあるという規定があって、それに基づいて配転命令を出すわけで、そういう規定があれば、配転権が企業にあることについては問題がないというのがこれまでのルールだったわけです。もちろん、特別に勤務地を限定する合意があればそちらが優先されますが、普通の正社員であれば勤務地限定の合意は結ばないので、たとえ住居の転居を伴うようなものであっても配転権は法的にも広く認められる傾向にあったのです。

一方、出向となると、少し話が違ってきます。出向は、誰の下で働くかという非常に重要な労働条件の変更をもたらすものであるということで、労働者本人の同意が必要であるというのが法的には普通の考え方です。ただ、その同意がどれぐらい具体的・個別的なものでなければならないかについては見解の相違があって、採用時点で、うちの会社では出向があり得ますよという説明を受けていて、それに同意していれば、それで十分だという考え方もありますし、それでは不十分で、実際に出向を命じられた時点で本人の同意がなければならないという意見もあります。ただ、どちらにしても同意が不要という考え方は、全くないわけではありませんが、一般的ではありません。

転籍になると、より一層同意要件が厳しくなって、転籍時点における個別の同意が必要であって、採用時の包括的な同意ではいけないというのが法的な考え方です。それは、おそらく転籍は元の会社との関係が切れてしまうという点で、退職と同じなので、そこは厳格に見ていこうということだと思います。

＊1　最高裁昭和六一年七月一四日第二小法廷判決

これが労働法における一般的な説明です。配転と出向ではかなり違う取扱いをするのですが、この辺は人事管理的に見るとやや違和感があるところかなという気がします。その点も踏まえて、人事異動の実態について教えていただければと思います。

守島　人事管理でも配置転換、つまり企業内におけるポジションの変更に関しては、まさにおっしゃったように、言い方がいいかどうか分かりませんが、企業が自由にできると考えられています。もちろん、企業と人間の関係ですから、ある程度のすり合わせを行い、また同意をとる努力はしますが、同意がなくても業務命令として出せるというのが一般的な理解だと思います。そこはあまり変わらないのですが、割合最近話題になっているのは、グループ内の関係企業がたくさんある企業があって、その関係企業で働くことを配転と捉えるのか、それとも出向と捉えるのかが企業としては曖昧になってきています。もちろん、多くの企業はそれでも同意を取りますが、同意が拒否されたときに業務命令で進めていけるのかというのは、企業としては悩んでいるところではないでしょうか。

大内　そのときには、形式的にはどこに雇われることになるのですか。

守島　出向ですから、いまので言えば本社に雇われて、関係企業で働く。通常はある程度の期間働いた中堅社員というケースが多いのですが、最近増えているのは、新入社員で、本社に採用されたと思っていたら、実は働く場所はどこか関係企業で、形式的には出向になっていたというケースもあります。

大内　採用時点で、どういう説明をしているのですか。そういう異動があり得るということをきちんと説明していて、本人が同意をしていれば問題はないということになるのでしょうが。

守島　もちろん、説明はしているのだろうと思います。しかし、学生を見ていると、どこまでそれを理解しているのか、「出向」という言葉自体も理解していない人が多いと思うので、本当に分かっての同意かどうか疑わしい場合もあります。ただ、一応は説明しているのだろうと思います。

大内　実態としては、グループ内をグルグル異動することがあるのでしょうか。

守島　あります。いまはグループ会社を異動させて人を育成するということもあるし、いまのは本社からグループ会社でしたが、グループ会社から本社ということもあるし、いろいろなタイプの異動が増えています。

大内　実態を見ると、これは配転に等しいですね。

守島　企業の認知も、配転に近いと思います。

大内　法律の議論では、法律関係は、法人ごとに見ていくというところがあります。労働契約をベースに考えますから、労働契約はある特定の会社との間で結ばれているということが前提になるわけです。ただ、実態から乖離した議論をしても仕方がないと思うので、いまのような話だとするならば、特定の会社を超えた異動でも、配転と類似なものとして扱うことは法的にも考えていくべきだと思います。

守島　企業は実際にはそのようにやっているのだと思いますが、それがどこまで本当に自由なものとして確保されているのか、またはいないのかについては、あまり理解していないと思います。

大内　厳密な議論をすると出向であって、だから労働者の同意が要るということになりそうですが、その同意は先ほど言ったように、厳格な同意と緩やかな同意の両方あると思うのです。いまのような配転的な出向だと、同意の要件がかなり緩やかであってもいいというくらいまでの議論なら、法律の世界でも、比較的無理なくできると思います。

2　人事が気にしていること

守島　実質的にはそれで動いていると思います。もう一つは、先ほどの判例の中でおっしゃった「通常甘受すべき程度を著しく超える不利益」の範囲が一体どこまでなのかが、企業の人事としては多少気になってきています。例えば、同じ企業で夫婦が働いていて、男性が転勤になったとき、女性がその事業所に行かせてもらうとか、近くの事業所に行かせてもらうようなことは、リテンション▼session 08として、人材の引留め策としてやる場合があります。しかし、それを義務としてやることがどの程度の必要で、どこまで要請されるのかは、気になるところです。

大内　そうですね。それを考える場合に一つの先例になるのは、帝国臓器製薬事件*2という最高裁まで争われた事件です。夫婦が同じ会社で共働きしているときに、夫のほうに都内から名古屋への転勤が命じられたというケースです。この転勤対象となった労働者は、一五年間都内の地域の営業をしていたのですが、この会社では、こういう仕事については、普通は広域人事異動があって、そろそろそうした人事異動があってもおかしくない状況だったわけです。ただ、夫だけが転勤ということで、単身赴任を強いることになるので、その点がどうかということが争われたのですが、裁判所は、東京・名古屋は二時間程度の距離で、子どもの養育監護等の必要性に応じて協力することは著しく困難であるとは言えないし、この会社では、本来なら支給基準を満たしていないにもかかわらず別居手当を支給するとか、住居手当を支給するといった措置を講じて、本人の受ける不利益を軽減する努力をしており、そういうことを総合的に評価して、このケースでは「通常甘受すべき程度を著しく超える不利益」はないと判断しました。

　これについてはいろいろ批判もあるところで、夫婦をともに雇っているのだから、夫を異動させるときには、奥さんがいることに配慮してもっと近いところに異動させるとか、もう少し配慮しろと言えそうな気もしますが、裁判所では、このケースで会社が行ったくらいの配慮をしておけば十分だと判断したのです。ただ、これはかなり前の判例で、今日ではワーク・ライフ・バランスの尊重ということが言われていますから、同じような判断がいまでもなされるかどうかは、よく分からないところです。

守島　世の中の規範が、いまおっしゃったワーク・ライフ・バランスといった議論が高まる中で、変わってきているのではないかという不安は多くの企業が持っているのだと思います。

大内　共働きの場合には、夫を異動させるときに、奥さんも異動させることがあるというのは、かえって不公平な人事だという意見はないですか。

守島　そういうこともあります。

大内　共働きの人だけに特別な扱いをすることがい

いかということです。奥さんも異動させられるので、優遇と言えるかは微妙ですが。

守島　特定の人だけに特別な配慮をすることがよいのかどうかという、公平性の原則に反するという議論はたぶんあるとは思います。

大内　ワーク・ライフ・バランスが大事だというのは、世の中の流れからして否定はできないのでしょうけれども、人事異動の際に配慮することが、公平な人事という観点でよいのかということが気になります。例えば、先ほどの判例とは逆に、生活上の問題が全くない人であれば、どんどん遠隔地に異動してもよいのか、どんどん残業させてもよいのかというと、そうではないだろうという話になると思うのです。むしろお聞きしたいのは、企業はその辺の公平性をどうお考えなのか、です。

守島　たぶん、そこの公平性の議論が、いまは結構混乱してきているのだと思います。昔はそれこそ男性の従業員中心で、みんな同じ条件だったので、そんなに違わなかったのですが、いまはいろいろなタイプの働き方が出てきて、女性もいるし、共稼ぎもいるし、多様な人がいる中で、一つの施策で全員を同等に扱いきれる時代ではだんだんなくなってきたのだと思うのです。同じことが産休や育休みたいなものにも使われていて、女性同士でも、子どものいる女性社員といない女性社員の間の不公平感も出てきますから、昔に比べて働く人のダイバーシティが高まる中で公平性を確保するのは非常に難しくなってきているのだと思います。だから、いわゆる平等性、みんな同じという意味での公平性ではなくて、新しい公平の基準を考えなくてはならないということなんでしょうね。いま、人事管理の世界では、模索中です。

大内　ワーク・ライフ・バランスが大事だといっても、そのライフの部分のニーズは個人ごとにばらばらですよね。

守島　ばらばらです。

＊2　最高裁平成一一年九月一七日第二小法廷判決

大内　それを公平に見ていくというとき、平等以外の基準で何かありますかね。

守島　あまりないですね。

大内　従業員の言うことを全部聞いてあげるとすると、崩壊しますよね。

守島　そこが非常に悩ましいところで、ただ公平性とか納得感は、満足度とかモチベーションとか、いろいろなものに影響しますから、企業としては困るのです。現在は、できるだけ個別のニーズを丁寧に聞いてあげて、可能であれば対応するという動き方でしょうが、原則としてどうするかというのは考え中という段階ではないでしょうか。

大内　法は、育児や介護はプライオリティの高いライフ上の要請と見て、そこは配慮しなさいと言っているのですが、それ以外の部分がどうかということですね。

守島　最終的に、育児や介護は本人の価値観や好みを超えた部分があると思うのです。でも、人事管理的にこれからの大きなポイントは、本人の価値観や好みに依存するようなタイプの個人のニーズにどう対応していくのかが重要で、価値観や好みではありませんが、アメリカの人事管理は、ゲイなど同性愛の人材に対してどう対応していくのかが、いま大きな問題になっていて、もともとそれは個人の選択だと考えられていました。でも、いまはどちらかといえば、それはある意味では人間が捨てられるものではなく、したがって本人の自由にはならないという意味で、それを認めてあげなければいけないと、アメリカでもだんだん動いてきているのです。日本の中でどう発展するか、たぶん近くはないと思いますが、そんなことが考えられる時期がくるのでしょうね。

大内　これもアメリカであれば、差別の問題につながっていくのかもしれませんが、個人的には、これは法的な問題にするよりは、個人の嗜好等をどこまで考慮するのが、労働者のモチベーションや生産性の面で企業にとっても利益になるかという企業の経営判断の問題にしたほうがいいような気がします。

守島　人事管理としては極めて煩雑になる部分はあると思いますが、おっしゃるように、モチベーションや生産性といった視点から考えると、個人の嗜好や価値観までも細かく対応することが正しいという考え方に移っていくでしょうね。

大内　とはいえ、これは先ほどおっしゃったように、大変なことですね。日本の企業はどこまで、それをやる覚悟があるかということですね。

守島　覚悟というのもあるし、どこまでやることが経営として意味があるのか、という基準もあります。

大内　やらないといけないというのは、そんなにないのではないかと思います。

守島　やらないといけないというのは、法律的な意味ではないと思いますが、優秀な人が辞めてしまうという意味ではあり得ることなので。法的な要請と、いわゆる経営上の要請と、両方あると思うのです。

大内　先ほどの配転も、実際上は同意を得て行われていることが多いと聞きますが、それは、企業に配転をする法的な権限があるかどうかというより、どうせ異動させるなら、気持ちよく行ってもらったほうがいいということで同意を得ているということのような気もしますね。

守島　実質的には内示みたいなものがあって、そこで何か特殊事情が上がってきたら、再考慮するという運用をやっていますから、問題になるケースはほとんどないと思うのです。少し心配なのは、もっと個人の価値観やライフスタイルみたいなものが重要視されると、配転や異動を拒否することがもっと一般的になってくる。拒否する数も多くなるかもしれない。そうなると、人事管理も対応しにくくなるわけで、その辺が企業としては心配なのだと思います。

大内　かつては部下と上司のコミュニケーションがもっと密で、上司は部下の家庭状況など個人的なことを知っていた。異動の判断においても、そういうことを考慮することができたと思うのですが、だんだんと上司と部下の関係もそんなに密ではなくなってきている、あるいはプライバシーの問題として上司は聞きづらくなっているし、部下も開示したがらなくなっている。そうなってくると、配転のさせ方も変わってくる気がするのです。

守島　確かにそうなのです。昔は人事の人が従業員の個人情報まで含めてかなり深く知っていたので、それを考慮して人事をやっていったのですが、いまの配転は個人的な事情を考慮することが逆に難しくなってきて、いまおっしゃったように個人情報がオープンにならないという理由もありますが、同時にスピードや事業上のニーズといった要素が非常に大きくなってきているので、昔みたいにある程度考えた上でゆっくりとまたは定期的に配転をしていけばいいという時代ではありません。配転にもスピードが求められ、また不定期化し、回数も増えてきて、こうした部分が少し変わってきていますね。

大内　配転には、いろいろな機能があると思うのですが、なかでも重要なのは人材育成の一環としての配転です。いろいろな部署とか勤務地を経験させることが、人材の生産性を高めるために必要だということもあったと思うのです。その場合には、ある程度ゆっくりと計画できると思います。

守島　育成上の配置転換とかローテーションは、いまでもあるとは思うのですが、先ほど申し上げたように、いま企業の中で必要になってきている配置転換は、そこにビジネスが立ち上がってしまったから、お客さんのニーズが出てきてしまったから、そこに移したいという場合です。お客さんやビジネスは待ってくれませんから、すぐに動かしたい、動かさなければいけないというのを、本人にどのように同意してもらうのか、同意しなくてもいいのかという問題は、経営上は重要なのだろうと思います。

3　異動拒否に対する制裁

大内　守島さんがおっしゃった配転の必要性が増えてくると、当然拒否される事案も増えてくると思います。配転拒否は、これも労働法の教科書的な説明でいくと、労働者にとっての基本的な義務についての企業の指示に従わないということですから、懲戒解雇になっても文句は言えないということになりそうなのですが、実際に懲戒解雇をするのでしょうか。

守島　しないと思います。企業としては、そこに対して制裁的な措置をすることは、本人に対してはそれですむのですが、周りの人に対する影響力を非常に気にするので、もう少し穏便な措置にすると思います。ただ、企業として人事管理上大変なのは、その人が配転先のポストを拒否したときにどこに置くか、元の仕事を続けさせるのか、別のところに移してやらせるのかというのは大変ですね。

大内　どうしてもあちらの部署に行ってほしいのに、従業員のほうが断ったというとき、元の場所に残すとしたら、降格にするとか、何らかの制裁的な措置が必要ということですね。法的に言っても、懲戒解雇ができるぐらいの配転拒否事案であれば降格は当然可能だと思いますが、それでも先ほどおっしゃったような周りの影響があるのですね。断ったら降格程度であっても制裁を受けるというのが、プラスに働くのかマイナスに働くのか。

守島　両方あると思います。いまは、どちらかといえば強い制裁はマイナスに働くのではないですかね。

大内　降格でもですか。

守島　降格でもです。こういう事件は周りには事情がほとんど分からない状態で起こるので難しいのです。拒否したことには理由があると本人は言い続けるわけです。そうすると、その人がかわいそうだという認知が成立して、周りの人が辞めてしまうとか、モチベーションが下がるというので、マイナスに働くほうが多いように思います。

大内　そうすると、労働者からすると、実際には拒否は自由にできることになるのですね。

守島　そういう世界が行き着く先に待っているとすると、企業としては極めて困るのです。特に先ほども議論したように、比較的短期間の配置転換のニーズが増えていますからね。だから、内示や説得などをして、丁寧に発令するのです。

大内　ただ、配転の権限があるときには、筋を通すならば厳しい処分をしたほうが、長い目で見ればいいのかなという気もします。配転拒否は、重大な命令違背であって、規律の維持のためには看過できないようにも思えるのですが。

守島　こういう言い方がよいのかどうか分かりませんが、配転についてはあまりにも企業が自由に行ってきたために、企業としてはそれが拒否される、制限される状態をどうマネージしていくかがよく分からないのではないですかね。要するに、自由な状況の中でいままでやってきたので、拒否されたときに非常に強い制裁的な措置をすることも含めて、どう対応すればよいのかの経験が積み上げられていない。拒否されたときにそれをどのようにマイルドに納得させていくのかもよく分からないのではないですかね。

大内　そこは、筋を通すためには厳しくやってもいいのではないかと思うのですが。

守島　どこに筋を通すかという話なのです。本人に筋を通すというところはそれで成立すると思うのですが、先ほど申し上げたように、人事管理というのはその対象人材に対してだけやっているわけではないので、その周りの人たちも含めて多くの従業員に人事管理上の意思決定やアクションの影響が及ぶわけで、そこをどこまで考えるかが良い人事と悪い人事を分けると思います。

大内　そこのところの議論は本当に興味深くて、権限が使用者側にあるとなったら、それに従わない場合には何らかの処分があって当然だと、そうでなければ権限の意味がないと思うのですが、人事の実態と違うのですね。権利とかという話ではないのかもしれません。

守島　人事の実態は、権利に基づく部分もあるのだと思いますが、権利を行使してしまうと起こるマイナス面を常に考えて、会社側のアクションを考えていくというのが実態でしょうね。

大内　権利かどうかというより、拒否されないような命令の出し方をするのが一番望ましいということですね。

守島　内示をして、駄目そうだったら説得し、それでも駄目そうならば、次の人の内示に手を出すといったことを繰り返すのです。

4　育成出向とリストラ出向

大内　出向について、先ほどグループ採用の例を出されましたが、そうでない出向もあると思います。出向は、どれくらい行われていますか。

守島　出向は増えています。特に育成のための出向ですかね。さらに、いま割合と多くなってきているのは、グループ内だけではなくて、全然関係ない企業に出向させるのが、育成の意味も人員削減も両方あるのですが、事例としては増えています。

大内 育成については、他流試合をしてこいという感じですか。

守島 それもありますし、より規模が小さい企業で、いまより高いポストの仕事をさせる、というのもあります。どちらにしても、育成なので、本人同意が取れないことはほとんどないから大きな問題ではないのですが。

大内 何年かしたら当然戻ってくるということだからですね。その間、処遇はどうなるのですか。

守島 その辺はいろいろあるみたいですね。

大内 下がったら、従業員は嫌がるでしょう。

守島 ただ、いまは下がるのもありだと考えるみたいです。つまり、育成してあげているのだから、将来戻ってきて偉くなっていくのだから、その分で取り返してくださいと。

大内 それはかなり若いときですね。

守島 そうですね。育成出向は、割合と若いときが多いのです。

大内 子会社に指導に行くという出向はありますか。

守島 それもあります。

大内 その場合は、ある程度、出世してから行くということですね。

守島 ただ、それは極めて短期間だし、長く行くことは逆にあまりないのです。例えば本社の部長クラスが、関係会社の役員ぐらいで行って、そこの従業員をちゃんと教育するというようなケースです。それは極めて短い期間が多いと思います。

大内 よりシリアスなのはリストラ型の出向ですね。

守島 リストラ型の出向も、昔はグループ内企業が多かったのですが、だんだんグループ外へ出す場合が増えてきています。

大内 それは従業員にとっては大変ですね。

守島 基本的には片道切符の出向なのですが、そんなことを企業としてはやるようになってきました。

大内 増えていますか。

守島 増えています。

大内 片道切符ということは、最初は出向で行かせて、その途中で転籍にして元との関係は切ってしまうわけですね。

守島　そうですね、どこかの時点で転籍扱いにして、労働条件も相手方の会社に合わせて。そこまではある程度補塡をしたとしても。

大内　これがだんだん増えているということですね。しかも、高年齢者を排出するための手段になっている可能性もありますね。そういうのを、労働者は受け入れているのでしょうか。

守島　受け入れるのだと思います。受け入れないオプションがないという状況もあります。

大内　受け入れなければクビだし、それだったら受け入れて雇用がつながるほうがいいということですか。

守島　そういう理由なのでしょうね。もしくは、大幅な賃金カットとかでも、まだ雇用がつながるほうがいい。

大内　ここまで見ると、日本の長期雇用はどこまで本当に長期雇用なのか。

守島　ほとんどの従業員にとっては、一社内の長期雇用という形は、もうあまりないというのが実態ですね。

大内　昔からそうなのでしょうか。

守島　ある程度前からそうだと思います。一九七〇年代のオイルショックのあたりから、ほかの企業に出して、そこで出向のまま定年を迎えさせるとか、転籍に移すというのは実際にはやっていたので、そういう意味では昔からあるのです。しかし、いまそれが経営上、問題になり始めているのは、会計が連結になったので、出した先の業績が悪くなるとグループ全体の業績も悪くなるわけです。したがって、一蓮托生の状況に入ってきたので、あまり簡単には出せないということもありますし、またグループ会社も受け入れなくなったということがあるのだと思います。

大内　グループ外に出すとき、外の企業は、どういう理由で労働者を受け入れるのですかね。

守島　いまはその人の持っている技術が必要であるとか。

大内　そういうポジティブな意味があるのですね。

守島　それがないと受け入れませんよね。大体起こるのは、大企業の部長や役員クラスを中小企業に出向、転籍させるケースなのですが、そのときは中小企業が、その人にある特定の技術があったり、ある特定の専門性があったり、取引やコネクションがあったりということで雇うわけです。送り出し会社との取引上の力関係ですかね。

大内　ある種の天下り的な出向ですか。

守島　そうですね。ただ、数は少なくなっています。

大内　そうすると、やはり普通はグループ内でのリストラ型の出向、転籍ということですね。

守島　いまでも関係企業があるような、一定の規模以上の企業ですと、一番多いのは、グループ内企業へのものだと思います。

5　職種転換を伴う異動

守島　「人材を獲得するとき」▸session 01のところで少し議論になったポイントなのですが、職種別採用で、それは中途でもそうだし新卒でも同じだと思いますが、例えばそういう人たちを経理で雇いましたと。でも、経理としては使えなかったかとか、いろいろな理由があって営業に回したいというような自由度がどこまで企業にあるかということが、一つ大きな問題としてあると思います。

大内　職種転換ですね。

守島　職種転換を伴う異動ですね。いままでの正社員であれば、ご存じのように会社がかなり自由にできたのです。営業から人事に移そうと、人事から経理に移そうと、原則論としてはOKでした。でも、職種別採用をして、特に中途の場合はある特定の仕事のために雇うわけですから、その人をいろいろな理由で、ビジネスがなくなったとか、本人があわなかったという理由でほかの職種に移すことがどこまでできるのかどうか、していいのかどうかという問題です。

大内　これも教科書的な答えで言うと、職種が契約ではっきり限定されている場合は、勤務地限定の合意と同じで、企業がその限定されている範囲を超えるような命令は一方的には出せません。労働者の同意があって初めて職種転換できることになります。そのときにその職種がなくなったとか、うちの会社ではこの仕事をやらなくなった、あるいは本人がその職種をこなすことができないとか、そういうことになると解雇の問題になるのです。だから、雇用の安定性と職種の安定性は両立しなくて、職種が変わらないという安定性があるときは、何かあれば雇用は不安定になるということがあるのです。逆に、雇用の安定性を保障される多くの正社員は、職種の安定性がないわけです。だから、正社員の職種は、原則として、自由に変えられることになっているのです。

職種の限定の合意は、必ずしも明示的なものである必要はないとされていますが、従来の判例は、少々のことでは職種の限定を認めてきませんでした。それは、正社員というのは、職種の安定性より、雇用の安定性を重視するものと、裁判所も考えてきたからだと思います。最高裁で争われたものに、日産自動車の村山工場で機械工として二〇数年間働いていた人に対する別の職種への転換が命じられたという事件[*3]があります。ブルーカラーだと、その道一筋という人もいるので、その職種でずっと働きたいということはありうるし、実際、長くその職種で働いてきたわけです。こういう場合には、黙示的に職種の限定があると解することもできそうなのですが、裁判所は、このケースでも、そうした職種の限定は認められないと判断したのです。逆に言うと、このケースでは、村山工場で機械工の仕事がなくなったとしても、クビにしてはいけないということだと思います。雇用の安定性は重視されるのです。そういう前提があるかぎり、ブルーカラーであっても、職種の安定性は享受できないということです。これが、これまでの考え方だったのです。

守島　いまのお話は、人事にしてみれば目から鱗の部分があると思うのです。雇用の安定性か職種の安定性かとなると、やはり雇用の安定性だと思うのです。でも、おっしゃるのは、職種の安定性を前提として採用した場合には、その職種がなくなったら解雇はできるという話ですね。

大内　そうです。

守島 それは人事にしてみればとても驚きだと思います。

大内 職種が限定されている以上、企業が、それ以外の職種で仕事をさせる義務はないし、もちろんそういう仕事をさせる権利もないわけです。

守島 でも、実際の運用としてはどこかに移してあげるというのはあると思うので、恐らく多くの企業の人事がまず異動を考えます。

大内 それはもちろんありなのでしょう。職種の安定性は、専門職をイメージしたらいいと思います。病院で雇われている医者は、別にはっきり合意していなくても、職種は医師に限定されていて、職種は安定しています。だから、本人が同意すれば別ですが、雇い主である病院側から、医師に看護師をやれとか事務の仕事をしろと命じることはできないはずなのです。その代わり、脳外科の医師は、うちの病院では脳外科をやらなくなったからクビと言われても文句は言えないということです。同じようなロジックは、一般労働者に当てはまり得るわけです。ただ、それは原則なのですが、ほんとうに解雇したら、裁判所は、別の仕事ができないか探して、それを労働者に打診するぐらいの配慮はしてやれと、いうようなことは言うかもしれません。

守島 普通の採用の場合の、雇用安定努力のレベルまではやらなくてもいいという程度ですね。

大内 そうです。実際に、中途採用のときに、ある程度専門性を期待されて高い給料で雇われた場合を考えると、分かりやすいかもしれません。ある程度の専門性を買われてヘッドハンティングされたのに、その仕事ができなかったとなると、それは解雇の問題になるわけです。他の仕事をやらせて雇用を維持する必要性は基本的にはないはずです。しかも、その解雇は普通の場合よりは比較的緩やかに認められるだろうと思います。

守島 そのケースは本人に帰する要素もあるので、ある程度納得です。ただ、一般論としては何度も言

＊3　日産自動車村山工場事件：最高裁平成元年一二月七日第一小法廷判決

いますが、人事としては驚きだと思います。そんな会社はないと思いますが、いまの論理からだけ言うと、要するに職種限定で雇うことがメリットになるわけですから。

大内　解雇との関係では、そうですね。

守島　もちろん、人材育成などでは不自由なところがありますね。

大内　そうですね。他の仕事に弾力的に就けることができないという点には不自由があると思います。

守島　一長一短なのですね。そこが難しくて、配置転換というときに、いままで割合と企業がうまくやってきたのは、雇用の安定性みたいなものが大原則としてあった上で配置転換が自由にできたからでした。でも、実際は、いろいろな形で職種限定的な採用は新卒についても増えると思うのです。そうなったときに、解雇や配置転換など要素がそれによってどう変わってくるのか、影響を受けるのかというのは重要な話だと思います。

大内　労働者の側から言うと、学生などに専門技能を磨いてスペシャリストになれという議論も最近はあるのですが、スペシャリストはある意味危険なところもあるわけです。雇用の安定性とは結びつかないところがあるので。スペシャリストはそのスペシャルな力で勝負していくわけですから、雇用の安定性とは違った世界にいるわけです。力のある人はよいのです。でも、そうでない人は厳しいということで、ジェネラリストとスペシャリストのどちらを選択するかは、学生にとっては悩ましい。両方の要素があるのがいいのかもしれませんし、あるいは複数の分野でスペシャリストになるのがいいのかもしれません。逆に企業は、できるならばスペシャリストを集めてうまく統合して管理していくということができると、ある職種がなくなればそのスペシャリストは切れるということで、組織に柔軟性が出てくるかもしれません。

守島　いまの言葉を労働法の先生からうかがうのは人事としては驚きだと思います。

大内　でも、実際に、企業がそういうことをしていないのは、やれるということを知らないからではなく、やはりジェネラリストのほうが使い勝手がよいという判断をしているのだと思います。

守島　結果的にはそうなのだろうと思います。▶session 01「人材を獲得するとき」のところで申し上げたように、人事としては、フィットする人間を採るのですが、これまでフィットするというのは組織にフィットするのであって、仕事にフィットするのではないという論理でした。

大内　おそらくアメリカでは違うのでしょうね。仕事で見ていくのではないですか。アメリカで解雇が自由とされている背景には、法規制がないということもありますが、職種主義というところがあるのではないでしょうか。もし、アメリカが日本のように組織へのフィットを考えて採用することになっていれば、解雇制限をもっとしろという話が出やすくなるかもしれません。

守島　そうかもしれません。海外では部門の判断で採用をすることが多いので、部門の予算の中で採られて、会社全体の予算から賃金が出ているのではなくて、事業部とか、ある部門の中の予算から賃金が出るから、賃金の原資がなくなったら辞めさせられるという論理につながっていくのでしょうね。

大内　日本は、事業部門はどういう位置づけなのですか。

守島　多くの場合、事業部門は、賃金の原資に関してはあまり権利も責任もないでしょうね。

大内　単なる区分ということですか。

守島　人材マネジメント上はです。事業上は利益単位として重要です。そのため、非正社員は別です。非正社員は、最近は多くの企業が事業部のニーズに応じて、事業部内の予算で雇う形になっていますから。正社員は全体の予算から賃金が出るイメージです。

6　営業譲渡・事業譲渡と人事異動

大内　人事異動とやや関係する話として、営業譲渡や事業譲渡というものがあります。あとで session 08 の解雇のところでも扱いますが、ここでも少し取り上げておきたいと思います。ヨーロッパでは、アメリカとは違い、解雇規制があるのですが、職種で採用するところは似ています。ＥＵでは、事業が他会社に譲渡されると、労働者は基本的にその事業にくっついて移動することになっているのです。自動承継です。日本は、会社分割のスキームを使えば似たようなことができるのですが、そのスキームを使わずに、単なる事業譲渡を行ったときには、労働者を譲渡先に移籍させるためには、本人の同意が必要なのです。あるいは、譲渡当事者間で、この労働者は要らないということも言えます。ところが、ヨーロッパでは、原則として、自動的に承継してしまうのです。

なぜ、そうした違いが出てくるかというと、日本では、労働者は事業に属していないのです。だから、事業が譲渡されたからといって、当然労働者が付いていくことにはならないのです。事業の譲渡と労働者の承継は別の問題とされ、労働者の承継は事業承継の契約とは別の契約で処理することが可能なのです。一方で、ＥＵは、労働者が事業に属しているから、事業が譲渡されれば、労働者の同意がなくても、当然承継となるのです。

先ほど、事業部門は単なる区分という話が出てきましたが、それは事業譲渡をめぐる法的処理とも整合性をもっているように思えます。

守島　日本の場合、現実的に事業承継は数多く起こっていて、みんな個別同意を取っていますね。多くはそうして動いていくのですが、そのときに拒否する労働者に関しては、人事としてほかの部門に移してあげるということをやります。

大内　訴訟になるのは、「この人は要らない」といって元の会社に残されて、「俺も連れていって」という場合です。事業譲渡は、それがなされた後、しばしば譲渡元がつぶれてしまうことがあります。それにより、譲渡元に残された労働者はクビになってしまうのです。会社をつぶしてしまえば、文句は言えないだろうということです。ところが、元の働いていた事業部門は、別の譲渡先で残っているので、それだったら、自分もその譲渡先に雇ってもらいたいということで訴訟になるのです。これは裁判でよく見るのですが、実態としてはよくあることなのでしょうか。

守島　意図的にやったとすれば、かなりブラック企業に近いケースではないですか。あまり多くはないと思います。ある事業をほかのところに売って、元の会社はあとで畳んでしまって解雇するというのはたまに聞きますが、そんなにはないのではないですか。次の段階で人が集まらなくなりますから。

大内　そうですね。先のことを考えないブラック系のところでしかないということですね。ブラックと言われてドキッとしている会社もあるかもしれませんが。そういう会社を除くと、問題はむしろ、行きたくないと労働者が拒否する場合に起こるのですね。

守島　それが問題ですね。

大内　法的に転籍の強制が可能なはずの会社分割のケースでも、労働者は転籍に抵抗して、最高裁まで争ったこともありました。[*4] 転籍に労働者が抵抗するのは新しい会社の従業員になるのが嫌だという理由なのでしょうか。

守島　それもあるし、勤務地の問題とか、仕事の内容だとか、いろいろなことがあると思うのですが、拒否する理由はたくさんありますね。例えば、事業譲渡するときに、事業自体の縮小を同時にやっている企業が多いのです。いままではその事業本部の中に三つ事業があったのを二つにして譲渡する場合、畳まれる三つ目の事業部門にいた人は付いていってもいいけれども、あなたは残りますかという場合に、行った先で自分のやっていた仕事はないわけですから嫌なのです。

大内　仕事が変わってしまうし、自分にとっての将来性がないということですね。

守島　そうですね。

大内　これは、要するに、転籍を拒否した場合の後始末みたいな話ですが、これはなかなか大変ではないかと思います。

＊4　日本アイ・ビー・エム事件：最高裁平成二二年七月一二日第二小法廷判決

7 出向—転籍の流れ

守島　異動拒否の後始末も大変だと思います。転籍を拒否されることは、人事としては起こしてはいけない。

大内　転籍は、先ほども述べたように、法的なルールとしては、配転や出向と違い、一番拒否していい類型なのですが。

守島　はい。だから、人事としてはそれが起こると困ると思います。そういう意味で、何度も申し上げているように一つの手立ては、出向転籍なのです。出向で一度出して、そこである程度同意を得ておいて、状況を作り込んでしまってから転籍と。

大内　なるほど、そういうことですか。本当は転籍させたいのですね。

守島　本当はすぐにでも転籍させたいケースも多いのだと思います。

大内　それをすぐにやるとフリクションがあるから、まず出向なのですね。

守島　実際は、多くの場合、即の転籍はあまりなくて、半年か一年か分かりませんが、一定期間出向で出す。最終的には転籍だとしても、賃金補塡をある期間やった上で、最終的に転籍という流れです。

大内　それだったら労働者も納得するということですね。転籍に切り替えるときは、もう一回同意を得るのですよね。

守島　それは得るのだと思いますが、もう行ってしまっているわけで、仕事はそちらに移ってしまっているので、そういう意味では、元に戻してくださいとは言いにくいですよね。

大内　ただ、転籍のように元の会社との関係が切れるのはいやなので、このまま出向の状態を続けてくださいぐらいは言う人もいそうですが。

守島　そうかもしれません。だけど、それはある程度もともとの出向段階で同意を取ってしまうのです。そこで転籍したくなかったら、基本的には辞めてくださいという含みですから。

大内　それは、法的には、転籍の事前の同意のようなことになりますね。だから、もし裁判になったら、会社に厳しい判断が出る可能性もある。やはり、人事としては転籍時に納得させなければいけないと思います。

8 人事異動とキャリア権

大内　職種転換について、もう一つ議論をしておきたいのは、キャリア権との関係です。職種限定でない普通の正社員を前提とすると、どういう職種に就くかは、本人の希望というよりは企業の判断でやるのだと思います。人材の適性を見てどう活用するかは、基本的には企業の判断だろうと思います。しかし、本人もどういう仕事をして、今後自分のキャリアを展開していくか、あるいは同じ企業にずっといるならば企業任せでもいいけれど、将来転職することも視野に入れると、こういう仕事は嫌とか、仕事を変えないでということはあり得ると思うのです。こういうことは、実際にありますか。

守島　変えないでというよりは、変えてほしいと主張するほうが多いと思います。

大内　もっと私が力を発揮できる部署に異動させてほしいということですね。企業は、そういう従業員の要望をどこまで聞くのですか。

守島　企業によって違いますが、多くの企業でオフィシャルなスタンスとしては聞いてあげるということだと思うのです。

大内　異動の希望を取ったりしますね。

守島　異動の希望を取るのは、ほとんどの企業で、上司面談などの中で通常やることですが、それがどこで実現されるかというと、実現されないことが多いというのが労働者の認知だと思います。だけど、企業としてはどこかでやってあげると考えています。つまり、今年は無理かもしれないけれども、来年か再来年か、ある期間の中でやってあげるというスタンスで、実質的に運用しているのが実態ではないですかね。

大内　いろいろな希望を聞きながらやるのは、企業としても大変ですね。

守島　全ての希望を叶えるのはもちろん無理で、一部だけが叶えられるのですが。制度としては、異動面談の中でそういう希望が出てきたものを取り込んであげるというケースと、もう一つは、ちゃんと自己申告異動みたいなものが制度化されていて、私は手を挙げますと言って、現在の上司にも言わなくて、人事部が間に入って異動が決まるという場合があります。けれども、実際はもともと数がそんなに多くありませんから、そこまで大きな問題にならない。

大内　社内フリーエージェント制みたいなものですか。

守島　そんな感じです。

大内　それは企業が組織的に相当フレキシブルでなければできないような気がしますが。

守島　制度として導入している企業は多くなってきました。ただ、日本の場合、実際にその仕組みで動ける人数はそんなに多くないので、会社全体の柔軟性というよりは、個別ケースで受けるところがその人を受けるかという問題が大きいですね。

大内　部署間でトレードみたいなことはやるのですか。

守島　トレードをやるかどうかは分かりませんが、出し入れを同時にやるケースはあります。

大内　あの人をもらうと、こちらはこの人を出さなければいけない。

守島　または、その機会に出したい人を出す場合もあります。部署としては、誰かを出したいとは言いにくいのでしょう。そこに人事が介入してきて、トレードっぽいことをやるのです。

大内　キャリア権的な要素に話を戻すと、現在では異動面談等を通して本人の希望を聞いているのですね。

守島　それに緩やかな形で対応していくというのが、ほとんどの企業の形ですね。かなり昔からそうです。

大内　先ほどの部署転換と同じような議論で、使用者には権限があるのだけれども、権限をもっているから従業員は言うことを聞けということではなくて、できる限り従業員の希望も聞きながら、権限を最終的には行使するのだけれども、実は相手のことを考えながら、できるだけ同意を得られるような形で権限を行使するというような感じがします。これが日本企業のやり方なのですね。

守島　そうですね。それから、従業員に手を挙げさせる方式が増えてきたもう一つの理由は、人事が事業部にどういう人材がいるか分からないことがあります。人事が人を動かすためには、その人材についてちゃんと知っていないといけない。能力、家族構成、強みや弱み、キャリアプランみたいなものをある程度知っていないといけないのですが、本社人事がそういうものをだんだん知らないようになってきている。つまり、現場が人材についての情報を開示しないようになってきたので、手を挙げてもらわないと誰を動かせばよいのかが分からない。逆に言うと、手を挙げた人を全員動かすわけではないので、その中から適当な人を選べばいいので、最初のスクリーニングとして手を挙げさせることでやっている。手を挙げる人はモチベーションも高いだろうということもあります。

大内　人事は、三年ぐらい同じ所にいたら動かすというぐらいの一般的な指針は出すのですか。

守島　それは出します。三年間が一般的ですが、多少企業によって違います。ただ、いまそれ以外の異動が増えてきていて、定期異動以外の異動、不定期異動が非常に増えているのです。ビジネスのニーズがあったり、本人の希望を聞いたり、いろいろなことがあります。したがって定期異動で揃って動いていく人たちもいますが、そうでない人たちは手を挙げて動いていったり、社内ポスティングがあったりということはあります。社内ポスティングとは、一種の公募のようなもので、社内のイントラネットなどで応募者を募ります。

大内　それは部門長とか部長クラスが、うちにはこういう部下がいるといった形で手を挙げるのですか。

守島　動く本人が手を挙げるのです。

大内　それは驚きです。

守島　▸session 05ベネッセコーポレーションなどは、それを最初にやった企業の一つで、青紙制度というのがあって、会社の中で公募ポストがたくさん出ていて、それに対して従業員自らが手を挙げて移っていくということを、かなり早くからやっていた企業です。

大内　部門長を飛び越して、人事との間で決めてしまうのですね。

守島　部門長同意を求めると拒否されることが多い

ので、部門長はバイパスするのです。これはある企業で聞いたのですが、自己申告異動のときに人事部といろいろな話をしなければいけないわけです。そこで暗号みたいなものを決めていて、「運動会の相談です」と人事部から電話がかかってきたら、それは人事異動の話だと。上司に知られないために、そういう暗号を作っていたと聞いたことがあります。

大内　それは、上司にとって辛いですね。

守島　そうですね。突然自分の部下がいなくなるのですから、結構きついです。でも、こうした制度はかなり一般的です。いま自己申告異動で手を挙げて動く異動で上司が関与しないというのは、かなり一般的な仕組みになってきました。

大内　組織的によくない影響はないでしょうか。

守島　ギスギスする部分もあると思います。でも、それをやらないと異動できないのです。上司は普通止めますから、人事に対してどうしてなんだと文句を言いますから。

大内　上司も自分のところの業績を上げたいから、優秀な人材は囲い込んでおきたいのですね。そういう意味で、人事の力はすごいですね。

守島　そういう人事もあるし、そうでない、もっと弱いところもありますが、普通、自己申告異動に関しては人事が間に入ってかなり活発に動きます。

大内　例えば上司と折り合いが悪いので手を挙げるようなこともないのでしょうか。

守島　そこが自己申告異動の非常に大きな問題点で、不満分子が手を挙げる場合があるのです。優秀な人材が、先ほど言ったキャリア権、自分のキャリア開発のために手を挙げるのならいいのですが、単にこの上司が嫌だから、その職場に不満だからというのがあります。そのケースと、本当に自分の未来を考えているケースをどう分けるかが大変です。ただ、ちゃんと人事が面談しますからおおよそは明らかになります。

大内　これは小さい会社だと難しいでしょうね。

守島　小さいところだったらそうですね。動いた後の穴を埋めるのも難しいし、上司も当然反発します。やはりある程度大きくないとうまくいきません。

大内　組織が大きなところでは、こういうのが増えているということですね。

守島　かなり増えています。運用の程度がどこまで広いかどうかは企業によって違いますが、どこでも制度は入ってはいるのではないですか。

session

05

人材を育成するとき

Key Terms ▼ キャリア権／自由と自己責任／ワーク・ライフ・バランス／モチベーション／キャリア／正社員の登用

現場では

ゲスト
株式会社ベネッセコーポレーション
人財部組織人事課課長
澤　和宏
Kazuhiro Sawa

1　ベネッセの人材育成・能力開発

守島　それでは、人材育成・能力開発の議論に入りたいと思います。ここではベネッセコーポレーション人財部組織人事課課長の澤和宏さんにお越しいただいて、お話をうかがいます。人材育成・能力開発というのは、基本的には企業がやることとしてずっと位置づけられており、法律があまり介入していくような問題ではないわけです。ただ最近、キャリア権の問題とか労働者の自律的なキャリア形成であるとか、そんな話題も出てきており、育成における労働者の主体性や自律性の議論が高まっていますし、あとは比較的労働者が流動化する中で、働く人にとっての企業が提供していく人材育成の価値というか意義みたいなものが少し変わってくるということもあるので、そういう点から法律と実務、さらに人事管理一般という観点から人材育成・能力開発の話をしていきたいと思います。

　まず最初に、ベネッセコーポレーションでは従業員の人材育成・能力開発について、どのような方針がおありになるのか、それから非正社員と正社員に仮に分けた場合に何か違いがあるのかとか、その辺からお話をうかがえますか。

澤　弊社の場合、過去をさかのぼると一九九五年に大きな人事制度改定をしています。その当時は自由と自己責任という考え方をベースに、いろいろな人事制度の設計をしてきました。能力開発もその自由と自己責任という一つのキーワードに基づいて制度設計をしてきたという経緯があります。

　具体的な例としましては、能力開発ポイントといって、社員が自主的に能力開発をするための金銭的な支援をしています。また、研修制度についても、会社が用意したメニューの中から自分で選択をして、能力開発をやっていってくださいという考え方でした。

　人事制度全般の話でいえば、福利厚生のカフェテリアプランだったり、働き方に関してはスーパーフレックス制度の導入であったり、能力開発に限らず、働くこと全般に関して個人の自由を認め自主性を重んじる一方で、その責任も自分で取ってくださいという方針がありました。この当時は結構世の中的にも先進的な仕組みだということで、いろいろ話題にもなりました。

　ただ、その反動みたいなものが少しあって、能力開発とかキャリアの形成を、どちらかというと全部個人の側に任せていった結果、会社の方向性と必ずしも合う形での能力開発がされなかったり、キャリア形成がされなかったりという問題も後になって出てきています。一人ひとりの働き方についても自由度を高めましたが、社員がなかなか集まらなくて会議ができないとか、いろいろな弊害もありました。

　そのあたりを踏まえて直近では、二〇〇九年に大きな人事制度の改定をしており、自由と自己責任からもう少し会社側が主体的に関わる形で能力開発とかキャリア形成をしていく方向性に少し舵を切り直したという流れがあります。ある一定のところは会社の目指す方向性に合わせてメニューを用意し強制力も働かせる形で社員の能力開発をやり、それと併せて社員の自主性や自律的な選択を促す形での能力開発も並行してやっています。本当に自分の強みをどう作るかが、弊社では重要なポイントになっていて、仕事の中で強みを作るのがまず第一であるという考え方です。仕事の中で強みが生きる形での▸session 04異動・配置であったり、ローテーションだったりを軸に、それを支援する形での研修制度を周辺部分で設計しています。

なお、以上は正社員の話になります。非正社員に対する直接的な能力開発はやってはいません。三年有期の契約を徹底しており、その後、正社員登用で優秀な意欲ある方を社員に上げていく仕組みは整えています。そこは部門ごとの取組みと個人の努力にゆだねている部分があります。

2　自由と自己責任の問題点

守島　一九九五年の自由と自己責任の方向性をもった施策が、当時は非常に革新的なやり方で、そういう意味ではかなり従業員に自分の能力開発の責任を負わせていたが、それに対して企業がやはりコントロールできない側面が多くなったということですね。具体的にいうと、どういう問題が起こってきたのですか。

澤　例えば、先ほどの能力開発ポイントについても、ポイントを何に使うかも自由な裁量権の幅を認めていたら、会社の仕事にあまり関係がない勉強みたいなもの、例えば自己啓発みたいなところでポイントを使い始めたとか、使う人と使わない人の格差があって、ものすごく熱心に努力してやる人と、年間で全く使わない人の格差が出てきたりしたということもあります。

また、若手対象の研修として、マーケティングとかファイナンス、アカウンティングなど基本となるベーシックなビジネススキル、知識を学ぶメニューは用意していたのですが、受ける人と受けない人との濃淡が出てきたり、管理職になっても、未だに一つも受けていない人もいたりとか、いろいろな意味で会社が本当に目指していく方向に合った形での能力開発につながらなかったというのが結論です。

大内　最初に導入されたときに、こういう自己責任を伴いながら従業員の自由にした理由はどこにあったのでしょうか。そちらのほうが能力開発のためにより有効であるということなのですか。

澤　社員が自分で考えて、自分で能力開発をやったり、キャリア形成をしたりということが、本人のモチベーションにもなり、結果的に個人の成長が会社の業績につながっていくことを狙っていました。

大内　いまでもそうですが、日本人は、教育とは与えられるものというのに慣れている人が多いように思います。ベネッセの社風はよく分かりませんが、こういう方法でうまくいくと考えておられたのでしょうか。

澤　うまくいくと思ったからやったのですが、自己責任という部分よりも自由という部分が強調して受け止められたのと、会社もそうした動きを適切にコントロールできなかったというのが、当初の目論見とのずれではなかったかと思います。

大内　そこでいう自己責任とは、どういうことでしょうか。

澤　九五年の人事制度改定では、成果主義の賃金制度なども併せて入れていますので、自分で能力開発をしていかないと賃金も上がっていかないし、将来の自分の仕事がなくなってしまうというメッセージが出されていました。

大内　能力開発を、会社ではなくて「あなたたちでやってね」という感じですね。でも、そのほうが結局はよいだろうというご判断だったわけですね。

澤　そうですね。

守島　自分で能力を開発して、自分で成果を上げていくというのは十分あり得ると思います。

大内　あり得ると思いますが、日本では、かなり珍しくないですか。

守島　極めて例外的です。自由と自己責任という言葉を使うかどうかは別として、いまは能力開発を個人にもっと振っていこうという動きはあるのですが、働く人のほうが多少敬遠してしまうというか、自分で自分の能力を開発するということに対して、そんなに躍起にならないというのはあるのだと思います。成果を出すとか、昇進していくとか、そういう明確な目標があればそれなりにやっていくのでしょうが、その関係が実際にはあまり明確になっていないというのはあると思います。

大内　直接の成果につながらない基礎的な部分となると、なかなかその重要性も自覚しにくいところがあるのでしょうね。

守島　そうですね。能力開発は結構時間軸の長い話ですから、いまやっていることはおっしゃるように一〇年後に役立つかもしれない、五年後に役立つかもしれないということが従業員には見えにくいのです。いま、マーケティングをやれば知識は上がるけれども、仕事にどう役に立つかといえば、五年後とか、管理職になったときということになると、働くほうとしては意欲を持ちにくいですね。

でも、ベネッセの場合は、それプラス、青紙制度とか、いわゆる内部労働市場の流動化とＨＲＭでは言いますが、そんなことも同時におやりになりましたよね。

澤　そうですね。仕事の中でのキャリア形成では、本人が、いま自分がどこで仕事をしたいか、何の仕事をしたいかの意思表明をして、手を挙げてそこに異動していくという形で、青紙制度と呼ぶ仕組みを整備したり、社内公募なども積極的にやっていたりします。研修だけではなく、仕事を通じてのキャリア形成も自分で考えながらやっていく仕組みを並行して入れています。

守島　どのくらい機能している感じですか。

澤　最近だと、正社員が二八〇〇人ぐらいいる中で、青紙の応募者が年間一〇〇名ぐらい、そのうち実際に異動するのが四〇名から五〇名ぐらいなので、大規模なキャリア開発につながっているかというと、そこまでのインパクトは持てていません。

大内　同じ人が何度も青紙で異動していくこともあるのですか。

澤　そういうこともあります。

3　二〇〇九年の制度改正

大内　二〇〇九年に制度改正をして、会社の関与を深めるとおっしゃいましたが、もう少し具体的に教えていただけますでしょうか。

澤　例えば、能力開発ポイントについては、社員の主体的な学びと併せて、会社が付けてほしい力に沿った研修の情報提供など検討をしています。研修についても基礎的なビジネススキルに関しては、研修の受講とビジネステストで一定レベル以上をクリアすることを昇格要件にも入れました。

異動でもジョブチャレンジと言って、若手のうちに複数の部門や職種の仕事を経験し、仕事の幅を広げましょうという仕組みを導入しています。これは、自分が手を挙げてということではなくて、会社が意識して別のキャリアに振っていく試みです。

大内 そのあたりになってくると、わりと伝統的な能力開発のスタイルに近いような気がしますね。

守島 そうですね。いまのお話をうかがっていると、ベネッセはどちらかといえば、最近いろいろな企業が言い始めている自由と自己責任的な方向へ大きく振って、それをもう一回戻しているというイメージですね。それは日本の企業がこれまでやってきたことに近くて、職能資格制度の中に昇格要件があって、能力を高めるための研修とセットでできているという考え方ですよね。

大内 二〇〇九年改革の成果というのはどう評価されていますか。

澤 徐々にではありますが、会社がどういう人材を求めているかとか、何を期待しているかとか、そのあたりの人事制度に対する理解は上がってきています。中長期のキャリアがなかなか見えないといった声は、ずっと前から変わらず出ています。世の中の先行きがこれだけ見えない中で、かえって見えているほうが気持ち悪いみたいな話もあるのですが、どういう方向に人材育成や能力開発をしたり、キャリア形成支援をしたりというところが本当にできているのか、社員に意識づけができているのかというと、そこまではまだつながっていっていないということです。

4 キャリアの自律の保障

守島 いま日本の社会の中で、結構キャリアの自律みたいなものを働く人に振っていこうという動きがあります。また、そういうことを社会としては保障していくようなことを考えていかなければいけないという話もあります。ここからは個人的なご意見で構わないと思いますが、そういう方向は、日本の場合はまだまだ難しいですかね。

澤 そうですね。いまの時代からすると、例えば四〇年同じ人をずっと能力開発しながら抱え続けること自体が難しくなっているという意味では、一つの会社では完結しない形で、社会として育成をどう考えていくのか、個人の側の責任でという話になるのかもしれませんが、そこは別の形を考えていかない限り、一つの企業で雇い続けることも、もはや難しいのではないかというのが私の実感です。

大内　実際に正社員で若いうちに転職される方は多いのですか。

澤　最近は結構減ってきています。年間の離職率が三%前後ぐらいで、そんなに多くはありません。

大内　そうすると、多くの社員は定年まで働くということですか。

澤　そうなります。

大内　定年まで働くことを期待としては持っていて、そういう中で自分がどういう能力開発をしていこうかというのは、いま一つ自分では見えにくいということでしょうか。

澤　見えにくいというか、いままで自分が信じて培ってきた能力が、例えば紙で編集の仕事をやっていたのがデジタルになった瞬間に使えなくなってきたとか、そういう変化が起きたときに、それをどのように考えるかになります。会社としてはデジタルスキルを持っている新しい人を増やさねばならないのですが、そこを本当に社内の能力開発で転換していけるか、そこまで企業側でやり切れるかというと、まだやり切れていない。

大内　それは重要な点ですね。技術革新がどんどん起こって、そのスパンも短くなっている中で、従業員はいまの能力がいつ陳腐化するか分からないとなると、技能形成に一生懸命打ち込まなくなる。そうすると、能力開発が機能しなくなるという問題ですね。これは技術の命が短くなってきている以上、ある程度は仕方ないことなのですかね。

守島　ある程度は、そうです。一つの企業の中で雇用が継続していくための能力、人々が培っていた学習能力とか、一つの企業で新しいことを受け入れる柔軟性などが、もしかしたら、あまり役に立たなくなってくるのかもしれない。そうすると、企業のほうも長期雇用できなくなる。そうすると、どのような能力やスキルで一人の人のキャリアのベースを作っていけばよいのかという部分が変わってくるのでしょうね。

大内　そうなると、従業員は不安ですよ。新しい能力をもった新人が入ってくると、自分は入れ替えられてしまうかもしれない。私はどうしたらいいのだということですよね。こうした人を、どこで支えるのかが問題ですね。

守島　そうですね。企業はもちろん古い能力を持った人を転換させるインセンティブはないですから、そうなると社会が再訓練するということになるのですね。

大内　そうすると、雇った以上はその従業員の将来のことも考えた育成をする義務があるなんて話が法律家からは出てきそうです。

澤　企業としては、それを厳密に問われると苦しいというのが実態です。だからこそ個人が結構意識して能力開発をやっていかないと会社に残れないみたいな話をせざるを得なくなります。全員が全員転換できるわけではないので、そうなったときでもその人たちを定年まで抱え続けられるかとか、そのときの賃金とか仕事などはどういう設定をするのかみたいなことが、たぶん大きな問題になってくるのではないかと思っています。

大内　実際に入れ替えようとしても、▸session 08解雇まではできないですよね。

澤　いまの状況ではできません。

大内　そうすると、企業のほうとしては、何とかして従業員を使っていかざるを得ないわけですね。でも、急速に新たなスキルが求められるようになると企業には、そうした従業員の技能転換をするインセンティブがどのくらいありますかね。

澤　努力はもちろんしますし、必要性は感じているのですが、コストは非常に大きいです。

守島　どこまでできるかという問題ですね。

澤　個人の側に変わる意欲とか学ぶ意欲があれば変わっていけるので、そこは企業としても積極的に機会を提供するのですが、変わる気がない人まで無理矢理企業が力を入れて変えられるかと言ったら、それは難しいです。そうなったときに、そこにコストをかけるのだったら、もっと別のやり方があるのではないか、違うことを考えなければいけないのではないか。企業としてはそう考えざるを得なくなります。

大内　なるほど。企業はある程度やるだけやって、それでも労働者に意欲がないから駄目だというときには、解雇できるというルールが必要かもしれないですね。

澤　そうですね。

大内　解雇の脅威があれば、自分のほうはもっと懸命に技能形成に取り組もうという方向の動機づけが働くのですよね。

澤　それはあると思います。

守島　でも、企業として見れば、ちょっと痛し痒しのところがあって、最初の話ではないですが、自分で能力を開発してもらうと居着かない。つまり、居てほしい人が今度は残らなくなってしまうという問題があります。さらに企業の求める方向性とは違ったということも指摘がありました。働く人に任せるということは、必ずしも企業のやってほしい技能だけを蓄積するのではないという問題もあるので、自律してほしいのですが、ある程度は企業の方向性との適合をとってもらわなければいけない。そこのところはきっと難しいのでしょうね。

澤　そうですね。ある程度優秀な社員が出ていってしまうのはやむを得ないという割切りも必要です。ただその一方で、能力開発とか賃金だけではないもので優秀な社員は惹き付けなければいけないのではないでしょうか。ベネッセでいえば、企業の理念だったり、教育というビジネスそのものの魅力だったり、別のところでの魅力みたいなもので引っ張ってくるということを企業は考えないといけないと思います。

大内　ベネッセで身に付けた技能は、業界の中であれば、他会社でも結構使えますか。

澤　職種によります。主な仕事は教材編集なので、そこだけ見れば汎用的なスキルにはなりにくいかもしれません。マーケティングや営業の方が広がりはあります。

大内　先ほど離職率が低いというのは、そういうことも背景にあるのでしょうか。

澤　それもありますが、最近の傾向では、安定を求めてベネッセに応募してくる社員が増えてきています。女性活用とか女性の働きやすさとか取り上げられることも多いので、環境的にかなり恵まれていることもあるかもしれません。例えば、育児休職者は年一〇〇人ぐらいおり、ほとんどの人は戻ってきますが、休んでいる間も能力開発を自分で頑張っていて、戻ってきても働く意欲の高い人と、そうではなくほどほどでいいからという意識の人と、二極化する傾向がみられます。

大内　本人が将来引抜きがあって転職できる可能性があるとなると、もっといまのうちにスキルアップをしておこうという気持ちも高まるのではないかという気がしますね。

守島　本人のキャリア観みたいなところに結構影響されるのですかね。

澤　そうですね。

5　ワーク・ライフ・バランスと能力開発

守島　ベネッセの中で偉くなっていきたいかどうかは別としても、自分でちゃんと仕事をしていきたいとか、社会に貢献していきたい、教育産業が好きだとか、働く人にはいろいろな理由があると思います。自分の人生をキャリアとして考えられる人は比較的能力開発に対して積極的だし、メニューが与えられれば自分で選ぶ。でも、最近そうでない人もたくさん出てきて、社員の側の意識が結構多様化してきたことで、能力開発の位置づけも変わってくるということですかね。

澤　意識が変わってくるということでは、ベネッセでは、ワーク・ライフ・バランスの話もよくされる▶session 06のですが、バランスだといった時点で、既に仕事なのか個人なのか、どちらに意識が強いのだという話になってしまうので、社内では、ワーク・ライフ・マネジメント、要はそこをうまく統合しながら自分でマネジメントしていきましょう、と言ってきています。将来、自分が仕事やライフにどういう意識で関わりたいか、自分のキャリア開発がしたいかというのがあって、そこで能力開発への意欲が随分変わってしまうというのは、おっしゃるとおりかと思います。

大内　ベネッセは、ワーク・ライフ・バランスのところでは、ライフを重視する施策を進めているのでしょうか。

澤　全くそうではありません。会社としては働いてもらわなければ困るので、仕事をしてほしいのですが、ただ、そうは言っても出産育児などライフイベントがあるので、うまくマネジメントしながらやってくださいというメッセージなのです。ただ、入ってくる社員の側には、ライフを充実させたいというマインドの人も結構いるということです。

大内　会社の方針はともかく、そういう志向の人が集まってくるということですね。

守島　ベネッセにはそういうブランドイメージがありますからね。

澤　ベネッセというのは「よく生きる」という理念を社名にした会社なので、よく生きるとか、年をとればとるほど幸せになるとか、いろいろそういうメッセージを社会的に発信しています。その中で女性活用なども相当有名ですし、働きやすい会社とか、人気企業ランキングでは、上位に出てくる場合が多いです。

大内　なぜ女性が働きやすいのですか。

澤　歴史的に女性が多いです。六割ぐらいが女性です。

大内　転勤などはあまりないのでしょうか。

澤　主な拠点は多摩、岡山です。ただ、いまはほとんど東京一極集中になっていて、七～八割の社員が東京にいます。

大内　育児休業もばっちり取って、戻ってきたあとの処遇もいい。

澤　時短制度も充実して、周囲の理解も他の会社と比べると相当ある方だと思います。そういう意味では恵まれていますね。

大内　特に標榜しなくてもワーク・ライフ・バランスが染み込んでいるというイメージですね。

守島　昔からそうですよね。

澤　どちらかというと、ワーク重視で来た会社だと思っています。育児休暇など制度の導入もかなり早い段階から進めてきましたが、それでも仕事を続けるのは相当難しかったと聞いています。それが最近になってライフの充実に少しずつ寄り始めてきている部分はあると思います。

大内　企業の制度を何か変えたということではなく……。

澤　もちろん運用も充実させながらやっています。人数も増えてきたので、年間一〇〇名からの育児休職がありますと、それをどのように要員的にカバーしていくかという問題も出てきますので、その辺も含めながら、会社としてもどうバランスさせるかということです。会社は働いてほしいので、いかにワークのほうに意識をとどめながらライフとのマネジメントを促すかというところにものすごく苦心しています。

守島　普通の企業は逆ですよね。少なくともオフィシャルな最近の考え方は、もう少しライフに関心を持ってくださいということですが、それをやっていると結局業務自体も難しくなるし、人材育成や能力開発も難しくなるしということですね。

澤　二極化と言ったほうがいいかもしれませんね。ハードに働いている人は、ものすごくハードで、長時間残業の問題もゼロではありません。そういう社員がいる一方で、育児だから残業は絶対しませんと言っている社員もいます。その辺が二極化していて、すごく難しくなってきました。

6　従業員の二極化と能力開発

守島　行動面に現れているかどうかは別としても、意識面ではそういう社員はどこの企業でも増えていると思います。男性、女性を問わず、本当に仕事を頑張りたい、キャリアを頑張りたいという人と、ある程度そこそこでいいという話ですよね。そんな状況になっているときは、企業としては能力開発をどう考えていけばいいと思いますか。

澤　二〇〇九年の制度改定のときに能力開発に関し

てあった話としては、今後は逆に差を付けていくことのほうがフェアなのだという考え方です。本当に意欲のある人に十分な機会をきちんと提供していく。そこは必ずしもすべての社員に対して平等ではない。差を付けていくことがフェアなのだ。いままでは一律みんなに、こうやってほしいみたいな話もしてきたのですが、そのような考えもあるかなと思っています。

守島　その差は意欲の差ですかね。ベネッセの場合などは、能力はある程度コンスタントによい人が採れているということなのかもしれません。そういう意味で意欲にフォーカスして差別化を図ればいいのかもしれませんが、普通の企業だと、能力のある人だけに、さらに能力を付け加えていくのかどうかの問題かもしれません。

　この前、ある外資系の企業で話をしているときに、「うちの企業は、既に能力のある人にさらに光る場面を与えて、その人の能力を高めていくのが、うちの人事課、人材開発のポリシーで、能力がそこそこの人たちを引っ張り上げて普通にできるようにするのは、当社の人事開発のポリシーではありません」という話をされていました。これからはそういうイメージになっているのですかね。

澤　企業はどこに投資するかといったら、能力のある人に投資をするというのが普通の考え方になってくるのではないかと思います。例えば能力の分布が二・六・二の比率で分かれるとしたとき、真ん中の六の層をどうするかです。能力開発もそうですが、モチベーションもすごく大事になってきて、本人たちが意欲的に働いてくれるための機会としての能力開発みたいな話のほうが近いのではないかと思います。

守島　ただ、日本の企業のモチベーションの維持の仕方は、やはり能力開発を通じたモチベーションの維持の仕方でしたよね。職能資格制度を前提に、ラダーの中でどうやって上がっていくのかというのが、基本的にはモチベーションの源泉です。

　したがって、能力を開発して自分のポストを上げ

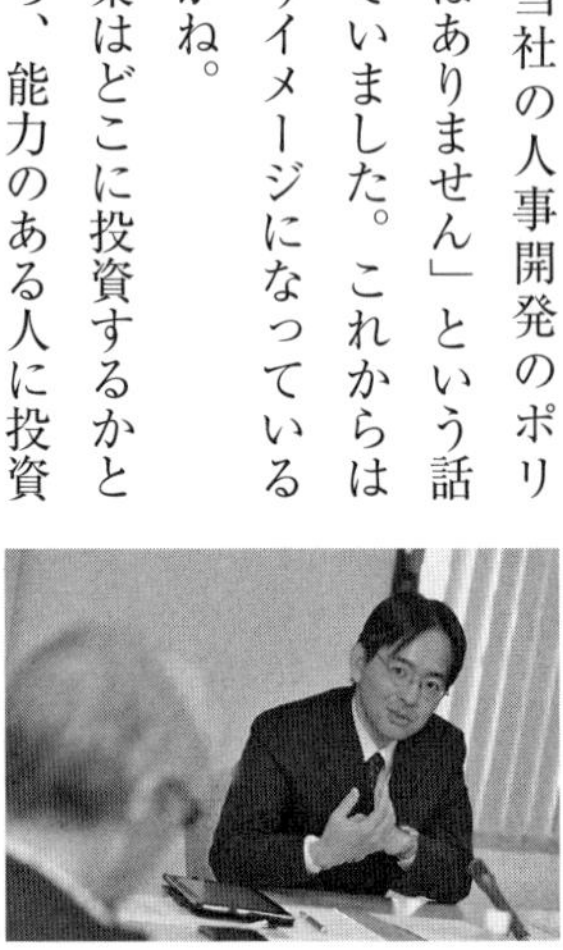

て、昇格して給与が高くなっていくというメカニズムだったのですが、そういうことを前提としない場合に、では、どうやってモチベーションを維持させるか。先ほど話した働きがいみたいな、仕事の中身で惹きつけていくのかそれとも働きやすさみたいなワーク・ライフ・バランスがきちんと充実しているという方向に行くのかです。

澤 そういう意味では、ポストもそんなに皆さんに用意できる環境はないでしょうし、一部の引っ張り上げられていく人にはそういう機会が提供されていきますが、残りの人たちはどうするのだというときには、まさに働きやすさだったり、働きがいであったり、そういうところを一つのモチベートの材料にはしていかなければいけないのではないかと思います。

逆に言えば、賃金なども下がっていくことも考えなければいけない時代になって、右肩上がりでずっと上がっていきますではなくて、どちらかというと、ある年代からは止まっていきます。さらにそのうち下がっていきますという話もせざるを得なくなるときがくると思います。

そうは言っても、それでもモチベーションを高くやってもらえるにはどうしたらいいかとなると、働き方の話だったり、仕事の内容や給与は、もうそこそこでいくしかないから、違うところでのライフとのバランスをどのようにしましょうとか、そういう議論もせざるを得ないのではないかとは思っています。

大内 ライフとの関係のモチベーションを高めるというのは、先ほどの話ですと、ワークから遠ざかっていきそうで、逆効果の危険性もあります。賃金や昇進・昇格といった処遇面と切り離したモチベーションには、具体的にどういうのがあるのでしょうか。

澤 ベネッセでも中期的な要員政策の話で、いままでのスキルが使えないベテラン層が増えきたときに、そういう人たちをどう処遇したらいいかという話をし始めています。そのときには、賃金とかポジションではない動機づけの仕方を人事としては考えなければいけません。そのときに一つポイントになるのが、自ら選択をするということです。自分で選べるように制度を作っていくところを一つのキーワードとして、考え始めています。

大内　何を選ぶのですか。

澤　仕事を選ぶとか、働き方を選ぶとか、そのような形で自ら選ぶという要素をどう制度に組み込めるかということです。逆に言えば、何も選ばないとポジションも報酬も自然に下がってしまうし、自分の望むような仕事が社内で用意できないというところが見えてしまっている中で、自分で選ぶほうが、納得感を持ってやってもらえるのではないかということです。

7　モチベーションの考え方を変える

守島　モチベーションの概念というか、考え方自体をちょっと変えなければいけないのかもしれないと思います。昔のモチベーションは、馬車馬のごとくというか、とにかく頑張って、二四時間戦いますではありませんが、そういうモチベーションを前提としていたのですが、これからのモチベーションはもしかしたら「九時から五時までは一生懸命仕事をしてください。とにかくその間は真面目に効率よく仕事をやってください。でも、五時以降になったら、極端にいえば、何をやっていてもいいのですよ。そこまで会社で残業している必要はない」とか、週末も同じようなことです。だから、ある区切られた範囲内できちんと仕事をするというモチベーションを維持してもらうという、そんな世界になってくるのかもしれませんね。

大内　五時に帰れるから五時まで頑張ろうというと、モチベーションは高まりますかね。

澤　そこは非常に難しいなと思います。ただ、貢献と報酬が合っている範囲なら、それでいいのではないかと割り切ることはできるかもしれません。

大内　本人がそこでモチベーションを感じるのはどういう場合でしょうか。

守島　例えば、ある報酬のレベルで五時に帰りますという選択をした人は、五時以降は趣味でも何でもいいですが、それをやるためにその報酬をもらうし、それまでの時間を企業に対して労働時間として提供しているわけですよね。その交換に自分の中で納得していれば、その間はちゃんと普通に仕事をやる。

大内　普通に仕事をするだけで、何かより積極的なモチベーションというのが、賃金とかの面でプラスにならないときに、出てくるのでしょうか。

守島　先ほど澤さんが言われた選択という中にはそこも含まれるのだと思います。つまり、現実的かどうかは別としても、私の処遇は、例えば八割を成果で評価してください、というような積極的なものを選ぶのか、九時から五時まで効率的に仕事をきちんとしているということで評価をしてくださいということを選ぶのか。その選択をした場合、それに合わせた賃金が払われるということでの納得感もあるように思います。

大内　そこで選択できたということによってモチベーションが生じるということですか。

澤　モチベーションというよりは、納得ですね。

大内　例えば成果八割で、成果が出なかったから、あなたはしょうがないよという責任を負わせるロジックとして、あなたは選択したのだというのがあるのかなという気がしたのです。それがモチベーションでプラスにつながるのでしょうか。

守島　ちょっとマイルドな言い方をしていましたが、プラスなモチベーション、つまりすごく頑張っているというポジティブなモチベーションみたいな、積極的なモチベーションみたいなものを前提としない労働者像をある程度考えて人事管理をやるという世界に入ってくるのではないかという話です。

大内　足を引っ張らない程度に、いかに食い止めるかということですか。

守島　普通に仕事をやってくれる人たちで、その人たちが怠けず、とはいえ、常に頑張って会社のために何ができるかを一生懸命考えているのでもないというタイプの人材が、一定数企業の中にいることを認めた上で、人事管理をやっていかなければいけないのではないかということです。

大内　それは能力開発とは違う世界ですね。

守島　ちょっと違いますね。でも、そういう人たちに対する能力開発というのもあるはずで、いままでの能力開発というのは、日本企業の中では将来への夢を見させてモチベーションを高めるツールだったわけです。それによって自分の給料が上がっていったり、ポストが上がっていったりという話ですが、そういう意味の能力開発ではなくなってきて、普通に仕事ができるようなレベルにまで持っていくという能力開発になっていくのかもしれません。

8 そもそも「キャリア」とは何を意味するのか

大内 なるほど。いまの話と関係すると思いますが、キャリアというのはどのあたりまでを考えておられますか。例えばキャリアという言葉自身は、その人の生涯の職業人生という意味にも捉えられますし、実際上はこれまで正社員は特定会社のキャリアということを考えることが多かったと思いますが、ベネッセでは、従業員のキャリアをどう捉えていますか。

澤 社内でも常に議論になります。最近、長く雇用する、長く活躍していただくみたいな文脈の中では、生涯の職業人生という意味でキャリアを語ることが多いです。ただ、会社が何にコミットするかと言ったときには、会社の中でのキャリアにコミットするという考え方になりますね。

大内 一九九五年の自由と自己責任の考え方はどちらですか。

澤 そこは明確に分からないです。

守島 逆にいうと、それが明確ではなかったところに大きな問題性があるかもしれませんね。

澤 そうかもしれませんね。

守島 要するに、キャリアというものが一つの企業の中における職業人生みたいなものを意味していたという時代から脱却しようというメッセージを出しつつ、同時に、でも、ベネッセで頑張ってくださいという二つの異なった矛盾するメッセージを出していた。だから、ベネッセの中ではないキャリアをすごく思い描いた人たちが、自分で自由な能力開発をやっていったということです。

大内 そこで、それではやはりちょっと困るとなったわけですね。

守島 ということで二〇〇九年の話につながるのでしょうね。

大内　長くいることに値する人には長くいてほしい、値しない人は外で活躍する道があったほうが切りやすいのです。前者は企業内のキャリア形成、後者は生涯のキャリア形成ということになるのでしょうね。

守島　そうなのですよね。

大内　後者の場合、リストラしやすくなるという意味では、企業が能力開発をする意味があるのかなという言い方もできますでしょうか。

澤　一定レベル以上の能力がないと辞められないというのがリアルな話です。ある程度の力を付けておいていただければ、いざというときや自分で人生を考えなおしたときに、外という選択肢が現実的になってきます。能力開発は会社がリスクを減らす手段では全くありませんが、そういう意味もなくはないですね。

大内　何のための能力開発かということをはっきりさせると、企業がそこにコミットする意味も明確になるということですね。

守島　まあ、そうなのですけど、それはどちらかといえば、後ろ向きの戦略ですよね。

大内　後ろ向きと言っても、将来のキャリアも考えた上での行動をとっているのだと言えませんか。

守島　いや、その前にいたい、残したい人が、企業のビジネスに対してちゃんと貢献してくれるような能力を持ってくれるような開発というのが第一であって、それから落ちこぼれた人はまた別の話なのです。問題は二つの種類の教育が違うということもあるのですよね。

大内　どう違うのでしょうか。

守島　外で通用するスキルばかりをやっていると、自分のところで使えるようなスキルになる部分もありますが、ならない部分もあるし。といって、自分のところで使えるようなスキルだけをやっていると外では通じないという矛盾の部分があるので、そこが難しいのだと思います。

いま、日本の企業で人材育成が難しいのは、外に出すための教育と、残したいすぐれた人への教育という二つのタイプで、人材育成で具体的に何を、どういうことをやらせていくのかという側面がちょっと混乱しているところがあるので大変なのですよね。

鼎談をふまえて

Motohiro Morishima

×

Shinya Ouchi

1　人事制度が持つ従業員へのメッセージ

大内　今回の澤さんを招いた鼎談から感じたことは、能力開発を含む人事制度というものは、企業からすると、どのような人材を必要としているのかというメッセージを従業員に伝える意味があるということです。このメッセージがうまく伝わらないと、ベネッセの一九九五年の人事制度の改革のように、うまく進まないこともあるのです。逆に、うまい制度設計をすると、会社の考える方向に従業員を誘導していくという意味もあるのだと思いました。

守島　全くそうだと思うのです。人事制度というのは、企業が、戦略上達成のために、企業の組織文化に合っているということも含めて、必要な人材を確保していくということですけれども、重要なのは、それを従業員が受け入れてくれるということだと思うのです。この鼎談から考えると、ベネッセの一九九五年の改革が少し行き過ぎてしまったという面があり、従業員のほうにその準備状態ができていなかったということではないでしょうか。

大内　澤さんのお話からすると、ベネッセの従業員は仕事より働きがいを重視する傾向が強いのかなという印象を受けたのですが、そのような従業員の特徴と言いますか、メンタリティも、一九九五年の人事制度がうまくフィットしなかった理由にあるのかなという気もしますが、その点はいかがですか。

守島　いま、従業員が受け入れてくれないといけないという話をしたのですけれども、私の見るところ、ベネッセという企業はある意味では矛盾を抱えていたのだと思うのです。つまり、ビジネスとしてやっていることは教育とか人を育てるとか介護など、ヒト重視と言いますか、成果とか競争といったものを重視する世界とは程遠いところで事業が行われていると思うのです。しかし、一九九五年に出したメッセージというのは、自律、自由と自己責任といった能力開発も自分でやりなさい、仕事も自分で組み立てなさい、その成果も自分で責任を負いなさいという世界を提示してしまったわけです。その意味では、社員がビジネスを行う上で持っている会社のイメージと、人事から伝えられてくるメッセージというものの間に矛盾があった、多少の齟齬があったことが、失敗という言い方も変なのですけれども、問題があるとすれば、そんなところにあったのではないかという気はします。

2 自律的な能力開発は無理か

大内　そもそも能力開発を従業員に自律的にやらせる、自由に委ねるということが、かなり難しいことではないかという気もするのですが、そこはどうですか。

守島　能力開発を従業員本人に任せるというのは、一九九五年の段階でどこまでそれがうまくいったかと言えば、鼎談の内容からも分かるように、少し早すぎたと思うのです。またいまでも一般的に日本の労働市場では、外部労働市場での移動の機会、移るチャンスというのはそれほど多くはない。仮に、移動の機会が多くあれば、働く人たちは自分で能力を高めて、他の企業や新しいポジションに移っていこうというインセンティブが湧くと思うのですが、そういうものがない中で、自分で能力開発しなさいと言われても、どのようにすればいいのか、何をすればいいのか、どのように進めていけばいいのかという点で、かなり迷う人はいると思います。そのような意味では、外部労働市場の状態があまり活発でないことを前提にした場合、能力開発に従業員の自律性を求めるというのは、難しいだろうと思います。

大内　なるほど。それと、もう一つありますね。企業がそれだけ手を掛けて育てたいと考える人材が減ってきているということです。

守島　そうですね。つまり、自由と言ったときに、誰に対して自由が与えられるかという問題があると思うのです。企業の人事管理や人材育成というのは、やはり企業の利益のために行うわけで、ある一定の人材に関しては、企業がきちんとコミットして育てていくことがこれからも必要なのです。しかし、コミットしなくてもよい人というのが増えてきて、そうでない人たちに対してキャリア自律をうったえているというのがいまの状況ですから、自ら自律的に自分のキャリアを開拓して、という流れはいっそう難しくなります。確かに、企業としてあまりコミットしていない人たちが増えているということはあります。

大内　ただ、ベネッセは全従業員を対象にやったのですよね。企業としてみれば、いまの区分でいくと、手を掛けてもいい人にも自由度を与えてしまったということころなのでしょうか。

守島　ベネッセという企業に対する評価はいろいろできると思うのですが、私に言わせれば、全員にしてしまうと、やはり本当に手を掛けて育てたい人も自由になってしまい、他の企業に移ってしまうなどの危険性も出てくるので、全員に対して同じメッセージを出すとうまくない面もあるわけです。そのために能力開発における従業員の自律性を求めるというメッセージは、多くの企業で、しばしば奥歯にものの挟まったような言い方になります。ただし、人事というのは全員に対して同じメッセージを出すということが極めて重要なのです。

大内　平等性とか公正さですね。

守島　そうです。だから、あなたは大切です、あなたは大切ではないのです、ということを言っていくのは難しい。その間の、ある意味で二律相反です。ある人たちは丁寧に育てたいのだけれども、しかし全員に対して同じメッセージを出さなければいけない、もしくは全員に対して自由にさせたいのだけれども、ある人たちは育てたい、そこの部分の矛盾をどのように解決していくのかというのは、たぶん人事にとってはいつになっても大きな問題だと思うのです。

3　人事管理の個別化と公平さ

大内　session 02「正社員と非正社員の間」の最後で、人事管理の個別化と言われていたのですが、同じ正社員の中でも、この人は手を掛けたい、この人はある程度自由に任せたほうがいいというのが本当はあって、そういうところも個別化したいのですね。

守島　それが戦略的な人事管理という意味では重要なのですが、公正さや平等さという意味で言うと、やはりそこは難しいのです。

大内　それをやってしまうと、自由に任せられたほうは、自分たちは必要とされていないのかということで、働く意欲を失ってしまうということですね。

守島　そして、本当は育てたい人たちも、自由だと言われてしまうと、自由に自分で能力を開発して、他のところに移ってしまう可能性があるので、そういう意味でも難しいのです。

大内　そのような反省があり、ベネッセは二〇〇九年にもう一回改革して、企業のコミットをもう少し高めて、いわば統制された自由と言いますか、そのような方向に舵を切ったのでしょうね。

守島　おそらくそうです。育成に関して、いまはだんだん企業がコミットする、それも一部の人材ではあるのですけれども、企業が積極的にコミットするというメッセージを出すようになってきています。「あなたは自分で自由に能力開発をしなさい」というのは、一種の枕詞としては言ったとしても、本当にそれを全員に対してやっているかというと、そうではない。ベネッセの一九九五年というのは、ある意味それをやってしまったのでしょうね。それでいろんな問題が起こった。

大内　いまの若い人は自由にしろと言われたら、会社は無責任だとネガティブに捉える可能性もありますね。

守島　それもあるでしょうね。

大内　自由と言われても、自分たちはどれだけ自由にできるのか、所詮は会社に雇われて働くのです。そもそも、労働者側は、正社員になる以上は、自由はある程度放棄する覚悟だと思うのです。そうだとすると、会社もある程度育成してよ、責任持ってやってよ、というような考え方の人のほうが多いのかなという気はします。

守島　増えていますね。ある意味で会社も矛盾していて、ある側面では自律的に自分のキャリアを開拓しなさいというメッセージを発するのですが、あるところでは会社がきちんとコミットして、あなたは会社のコア人材としてちゃんと育てていきますという人もいるので、同じメッセージを全員に対して出せない状況が、いま、企業の中で起こってきているのです。それは人材育成だけの話ではありませんが、特に、人材育成に関して矛盾が大きくなっているということです。

4　能力開発の責任転嫁

大内　こだわるようですけれども、自律的にやっていいというような会社は、能力開発の責任を従業員に転嫁するというか放棄しているという捉え方でいいのでしょうか。

守島　放棄しているという感覚はないでしょうが、全員について細かい面倒を見ることができなくなってきたというのはあります。

大内　コスト的にですか。

守島　そうですね、コスト面もあるし。

大内　これは鼎談の中にも出てきたのですが、能力が不十分な従業員は企業としても最終的には解雇したいと本当は考えているのでしょうね。

守島　そうだと思います。逆に言うと、手を掛けて育てた人たちが失敗するというか、期待どおりにうまくいかない場合は、企業の失敗なのか、本人の失敗なのかという部分が問われてしまうのだと思います。ですから、ある程度本人の責任にしておきたい、責任にしておいたほうが、より自由度が高まるという側面もあるのでしょうね。

大内　「退職のマネジメント」▶session 08のところでも出てくるでしょうが、能力不足による解雇が難しい、解雇するのはフェアではないという議論をする背景には、企業の育成ミスだろう、育成ミスの責任を社員に転嫁するのはフェアではないという考え方があると思うのですけれども、能力開発責任を従業員にあると言ってしまうと、企業としてみれば解雇しやすくなるという話になるのです。労働法的には、やはり企業が育成も責任持って、解雇もしないようにしてと言いたいところですが、現実として企業はそこまで責任持てないということかもしれません。

守島　現実としては難しいですよね。少数のコアの人材に関しては、きちんと育てていきたいし、いくつもりもある。しかし、他の人たちに対しては自分で能力開発をさせて、仮にミスフィットが起こったら、企業から退出していただくというのが理想像と言いますか、望む姿ではないですか。

5　誰が能力開発の主体であるべきなのか

大内　一方で、少数のコアの人材も、能力開発をやりすぎると、やはり自分で他の企業に転職していくおそれもあります。実は、こういう労働者は、強い労働者であって、解雇される心配がないだけでなく、そもそも労働法によって保護をする必要がないのかもしれません。嫌ならすぐに辞めていけるからです。

そうしたなか、企業としては、いかにして能力開発を続けながらも、コア人材をキープしていくかという難問に直面しているのかもしれませんね。

守島　例えば、ある人が自立的に自分のスキルをアップして他のところに移っていくことを、現時点では、多くの企業の人事管理ではマイナスだと捉えるわけです。でも、社会全体や国全体としては、そういう人はもっと増えてほしいわけです。でも、多くの企業の人事管理はそういう人たちに対してはマイナスの見方をするから、自律的にキャリアを開発して、辞めてしまう人が多くなることを好まないのです。昔は、弱いから守ってあげようという前提でずっと人事管理をやってきたのが、いま強い人が出てきて、市場で企業と対等に渡り合えるような人材が出てきて、さらに社会的にそういう人が望ましいと考えられ始めているというときに、いまの人事管理がフィットしていないというのが実態ではないですかね。

大内　労働法的には強い労働者というのは、弱い従属的な状態から脱却した状況にあるわけですから、ポジティブに評価されることになるのですが、人事管理だとそれはむしろネガティブなのですね。

守島　これまでやってきた人事の考え方を変えなくてはいけないという意味では大きなシフトです。

大内　弱い存在、従属的な存在のままでいてくれて、企業がずっと囲い込めるような状況が望ましいということですね。

守島　そうですね。講演等で、もっと自律的な労働者を作って、自分で手を挙げて育成や研修を受けられるような制度にしたほうがいいという議論をすると、必ず出てくるのは「そうなると会社を辞める人がたくさん出てくるのですが、それについてはどうお考えなのですか」と言われるのですが、それはよいことだと思うのです。そうした人が外に出て活躍すれば、その企業のブランドも上がっていくわけですし、また新しい人を採用できるわけで、いろいろよいことが起こってくるはずなのに、多くの企業の人たちは人材の囲い込みの視点からするとまずいと、ネガティブに捉えるのです。

大内　現場は、せっかく育ててあげたのに逃げていくということについてネガティブに思うのは分かりますが、上のほうの経営者レベルもそう思っているのでしょうか。

守島　思っている人もいます。投資の無駄だと。

大内　お金の問題だったら、移籍金を認めたらいいのでしょうかね。サッカーのチームのように、よい選手を育てて、他のチームに引き抜かれてしまうけれども、その代わり移籍金ががっぽりもらえればいいというイメージです。それで、そうしたお金で、また新しい選手を育てるというようなことになればいいのですが。

守島　実際、ハイクラスの人材に関しては移籍金の話が出ています。要するに、人を育てた会社に対してある程度のベネフィットが提供できるような形の引抜きですから、それはあり得るのです。ただ、話がまた大きくなってしまうかもしれませんが、人材育成というのはもちろん個別企業のためにやっている側面もありますが、社会全体のためにやっている側面があると思うのです。

だから、よい人材を育てて、その人が社会に出ていって活躍してもらうというのは、企業にとっても社会にとってもよい。社会が潤えば、企業も最終的には潤うわけで、本当はそういうサイクルで考えなければいけないのですが、うちの人材を育てたのだから、うちで活躍してくれないと困るというのは、これからは合わない考え方なのではないかと思います。

大内　でも、うちで育てた人材が他のところで活躍すると、そこは教育投資しないまま労働力を使えるのだから、フリーライドですよね。だから、きちんとコンペンセーションすべきということですね。

守島　そうなのです。ただ違う問題もあって、これが極端に進んで、引抜きが横行する社会になり、育成した人材の流出や転出が増えると、どの企業も人を育成しなくなるのです。

大内　これは、経済学でいう公共財の問題ですね。

守島　アメリカなどでは実際に起こっていますからね。誰も人を育成しない社会にだんだん入ってきています。

大内　政府が能力開発をすることが大切になってくるのでしょうね。

守島　そうですね。

大内　できますかね。

守島　いや、企業や大学との協力関係の中でやっていく。

大内　望ましいのは、大学がやることかもしれませんが、大学ではなかなかできないのです。

守島　それはできると判断する人もいるとは思いますが、要するに社会として人材育成をするという形の国になっていかないと、私はまずいと思うのです。職業人教育は、日本は極端に個別企業に依存しているのです。

大内　いまの関連でもう一言だけ言うと、労働法の世界は基本的には移籍することを奨励している面もあるのです。というのは、ご存じのように、辞めたらいくら払えという違約金は基本的には駄目ということになっていますから（労働基準法一六条）、辞めたら制裁だよと言って抱え込むことについては労働法ではいけないことなのです。おそらく、企業はそういう法の規制がある中で、何とかインセンティブの形で従業員をつなぎとめようとしてきたのだと思うのです。長く働いたほうが得ですよと。年功型賃金がそうだし、勤続年数が増えると額が増えていく退職金もそうだったのです。ただ、だんだんそれが機能しなくなってきているのかもしれない。長期雇用とは、法の考え方とは別に、企業が独自に自生的に作り上げてきたもので、それはすごいものだと思います。

守島 私もすごいものだと思います。長期に雇用することで、育成投資が戻ってくる確実性を高めるというのもあったし、そういう意味で非常に合理的なシステムだったのです。そうした合理性は、たぶん失われないと思うのですが、長期的に雇用することが経済や競争環境の変化には合わないところがあるということですね。

大内 長期的な技能形成が非常に大切だから、長期雇用を維持する方向の政策をとるべきだということもあると思うのです。確かに、グローバリゼーションとか環境変化の激しさを考えると、長期雇用は硬直的だともいえるのですが、それを捨て去ることによって技能形成面で失う損失、どちらを重視するかによって今後の雇用政策のあり方は変わってくる気がします。

守島 長期的に育成をすることのメリットがある企業はそれでいいと思うのです。そうでない業種があったときに、そういう職種についてどうするか。

大内 長期的でなくてもいいという業種や職種は増えているのですかね。

守島 昔に比べると確実に増えています。

大内 それは仕事の仕方が変わってきているからでしょうか。

守島 仕事の仕方も変わってきているし、働く人の意識も変わってきているし、いろいろなことが変わってきている中で、一人の人が、長期的に一つの企業で働くことのメリットが本人にとっても、企業にとってもだんだんなくなってきたということですね。

大内 形成されるべき技能の性質が変わってきているから、必ずしも長期雇用という形での育成をする必要はないということもありますね。

守島　必要とされる技能やスキルの変化という面もあります。そうすると、変わっていきますね。

大内　アメリカのようにどの企業も教育しないようなことになっていくのでしょうか。

守島　少しはアメリカのようになるのだろうと思いますが、どの企業も育成をしないと、誰も育成されない社会になってしまいますから、それは避けないといけないのです。ただ、重要なのは、いまのように職業的な意味での人材育成のほとんどの部分が、企業依存で行われているというのも、企業にとっては困るのだろうと思います。

大内　非正規雇用が増えたのも、そんなに技能を要しない仕事が増えてきたということにも関係しているのでしょう。技能という面から見ていくと、いろいろな動きが見えてくるかもしれませんね。

守島　技能形成については、先ほども言ったように、日本の場合は企業内の人材育成がものすごく重要視されかつ機能してきたので、社会としてそれ以外の職能育成にはあまりお金をかけてこなかったのです。でも、社会としてどこの部分をどのように分担していくか、それぞれの職種や業種についてどう分担していくかという話になるわけですから、そこは真剣に考えていかなければいけないと思います。

session 06

ワーク・ライフ・バランス

Key Terms ▼ ワーク・ライフ・バランス／育休／産休／長時間労働／変形労働時間制／みなし労働時間制／裁量労働制／年次有給休暇／介護休業／不利益取扱い

1　そもそも「ワーク・ライフ・バランス」とは？

守島　次に、ワーク・ライフ・バランスの議論に入ります。ワーク・ライフ・バランスは、一〇年ぐらい前から日本では比較的大きな社会運動になってきていて、政府の後押しもあって、結構進んできたと思うのです。しかし、進んできただけに、HRMの現場では多少の混乱があって、例えば女性従業員が育児休業（育休）や産休を取ったときに、現場での対応をどのようにしていくのかという話や、一人ひとりが異なった価値観やライフスタイルを持つ中で、公平性の視点から各人が満足するワーク・ライフ・バランスをどう提供していけばよいのだろうかなど、人事管理の面からするとさまざまな混乱が起きているようです。

企業として一つ気になるのは、これが一体どこまで拡大するのだろうかという点です。ある意味では、ワーク・ライフ・バランスというのは従業員のさまざまな便益のためにやっていることなので、企業としてそれをどこまで拡大していけばいいのかという議論があります。そのあたりは、法律的に見るとどんな議論ができるのでしょうか。

大内　ワーク・ライフ・バランスという概念は、これ自身が法律の世界に入ってきたのはそんなに古い話ではなくて、二〇〇七年に制定されて二〇〇八年三月に施行された労働契約法三条三項で導入されたものです。法律上の文言でいえば、日本語で「仕事と生活の調和」となっています。労働者と使用者は仕事と生活の調和にも配慮しつつ労働契約を締結し、または変更すべきものとするという規定です。ただ、法律の規定に入ったとはいえ、そこから直ちに具体的な労働者の権利や使用者の義務が導き出されるものではありません。これはスローガン的な意味合いの強い概念であって、私の理解では、あまりにも仕事に重点を置いた生活を改めなさい、企業も従業員がそのようにできるように協力しなさい、という心構えを示したような規定であると考えています。

ただ、ワーク・ライフ・バランスというコンセプト自体は、これまでの法律の世界で全くなかったわけではありません。例えば、労基法における労働時間の長さの規制は、労働者の健康確保が主たる目的ですが、それは労働者の生活時間の確保にもつながります。それから、週一日の休日や年次有給休暇の保障もそうです。また、ワーク・ライフ・バランスが言われる前によく言われていたのは「ファミリー・フレンドリー」、あるいは「両立支援」という言葉ですが、こうしたコンセプトの下で発展してきたのが、育児休業や介護休業を保障する法律です。「ワーク・ライフ・バランス」は、こうした様々な法律上の制度の基底となる理念・コンセプトのようなものといえるわけです。ただ、この言葉が労働契約法において明確に定められたので、この規定を根拠として、今後どこまで従業員の権利や企業の義務が広がっていくのか、あるいは具体的にどのようなことをするのが法的に求められるのかは、企業にとって気になるところだと思います。私は個人的には、企業がすでにある法律の規定をきちんと守っていくということは大事だと思いますが、政府がいま以上にワーク・ライフ・バランスの観点から企業の義務を広げていこうとする政策をとることにはあまり賛成ではありません。ワークとライフのバランスの取り方は、個人の自己決定の問題という要素が多分にありますし、企業ごと、あるいは業種や職種に応じていろいろ違いがあって当然だろうと思うからです。

守島　おっしゃっていることは、別の言い方をすると、昔からあった労働時間に対するさまざまな形の規制やファミリー・フレンドリーの考え方、女性の活躍推進や子育て支援などが全部まとまって、「ワーク・ライフ・バランス」という大きな箱の中に収められたというか、それをまとめてそういうラベルを付けたということなのですね。

大内　そうですね。ワーク・ライフ・バランスの推進が言われる背景には、長すぎる労働時間による過労という問題が解決していないから、もう一歩進んだ政策をとるべきという考えがあるような気がします。また、女性の社会進出のほうも、かなり進んだとはいえ、もう一歩というところがあって、何かそこで推進力を持たせるためのスローガンとしてこういう言葉が使われているのだと思います。

2 「労働時間」から考えてみる

守島　たぶん、そうなのでしょうね。例えば労働時間の問題だと、長さという問題もありますが、どちらかというと、最近は長さよりも柔軟性、つまり、ある時期は非常に長時間労働をやって、あるところでまとまって休みを取るとか、そういった労働時間のあり方のほうが適切と思われる職場も結構出てきています。例えばＳＥの職場は、長時間労働の代表のように言われますが、そこでは一カ月間はかなりの長時間労働をやって、一週間ぐらい続けて休むとか、そういう働き方をしたいといったニーズも出てきているのです。そういうことは、法律的には可能なのですか。

大内　全く不可能ではありません。例えば、変形労働時間制は、一年や一カ月といった一定期間内の平均で一週四〇時間の法定労働時間の範囲におさまるように所定労働時間を定めることを認める制度で、これにより閑散期は所定労働時間を短くしながら、繁忙期は所定労働時間を長くすることができます（労働基準法三二条の二・三二条の四・三二条の五）。始業時刻と終業時刻を労働者が選択できるフレックスタイム制も導入可能です（労働基準法三二条の三）。また、先ほどおっしゃったＳＥの仕事は専門業務型裁量労働制の適用が可能であり、過半数代表との労使協定の締結など一定の手続をふめば、労働時間を実労働時間ではなく、労使協定で定める時間とみなすという「みなし労働時間制」が適用可能となります（労働基準法三八条の三）。裁量労働制には、この他一定の企画、立案、調査、分析業務を対象としたものもあります（労働基準法三八条の四）。こうした制度もあるにはあるのですが、いろいろ要件が厳しいこともあって、それほど広がっていないと言われています。現場では、労働時間規制の硬直性に対して不満が出ていますか。

守島　出ていると思います。実際には、現場ではおかしな現象も起こっているのです。例えば、五時半が終業時だから、五時半に一旦全部パソコンを落として、みんな出口から出る。そして今度は通用門を通ってもう一回戻ってきて、七時半まで仕事をすると。七時半まで仕事をするのは、そんなに異常な長時間労働ではないと思うのです。二時間ぐらいの残業はよくあることなのですが、そこまで規制されてしまうと仕事の流れが一旦ストップするわけですから、差し障りがある。それに、一回出て戻ってくるという不思議な現象も起こっているので、それは企業にとってはあまり効率的ではないわけですね。

大内　法律の立場からの模範解答としては、残業をやらせるのなら、きちんと三六協定を結んで、役所に届けていて、割増賃金を払ってください。そうすれば合法的に残業させることができます、というものです。

守島　それでも全体的に規制が少し硬直的という感じはあるのではないかと思います。

大内　労働時間規制は企業としては守りたいのだけれども、なかなか守れないところがあるということではないでしょうか。

守島　従業員に極めて長時間の労働をさせることは、一部の業種ではまだまだ残っているとはいえ、多くの企業ではそんなに一般的なことではなくなってきました。労働時間規制を守るということは、企業にとってはコンプライアンスという意味で重要なのですが、逆に従業員が普通に仕事を終えられるような時間まで仕事をさせてほしいということではないでしょうか。

大内　そうすると、どういう労働時間規制が望ましいのですかね。例えば、いま一日八時間、一週四〇時間が法定労働時間となっていますが、これを年単位で何時間までとするというような規制でしょうか。

守島　年単位まで大きくしていいのかどうか分かりませんが、三カ月ぐらいで何時間とか、そのぐらいの規制のほうが、企業としてはやりやすい業種もあると思います。

大内　いまおっしゃったこととも関係しますが、労働基準法というのは、最低労働基準を定めているのです。そういう観点からすると、一日八時間というのは、最低労働基準としては少し厳しすぎるように思えます。八時間働いたから健康を害するというようなことにはならないでしょう。だから、罰則で強制するほんとうの最低基準というものを考えると、もう少し長めの労働時間を法定労働時間として設定することもあってよいような気がします。

法の基準が厳しすぎるから守れないということが起こるかもしれないのです。もう少し現実的な基準にして、そうした基準さえも守れなければ厳格に罰するというような方向にしていくほうがよいと思うのですが。

守島 人事の世界も全く同じ考え方だと思います。つまり、八時間で終わらせなければいけないというのは、仕事の流れからすると難しいときがあります。そうすると、一〇時間働くと。でも、一〇時間働くと、その分二時間はどこかで精算するという働き方でもいいし、もう少し大きな単位で、三カ月とか半年とか、そのぐらいの単位の総労働時間で図る形のほうが、企業としてはやりやすいのかもしれません。

大内 それが現行法では変形労働時間制ということなのでしょうけれども、おっしゃっているのは、おそらくもっと変形労働時間制を使いやすいようにするということですね。

守島 裁量労働制や変形労働時間制というのは、割合特殊な職種しか当てはまらない前提で作られていますよね。

大内 裁量労働制はそうですね。変形労働時間制は一年単位と一カ月単位のものについては、制限はありません。ただ実際に導入されている業種や職種は、限られているのでしょうね。また、労使協定を結んで届け出なければならないとか、手続的な要件もあり、企業にとっては面倒くさくて、もう少し自由にやらせてくれということなのかもしれません。

3 「休み」から考えてみる

大内 労働時間の規制を、いわばその裏側ともいえる休みの時間のほうから規制をしてワーク・ライフ・バランスを実現しようとするのが、少し前から言われている「勤務間インターバル」です。ＥＵにあるルールで、むこうでは、勤務の終わった後と次の勤務の始まるまでの間に一一時間の休息時間を置くということになっています。このように、休みの時間に着目するという発想はどうでしょうか。

守島　それは、企業にとって、ある意味では実施しやすいと思います。でも、それも結局一一時間と決めてしまうと、運用が煩雑になるかもしれません。

大内　休憩時間を含めて最大一三時間は働かせることができるという話になります。一三時間あれば、一日の労働時間としては十分ではないでしょうか。

守島　一三時間は少し長めの印象ですね。普段は九時間とか一〇時間でいいでしょう。あとは週とか一カ月で総労働時間をチェックしていくようなやり方は、今後、法律の世界でも少し考えていかなければいけないのかなと思います。

大内　休みといえば、もう一つ重要なのが年次有給休暇です。日本では取得率が五割にも行っていないという問題があります。年休の取得率をどうやったら向上させられるのかという議論がずっとされているのですが、現場ではどうですか。

守島　これは業種によって、もしくは会社によって違う部分はありますが、年休はもっと取らせたい、もっと休ませたいというのが、多くの企業の大前提だと思うのです。ただ、従業員の中でもっと年休を取得したいと切実に思っている人がどれぐらいいるかというと、私はちょっと疑わしいと思うのです。実際問題として、いまは年休を半日取るとか、時間単位で取ることも可能になっていますし、日本は比較的国民の祝日などが多いし、夏休みもあります。そういうことを総合すると、いま休みに対するニーズは、昔ほど高くはないのではないかと思うのです。ですから、年休の取得が進まないのは、もちろん企業が何らかの制限をかけている、例えば、現場に休んでは駄目だという雰囲気があったり、上司からプレッシャーがかかっていたりするというケースもあるとは思いますが、一方で、働くほうもそれほど強く休みに対するニーズがないということもあるのではないかと思うのです。

大内　年休は、日本では従業員のほうから「時季指定権」を行使したうえで取るということになっています。そして、企業にとってその日に年休を取られると支障がある場合には、「時季変更権」を行使して、別の日に取らせるということになっているわけです。従業員からのイニシアティブがなければ年休が取れないのですが、そのため従業員が望んでいないから時季指定権を行使しないのか、企業のほうが従業員に時季指定権を行使しにくい状況を作っているのか、どちらが原因なのかが気になるところなのですが、いまの話だと、必ずしも企業側の原因ではないということでしょうか。

守島　もちろん従業員の年休を取りにくくしているような企業もあるでしょうし、取りたいけど、年休を取りにくいなと感じている人も世の中にはいると思いますが、トータルで見た場合、これほど年休の取得が進まないのは、私は企業側の要因だけではないような気がするのです。

大内　例えば年休を取らない理由には、仕事が多すぎるからとか、休んでも、結局あとで仕事をやらなければならず大変だから取らないとか、そういう理由が結構あると思うのです。そうすると、これは企業側の要因だとも思えるのですが。

守島　確かにそれはあります。例えば、お客様が納期を待っているから、それに対応しなければいけないとか、年休を取っている間に誰か自分の代わりに入ってくれるかという問題がある場合もありますが、問題はそのことを働く側がどこまですんなり受け入れるかなのです。もちろんそうした状況に対して、不満があるケースもあるでしょうが、例えば、代替の人がすぐには見つからないから年休が取れないという状況があれば、多くの従業員は結構そこをすんなり受け入れると思うのです。したがって、企業側のニーズと働く側のニーズとのバランスは、いまは比較的きちんと取れているように私は思います。

大内　守島さんの理解では、年休取得が進まないことは問題ではないということですね。

守島　年休の取得が進まないことを問題だと考えるのであれば、従業員側が取りたくても取れないというのとは少し違う理由もあるのではないかということです。

大内　なるほど。年休の取得が進まない理由としては、違った説もあって、日本では病気休暇が法律上制度化されていないことを理由にあげるものもあります。従業員はいつ病気になるかわからかない。冬になるとインフルエンザにかかるかもしれない。だから、そのときに備えて年休を残しておくのです。ただ病気にならないまま一年が終わることもあって、そうなると年休は余ってしまうのです。もし、これが理由だとすると、病気休暇制度を法律で作ればよいということになるのですが、そうなるとどうですかね。企業では任意に設けているところもあるでしょうが。

守島　病気休暇制度は、たぶん企業にとってはそんなに大きな問題ではないと思います。いまおっしゃったように、実際やっている企業もありますから。

大内　やっているところは有給ですか。

守島　有給です。一定の日数までは。

大内　そういうものがあれば、別に年休を確保しておく必要もなくなるので、もしかしたらそれが広がっていくと、年休の取得率も少しは改善するのかなという気がします。

4　「育児・介護」から考えてみる

大内　年休は昔からある法律上の休暇ですが、育児休業や介護休業といった新しいタイプの休業は、平成になって制度化されてきたものです。ただ、特に重要な育児休業は、女性は比較的取りますが、男性の育児休業取得率はきわめて低いままです。これは大きな問題であると政府は認識しているようです。

守島　私も、男性がもっと育児休業を取るとよいとは思います。ただ、男性の育児休業取得を無理矢理法律的、もしくは政策的なやり方で進めていくことが本当に正しいのかどうか、いまでも育休を取っている男性はじわじわと増えていますから、そうなると、これは今後はある程度広がっていくのかなと思っています。基本的には意識改革ですから。意識改革というのは、ゆっくりしか起こらない。逆に言うと、起こってしまえば確実なのだけれども、ゆっくりでしか起こらないという意味では、それを法律で一生懸命前に進めることが正しいのかどうか、もしくは無用に混乱を起こすこともあり得るのではないかと思います。

大内　意識改革のためには、法律で定める必要があるという議論もあるのですが。

守島　大前提は作っていかなければいけない。でも、いまの政府は男性の育児休暇取得をもっともっと速く進めたいと思っているように思うのです。

大内　取得率という目に見える数字の向上を求めているのかもしれません。ただ、想像するに、共働きであっても、男性従業員が手を挙げて育児休業を取りたいと言うと、「お前、奥さんいるだろう。奥さんが育児休業を取るだろう。二人とも取る必要ないだろう」とか言われてしまう。現在では、専業主婦のいる男性従業員も育児休業を取れるのですが、共働きのときよりいっそう、奥さんに任したらいいだろうと言われるのではないでしょうか。

守島　私の学生はさすがに子どもの話はしませんが、学校を出て何年か経った卒業生と話していると、男性も育休を取ることを考えている人は結構いますから、いまの二五～三〇歳前ぐらいの人たちが子育てをする時期になるとさらに少し変わってくるのではないですかね。

大内　育児休業が取りにくい理由の一つに、有給ではないというところもあります。有給にするともっと取るのではないかと思うのですが、そこはどうですか。

守島　それは有給にすれば取ると思います。

大内　企業としてはどうですか。

守島　すでに有給にしている所もありますが、多くの企業ではそれは非常に大変だと思います。

大内　病気のときは有給でもいいとしていてもですか。

守島　病気というのは、ある意味では本人理由ではない。子どもも本人理由でないといえば本人理由ではないのですが、病気はそれなりにサポートしてあげないといけない状況ではないですかね。

大内　子どもを持つかどうかは、本人の積極的な選択によるものであって、そこの負担まで企業が負うのは、少し筋が違うということですかね。その考えでいくと、有給にするかどうかということの前に、そもそも従業員の休業取得を推進しろと政府が介入しすぎることに問題があるということになりそうです。

守島　一般論としてはそうですね。

大内　ただ、病気は本人の労働力に直接関係しているから、企業としてはそこについてケアをしたくなる。また、長期雇用の正社員だと、人生の中のある時期に病気になるのは不可避なことなので、企業としては配慮して当然ということになる。ところが、育児などは、こういうこととは違う。このようにみるべきなのか、それとも、子どもを持つのは当然のことだから、その点で病気と変わらないとみるのか。

守島　子育て支援という意味では、たぶん、後者のようにみて、子育てに何らかのサポートをしていくと考えるのが正しいでしょうね。

大内　そうすると、企業としては育児に対してサポートしていくべきということになりそうですね。

守島　原則論としては、育児に対してサポートするとか、そういうことは企業にとっては何の問題もないと思うのです。だけど、その限度がどこまでか。それは病気も同じだと思いますが、限度がどこまでかというところが、企業にとってはいま非常に気になりはじめているところです。いまの大きな流れは、どちらかといえば企業にさまざまな形での持ち出しを求めることが多い状況です。長期的なリターンがあることは分かっていても、短期的にはコストです。したがって、どこまで行くのかが不安です。

大内　つまり、企業としても、病気にせよ、育児にせよ、そうしたことについて従業員をサポートするにやぶさかではない。ただ、法がどんどん従業員の権利として拡充していくとなると、どこまで広がるのか分からないので、不安を覚えるということですね。介護休業なども同じことになりますか。

守島　介護休業も、たぶん同じですね。介護休業も、本人の持っているリソースを補充するために企業がサポートする必要はあると思うのです。しかし、それもどこまでということだと思います。

5　あるべき「ワーク・ライフ・バランス」像

大内　ワーク・ライフ・バランスをどこまでやるかは、本当は、企業が個別に独自に判断し、うちの企業はこれぐらいやりますと決めて、あとは労働者が企業選びをするときに判断するということで十分ではないかと思うのです。この会社は介護のことをしっかりサポートしているから入社するとか、労働者の判断に任せていいのであって、あまり政府が、こうしろ、ああしろと押しつけなくてもよいように思います。それにあんまり言い過ぎると、ワーク・ライフ・バランスの必要のない人まで、休みを取っちゃおうかなという気にならないですかね。

守島　そうですね。ワーク・ライフ・バランスに目覚めてしまう人が出てきて、困るということもあり得ます。

　実際に必要なワーク・ライフ・バランスは、業種とか職種とか仕事の内容とかによって変わってくるのです。例えば、私たちみたいな大学の教員であれば、別に昼間に家にいることは、そんなに難しくないですよね。私たち大学教員の仕事はとても特殊ですが、他にもそういうフレキシブルな仕事もあるし、工場みたいにずっと職場にいなければならない仕事もあるので、全く同じ規制でワーク・ライフ・バランスが要求されるのは、企業としては困ると思うのです。ある程度いろいろなパターンがあって、うちの企業に合ったワーク・ライフ・バランスはこうだと決めることができるとよい。もちろん、最低限というのは決めておかないといけないと思いますが、いろいろなタイプのワーク・ライフ・バランスがあるのだということにしておいて、それに対して働く人や労使が選ぶ、もしくは働く人が何らかの不満を持っているのであれば、労使交渉をして新しいものを作っていくという、現場や企業の特性に応じたワーク・ライフ・バランスの形になっていかないと、企業としては非常に難しいところがあるでしょう。

大内　それは労働法の規制のあり方についての根幹的なことをおっしゃったと思います。労働法の規制を考えていくとき、どの労働者にも最低限保障されなければならない最低基準とそれの上乗せ部分とがあって、上乗せ部分はある程度フレキシブルでよくて、要するに、企業規模や業種などに応じて状況が異なるので、そうした企業の実態に即して労使の話合いで上乗せ部分の内容は決めていくということでよいと思います。もちろん、政府が、労使が交渉するうえでのガイドラインぐらいは作ってもいいのでしょうが、上乗せ部分まで、最低基準と同じように、これを絶対遵守しなければいけないと強制するのは行き過ぎとなる可能性が高い気がします。

守島　企業から見ると、労働基準法全体は確かに最低基準だけれども、ワーク・ライフ・バランスの話や最近話題になっている高年齢者の雇用といった話▶session 09になると、どこまでが最低基準かということや、上乗せが全企業に強制されるのではないだろうか、ということが心配になってきているのだと思うのです。

大内　いちおう、法律では差はつけています。労働基準法のような本当の最低基準については、違反に対して罰則が定められています。一方、育児・介護休業法や高年齢者雇用安定法は、行政指導はあっても、罰則の対象にはなっていません。それは最低基準ではなく、上乗せ部分だからだと考えることができます。もちろん、上乗せ部分であっても、企業としては、遵守しなければならないことに変わりはないのですが、今後の法政策としては、そうした上乗せ部分はもっと弾力的な規制でよく、企業独自の判断がもっと反映できるようにしたほうがいいのだろうと思います。

同時に、最低基準とされている部分についても、その基準のレベルが高すぎないかの検討が必要でしょう。例えば、先ほどの労働時間の話のように、法定労働時間の基準がやや厳しすぎるのではないか、という議論も可能なのです。最低限絶対に守らなければならない範囲がどこまでなのかを見直していくということもまた必要なことだと思います。

守島　さらに、いまの労働基準法では、一般に前提とされているワーカーが終身雇用の正社員で、かつ多くが製造業をベースにしていると思うのです。その部分を少し変えていくとか、もう少しサービス業が増えてきたことを前提とするとか、そういう議論が必要なのだろうと思います。

大内　確かに、労働基準法は工場法を引き継いでいるので、もともとは製造業が念頭に置かれていました。もちろん、労働基準法制定の段階で、工場労働者に限定せず労働者一般を対象にするものに変わったのですが、労働時間の規制などは、工場労働者にぴったりした規制であったことは否定できません。まさにそれゆえ、産業構造の変化に応じて、労働基準法の労働時間の規制も大きく改編されてきたわけです。一方、労働基準法などが、正社員を想定していたかというと、必ずしもよく分からないところがあります。

6　育児・介護休業取得者の処遇について

大内　いままでやや大きな話をしてきましたが、法の運用面で、実際に現場で生じている問題に焦点を当てていくことにします。

守島　たぶん現場ではいろいろな問題が起きていて、例えば育児休業から復帰したあと短時間勤務に入る女性が結構多いと思いますが、短時間勤務を取っている女性に対してどういう人事評価をしていくのか。それは上司が評価するわけですが、部門の中で平均点を付けるのか、それとも最低点を付けるのか。逆に言うと、最低点を付けると、育児休業を取っている、短時間勤務を取っていること自体に対してペナルティを与えることになってしまうのですが、そうしないと他の人たちが不満を持つという現象もあります。また別の問題としては、育休や短時間勤務に入っている人たちの育休期間などが目標管理の期間とオーバーラップしている場合に、そこをどう評価しているかどうかという問題は確実に出てきています。例えば、目標管理期間の半分を育休で休んでいる社員の評価などです。

大内　いま、そこは試行錯誤の段階ですか。

守島　企業によって方針を持って、ある程度統一感を持っているところもあります。多くは、職場によって違うので、現場に任されているのが実態です。基本的には現場の試行錯誤です。

大内　育児休業から復帰後の処遇というのは、法的には、育児休業の権利を行使したことを理由にする不利益取扱いの問題として論じられることになります。法律上、労働者の権利行使に対する不利益取扱いを一般的に禁止する規定はないのですが、育児休業や介護休業などについては特別に明文の規定があります（育児・介護休業法一〇条・一六条）。短時間勤務の場合も同じです（二三条の二）。つまり、これらの権利を取得したことを理由とする不利益取扱いをしてはならないのです。そうなると、法律上の議論としては、現場での取扱いが、この法律で禁止している不利益取扱いであるかどうかがポイントとなるわけです。先ほどのお話だと、労働者に対する評価が、短時間勤務を申し出たことだけを理由としたものなのか、それとも、短時間勤務という状態で働くことによって成績が下がったから、それにともない評価が前より下がったのかがポイントで、後者であれば、問題はないのです。ただ、その限界線ははっきりしないところがあります。

守島　現場が混乱していますし、さらに言えば、本人の成績降下が理由だとしても、成績が下がることが嫌だったら短時間勤務を取るなということになるわけですから、そういう意味では多少の不利益取扱いになっているのかもしれません。

大内　こういう不利益をしたら駄目だと言われると、現場としても困ってしまうわけですね。最近のコナミデジタルエンタテインメント事件[*1]は、育児短時間勤務をとっている従業員に対して、役割グレードを下げて、それにともない役割報酬を年間で五〇万円下げた措置は無効であるとし、また育児休業と育児短時間勤務を取っていた年間の成果報酬をゼロと査定したことも無効としています。この他、休んだことや勤務時間が短かった期間の査定との関係では、東朋学園事件という有名な最高裁判決[*2]があります。

＊1　東京高裁平成二三年一二月二七日判決
＊2　最高裁平成一五年一二月四日第一小法廷判決

この事件では、賞与の支給について賞与算定期間において九〇％出勤することを要件としていたわけですが、産休をとり、その後、短時間勤務をした期間や時間数を欠勤扱いしたために、九〇％に満たないから、その期の賞与を支払わないとすることができるか、ということが問題となりました。最高裁判決は、九〇％出勤条項が育児休業や短時間勤務の取得を実質的に抑制することになる場合には許されないとし、先ほどのケースはそういう意味で問題があると判断して、賞与は休んだ期間に応じた減額をしてもいいが、ゼロであってはいけないという判断をしました。この判断については、どうお考えですか。

守島　それは十分あり得ると思います。一般的に、一定の期間中に休んだ長さに応じて賞与等を減ずるというのは、企業としては十分あり得ます。また私は、育児休業を理由にしたゼロ賞与がいけないという判断も、育児休業等の取得を促進する上では、一定の合理性があると思います。そのバランスをどう考えていくかでしょう。

大内　最高裁も、一般に、賞与の支給に関して九〇％出勤を要件とすることは問題としていません。賞与を支給するかどうかを含め、どのような制度の下で賞与制度を設計するかは、法律には何も定めないので、企業は自由にやれるはずなのです。そのため九〇％出勤した人にのみ賞与を払うというのもあり得るわけです。

守島　そうですか。人事管理というのは、ルールにしておかないと職場間の統一が取れないということがあるので、九〇％という割合がよいかどうかは別ですが、ルールにしておくことは人事管理上は重要なことなのではないかと思います。ルールがないと、どの程度減らすのかをケース・バイ・ケースで決めなければいけないので、混乱がまたさらに多くなる可能性はありますね。

大内　九〇％出勤条項において、育児休業期間などを欠勤として扱ってはならないというところはどうですか。

守島　そのことについては、いろいろな考え方があります。私は、よいのではないかと思います。この場合九〇％条項は、育児休暇を欠勤扱いにすると、育児休暇自体の取得の妨げになり、ひいては、主に女性が育児休暇を取得すると考えると、女性従業員の定着や活用に影響が出ます。企業サイドからの育休の目的は、子育てを支援することはもちろんですが、同時にそうすることで人材の定着や活用を目指すものですから、それではあまり意味がありません。

大内　ただ、従業員は育児休業の期間は企業に何も貢献していないですよね。していないけれども、出勤日数に比例してとはいえ賞与は払わなければならないというのは、大変ではないですか。

守島　もちろん、大変だと思う人もいると思います。ただ、企業としては短期的にどういう経済合理性があるかというだけでなく、人事管理としてどれだけ総合的な効果があるか、ということも考えておく必要があります。人事管理というのは短期的な経済合理性の話だけではなくて、いろいろな職場で統一的なルールが運用されるとか、多くの従業員がハッピーで長期的に貢献してくれるとか、そういうことも気にするわけですから、短期的には確かに九〇%働いていないのに賞与が払われるということについて問題があるかもしれませんが、結果的に長期的にそれが取り返せれば、それでいいと考える場合もあります。私は、人事的な対処としては、九〇%条項はそのままにしておいて、育休期間をカウントせず、育児休暇を取得した場合の、賞与の額に関するルールを別に作るほうが正しいと考えます。

そういう意味では、女性人材との関連でのワーク・ライフ・バランスの議論も新しい段階に来ています。つまり、これまでの女性への子育て支援を中心にした施策から、女性人材に出産と子育てを経験しながら、キャリア全体を通じて、会社に長期間貢献をしてもらうために何ができるか、という議論に移ってきているのです。なぜならば、あえて言えば、企業にとって必要なのは、子育てをきちんとしてもらうことではなくて、会社で長い期間働いてもらうことだからです。

大内　女性の処遇が向上しないのは、勤続年数が短いということにもあったのです。長期にわたり働かないことが予想されると、企業も十分な能力開発をしないでしょうし、そのため賃金も上がらなくなります。女性が長期的に働くようにすることは、企業にとっても、当の女性従業員にとっても、プラスになるでしょうね。具体的には、どのような方法で長期的に働いてもらうようにするのでしょうか。

守島　短時間勤務などの両立支援も大切ですが、女性が子育て期を挟んで、企業の中でどれだけ有意義なキャリアを持っていけるのかに関する支援が重要になります。そのためには先にも述べた両立支援を受けている期間中の評価や処遇の考え方や、どうやってその間でも、会社の仕事に関心を持ってもらい、スキルを陳腐化させないかというような配慮も必要です。女性人材のリテンションと長期的な活躍が大きな課題になってきたと言えます。ワーク・ライフ・バランスが単に女性人材対象に限定された議論から広がりを見せて、男性も含んだ働く人全体を対象にした議論となると同時に、女性人材の活用という意味でも大きな変化が起こっているといえます。例えば session 02 でご登場いただいたイオンでは二〇二〇年をめどに女性管理職を五〇％まで引き上げるという方針だそうです。

7　「ワーク・ライフ・バランス」はどうやって進めるべきか

大内　ワーク・ライフ・バランスに関係するいろいろな規制は、そういう形で労働者を保護するというか、ベネフィットを与えることが、結局は企業にとってもプラスになるという面があるのです。労働者が気持ちよく働けて、この会社はよい会社だと考えることによって、働くことへのモチベーションが高まり、それが生産性につながるというロジックで考えると、別に企業にとって悪いものではないということになりそうです。

守島　全然悪いことではないのです。ワーク・ライフ・バランス自体の考え方が、企業の経営に対して何らかのマイナスの影響を与えると考える人は、最近はあまりいないと思うのです。問題は、うちの企業は最低基準を守って、きちんとやっており、それが自分の企業のためになるはずなのに、他のやり方を無理矢理やらされる可能性を、何となく不安に思っているということではないですか。

大内　放っておいても、企業はワーク・ライフ・バランスに配慮するんだから、法は余計なことを言うなと、いうことですね。

守島　極端に言えば、女性人材が重要な労働力になり、また労働市場が流動化する中で、やるべきことはやっている企業が多いので、あまり介入するなというのが実態だと思います。

大内　先ほど、ワーク・ライフ・バランスを法律によって推進することには、意識改革の意味もあるだろうと言ったのですが、実際に、意識が変わってきているということはあるでしょうか。

守島　ワーク・ライフ・バランスに関しては、かなり変わってきていると思います。いま、最も難しいのは、ワーク・ライフ・バランスの考え方の浸透により、いろいろな新しい現象が現場で起こっていることです。そのため現場のリーダーは非常に苦労しているところがあります。そうした中で、たまに現場の長の中に反ワーク・ライフ・バランス的な意思決定をする人がいることも事実です。しかし、企業全体として人事部や経営者など全体を見た場合は、ワーク・ライフ・バランス自体に対しての考え方に否定的な人は、もうあまりいないと思います。

大内　そうすると、総論としては、ワーク・ライフ・バランスは分かるけれど、先ほどの短時間勤務に変わったあとの評価の問題などのように、各論レベルでは、具体的にどうやったらいいか分からないというところから混乱が起こるということですね。現場長に任していると、混乱が起こるとすると、明確な基準があればいいということですかね。

守島　それも外部から押し付けられるというよりは、企業の中で、または労使でちゃんと考えていかなければいけない問題で、この問題に関しては、結局は企業や働く人が自分で考えなさいということなのです。

大内　確かに、企業が自分でできることなので、法律を頼らずに、自分たちでやっていってもらいたいですね。

守島　やっている企業も多くあります。

大内　同じ企業の中でこの人とこの人は違うとなると紛争になり、そうすると裁判沙汰になる可能性が出てきます。そうなると、裁判所が判断を下すことになり、そこで企業に厳しい判断が出されることもあるのです。先ほどのコナミデジタルエンタテイメント事件は、そういう裁判例であったとみることもできるでしょう。企業としては、そうした事態を避けるようにしなければなりません。

守島　だから、reactive ではなくて proactive とよく言いますが、この世界は人事が proactive に動いていかなければいけない世界だと思うのです。こういうことをやるとワーク・ライフ・バランスも推進されるし、同時に企業の便益も推進されるということを、ちゃんと経営者と働く人に対して訴えかけていかなければいけないという話だと思うのです。

大内　それは守島さんの仕事なのですね。

守島　私の仕事かどうか分かりませんが、人事の仕事です。

大内　人事で啓発していくためには、外部からの知恵が必要なことがあるでしょう。その外部の知恵が、法とか行政ということですかね。

守島　あとは、いろいろなところで最近やっていますが、事例情報の紹介といったことも重要なのだと思うのです。例えば資生堂の例で、資生堂は女性のスタッフが非常に多い会社なので、それによって女性が活躍して、企業の利益につながりましたと。明確な科学的な研究でないにしても、そのような事例がたくさん集まってきて紹介されるというのは重要なことだと思います。

大内　厚生労働省が均等施策や両立施策を推進している企業の表彰のようなことをやっていますよね。そういう形での誘導のほうがよいのでしょうね。

守島　一般論としてはそうだと思いますね。ただ、そういう表彰というのは、しばしば制度をどれだけ導入しているかが表彰の中心になってしまいます。表彰自体は客観的な指標でしか判断できませんからね。でも、重要なのはそれによってどう企業にとって、働く人にとってよいことが起こったかまで示さなければいけないのだろうと思います。

大内　それは市場がチェックするということでもいいのですよね。例えば、ワーク・ライフ・バランスが進んでいる企業は株価も高くなるとか、そういうことになれば、企業はそれをめざして行動していくでしょう。そうして市場によるモニタリングが成功するならば、法は要らなくなる。

守島　理想的にはそうですね。ただ、全く市場に任せておくと、市場は社会の考え方の鏡ですから、どちらが先に変わるかというと、社会の考え方が変わらないと市場に反映される部分も変わらないと思うのです。だから、社会を変えるという意味では、多少の外からの圧力も必要なのだと思うのです。

大内　だから、社会をどう変えていくかというときの法の役割、市場の役割がうまく噛み合うとよい方向にいくという話なのです。法が突出してやりすぎると、バランスが崩れてうまくいかなくなるのです。労働法の規制は、これまでは先ほど言った労働基準法や労働安全衛生法のような法律で最低基準を定め、罰則や行政監督で強制して、企業に義務づけるという方向でやってきたのですが、これをもう少しソフトな方法で誘導的に行っていくというやり方もあるのです。違反に対するペナルティではなく、インセンティブで誘導していくということです。こうしたインセンティブが法ではなく、市場により機能する一つの例が、株価が上がりますよという話だと思いますが、そこまでいかなくても、表彰がいいかどうかはともかく、政府が何らかの形で誘導していくようなやり方も今後は大切になるのかもしれません。

守島　たぶん大内さんもご存じだと思いますが、最近の学生は、ワーク・ライフ・バランスの制度が整っており、きちんと運用されている企業を好むのです。特に女子学生はそうです。いま、女子学生は優秀ですから、よい人材がワーク・ライフ・バランスが充実できるところに行きたがるということで、確実に企業は変わってきています。

大内　株主ではなくて、従業員やその卵の学生の行動が企業を変えていくということですね。これも市場メカニズムに任せるということですね。

守島　確かに市場メカニズムに任せるのですが、それでもある程度の人為的なプッシュはしてあげなければいけないということではないですかね。ワーク・ライフ・バランスというのは、そういう意味では先ほどおっしゃったように上乗せの部分ですから、上乗せの部分をやるというのはまさにそういう考え方で、法律で全部やるわけではないし、法律＋市場＋社会といったいろいろな要素が組み合わさって動いていくので、そういう意味ではワーク・ライフ・バランスの議論はわが国でちゃんと進んでいるように思います。

大内　あまり政府が動かなくても、一応軌道に乗っているということでしょうか。

守島　軌道に乗っているというか、もちろんこれからもある程度のプッシュは必要なのですが、無理やりプッシュする必要はないということですかね。

8　企業性善説と企業性悪説

大内　ただ、業界によっては全然駄目なところ、あるいは反ワーク・ライフ・バランスみたいなところもあるわけです。どうしてもそういうブラック企業的な例が報道されて、それが規制強化の話につながっていくのです。法律家というのは悪いところばかり目についてしまい、そういう悪いところは正さなければ駄目だと思いがちです。その悪いところは、ひょっとするときわめて例外的なものかもしれないのですが、それでも悪いことが起こる以上、それは除去しなければ駄目だという発想です。

守島　そこは人事管理とか経営は逆で、経営学の考え方は、よいところをどうやってエンカレッジしていくかという話です。逆に、悪いところは、市場や消費者が淘汰してくれる。

大内　たぶんここは法学の議論と対立するところですね。私は、個人的には悪いところを除去するためにやる規制が、よいところまで駄目にしてしまう可能性があるので、悪いところが本質的なものなのか、例外的なものにすぎないのかの見極めが大切だと思っています。

守島　法律というのは社会全体に当てはまらないといけないので、そういう側面がありますから、よい企業が苦労する可能性はあります。市場というのは、極端に言えば適応する者が生き残ればいいわけで、他の人たちは別に生き残らなくてもいいという話ですから、少しその部分とは違いますね。全部に当てはまるのか、一部だけでいいのか。

大内　悪いことをやっている企業は規制の対象にするのではなく市場で淘汰されていくことになればいいのです。

守島　もちろん、市場だけですぐに社会が変わるわけではないので、両方必要だとは思いますが、ワーク・ライフ・バランスの議論にしてみると、悪い企業を規制するためのルールが普通の企業にとっても非常に不安だという段階に入ってきているのではないかと思います。

大内　先ほども出てきましたが、労働法の最低基準的なものはもうかなり整備されているので、今後は、そこに上乗せされるプラスアルファ部分を設けることになるのですが、その部分は企業の自治に任せたほうがよいのです。ただ、法制度の設計としてそういうことをするためには、企業は自治に任せてもきちんとやってくれるという企業性善説に立たなければいけません。ところが、労働法の伝統的な考え方は、企業は放っておくと悪いことをするという企業性悪説の立場なのです。

守島　人事管理は企業性善説ですね。性善説というか、企業は合理的に行動するという前提ですね。もっと言えば人事管理に特定すると、そういう意味では人間や会社は弱い動物、性弱説みたいな考え方に立っているところがあって、だから教育してあげなければいけないし、サポートしてあげなければいけないという考え方でずっときたのだと思います。でも、そこも少し変わってきて、人材の中にも強い人間も出てくるし、だんだんマーケットに出て独立していく人もいるという状況です。人事管理の分野でも、働く人が市場でも持つ力の増大に対応できていないという状況ではないですかね。

大内　最後のところは、従属労働論とも関係して、きわめて興味深いところなので、また改めて議論をしたいと思います。

session

07

メンタルヘルスと産業医の役割

Key Terms ▼ 過労死／メンタルヘルス／長時間労働／産業医／労働安全衛生法／プライバシー／ストレス／勧告権

現場では

ゲスト

川上憲人

東京大学大学院医学系研究科教授

Norito Kawakami

大内　労働時間の規制は、session 06 でみたようなワーク・ライフ・バランスという観点からみることもできますが、本来は、何と言っても労働者の健康の確保を目的としたものです。ところが、日本では、いわゆる過労死という問題があり、長時間労働の弊害が言われてきました。さらに、最近では、精神的な健康を損なう従業員が増えていて、これも大きな問題となっています。人事の現場では、いかがでしょうか。

守島　現在、人事管理においても、メンタルヘルスを損なう従業員が増えていることは大きな問題となっています。一般的に、「メンタルヘルス」は言葉の通り「精神面での健康」を意味し、「メンタルヘルス問題」とはそれらに関連する諸問題を意味します。具体的には、従業員がうつ病、不安障害、心身症などのメンタルヘルスを損なった状態に陥り、従業員の長期休職、退職、解雇、自殺、およびそれらに関連する労働問題などが引き起こされることを指します。ただ、難しいのは、職場での過度のストレスなどによって発症する「心の病」は、人事の管理体制を整備することによって予防することが可能な面もありますが、同時に上司や同僚などの周囲に問題があることも多いので、必ずしも人事部だけで対処できるわけでもないのです。また対処にあたっては、産業医と呼ばれる専門家との協力が不可欠です。

そこでここでは、東京大学大学院医学系研究科の教授で、産業医でもいらっしゃる川上憲人さんをゲストにお迎えして、いろいろおたずねしたいと思います。それでは、まず川上さんのほうから産業医とはどういう職業なのかについて、簡単にお話いただければと思います。

1 産業医とは

川上 私は現在三〇〇〇人ぐらいの事業所の産業医を行っています。現場の産業医としての経験を持っているという意味で、そういうことも交えてお話をいたします。

基本的に、産業医は産業保健という領域の中で、そのリーダーシップを取るような立場にある医師というのが一番適切なのではないかと思っています。産業保健自体は、事業者と労働者のものであって、その二つが相談しながら産業保健を進める、それを応援するのが産業医だという位置づけがかなりクリアになってきていると思います。

もう少し法的な面を言えば、労働安全衛生法の中に、事業所は産業医を選任しなければいけないという選任義務が規定されていて、一〇〇〇人以上の従業員を持つ事業所では常勤の産業医、五〇人以上の従業員を持つ事業所では、嘱託産業医を選任しなければいけない。労働安全衛生法と労働安全衛生規則の中で、産業医の仕事も規定されています。例えば、安全衛生委員会に月一回はきちんと出て、その事業所の産業保健の進め方についてきちんと意見を述べること。それから、月一回は職場巡視といって、職場を回って、職場の状況を見て、いろいろ助言・勧告をすることなどいくつか決まっています。

産業医が特にやるべきこととして、長時間労働の労働者への面接とか、職場復帰のときに意見を述べるなど、産業医ならではのやらなければいけない部分が規定されています。産業医は産業保健チームのリーダーでありながら、かつ産業医だけが法的にできる仕事をやるというのが産業医という立場かと理解しています。

そういう産業医としての役割をきちんとするために、つまり、事業者と労働者が行う産業保健を円滑に支援するために、産業医には助言・勧告権が労働安全衛生法では付与されていて、その流れに則って事業者に対して、こういうことをしたほうがいいですよということを助言・勧告できるようになっています。これは、我々産業医にとっては大事な権利または義務だと思います。

ただし、最近、特に、事業者に安全配慮義務が法的に課せられていることが、判例から明確になってきました。産業医としては、事業者の安全配慮義務の代行者としての位置づけも求められるようになってきています。それが多少、産業医というのは事業者の一部と見られることが増えてきた理由だと思います。

2　メンタルヘルス問題

大内　昨今、メンタルヘルス面で問題を抱える労働者が増えていることについてのご意見もお聞かせいただければと思います。

川上　一般的にいって、精神的な不調で休んでいる労働者の数というのは、どの企業でも増加傾向にあると思います。

この五年間ぐらいの間に、急激にメンタルヘルス不調で休み始めた方が増えてきた企業にもよく出会います。メンタルヘルス不調で三〇日以上休んでいる方の数は大体従業員の一％が平均と言われています。最近よく相談を受けるような会社では二％とか、もう少し上がっているような企業もあります。

これは企業の問題を反映していることもあると思いますが、日本全体でも、うつ病は一九九〇年から現在まで非常に増加しています。そういう日本全体のメンタルヘルス不調の増加を反映しているものもあると思います。しかし一方で最近の雇用条件、労働条件の変化を反映している部分も同時にあるかと思います。

労働者の自殺者数は年間七〇〇〇～八〇〇〇件ぐらいが、ここのところずっと続いています。自殺の予防、自殺発生後の対応なども、産業医としては必須の知識や技術になってきたという感じがします。

きちんとしたデータはないのですけれども、私自身が感じるのは、職場での組織風土が変わってきていて、あるいはお互いに支え合うような文化と風土が失われてきて、個々人がタコ壺型で、他人が何をしているか分からないまま孤立して作業をしなければいけないような状況が、メンタルヘルス不調の増加の一因になっているような気がします。

その状況に輪を掛けるように、いま職場では異なった雇用形態の方々と一緒に働くようになってきています。正社員、パート、アルバイト、派遣、委託とかいろいろな方が働いています。これらの方は、それぞれが受け取る給料、受けられる福利厚生、保障、あるいは健康診断の項目まで違うような状態になっていて、これも職場での労働者の孤立化を進めているような気がします。

もう一つは、日本人全体の行動パターンが変わってきて、より個別性の高い、個人主義の方が増えていること。対人関係を不得意とされる方が増えていて、個人の変化もこの大きな要因かと思っています。

3　精神的障害と安全配慮義務

大内　こうした状況の中で、法律家というのは、実際に病気が発症したり、自殺が起きたりしたときの、労災保険の適用や企業の損害賠償責任のことが気になるのですが、そこで問題となるのは、業務起因性や因果関係の問題です。この点で、まずお聞きしたいのは、脳・心臓疾患と精神的な障害というのは、どちらも過労により起こりうると思いますが、両者の業務起因性や因果関係は同じように考えてよいのでしょうか。

川上　脳・心疾患についてはいくつか研究があって、例えば、一日当たりの労働時間が九時間を超えると、脳・心疾患のリスクは、特に虚血性心疾患のリスクは二倍から三倍ぐらいに上がるという研究がありま す。長時間労働と、虚血性心疾患との関係は、疫学研究でも明らかです。一方、長時間労働とうつ病に関しては、これまで世界で一〇ぐらい疫学研究があります。そのうち二つの研究で、長時間労働とうつ病の発症リスクとの統計的に有意なといいますか、偶然以上の関係が示されていますが、残りの八つの研究では、労働時間とうつ病の発生には関係がないという結果になっています。

ただ、これらの結果は、平均としては労働時間とうつ病との間の関係はないということを示しているのにすぎないのです。例えば、Aさんは月に三〇〇時間以上の残業をしていて、うつ病で倒れましたと。この方のケースで、労働時間とうつ病とに因果関係があるかを判断するときには、平均としての関連の話ではなく、このAさんに関して労働時間とうつ病との因果関係があるかということを裁判官は見ることになります。疫学研究で関係がなくとも、AさんにおいてB因果関係があることは否定できないのです。これをどのように産業医として考えたらいいか、非常に微妙なところです。

大内　企業に責任を問う場合には、因果関係の前に、そもそも義務違反がなければならなくて、どういう義務があるのかが明確にならなければいけないはずなのです。いまのお話だと、企業にどういう義務を課したらいいかを明確にするのは、なかなか難しいということですね。裁判では、事後的に、企業にはこういう義務があったから責任を負いなさいということになり、実際上は長時間労働をさせていれば義務違反と言われやすいのですが。

川上　先程のデータから考えると、労働時間を減らしてもうつ病はあまり減らないと予想されます。そういう意味ではあまり効果がないことになってしまいます。しかし、裁判所では長時間労働があればかわいそうな人と考えて救おうとしている。そういう社会的責任が企業にかかってきているので、我々は医学的な因果関係はちょっと置いておいても、社会的な責務を企業が果たせるように、企業を支援するというような構造になってきています。

守島　いまのお話をうかがっていて、いくら社会的責任に関する考え方が変化しているとしても、企業からすると証明されていないことについて、義務を負わされるのは不本意だという感覚もあるように思うのですが、川上さんからすると、その辺はいかがですか。

川上　二〇〇〇年の電通[*1]の過労自殺裁判の民事訴訟

は、企業にとっては非常に衝撃的でした。その後も、川鉄[2]裁判とか、三洋電機サービス[3]事件と企業に厳しい内容の判決が相次いでいますので、企業のほうとしてはかなり諦めてきている。労働時間が問題なら、労働時間だけはなんとかしましょうかという傾向は、この一〇年でかなり定着してしまったと思います。

大内　裁判では、労働の量と質の両方を見るというのです。だから量だけではいけないのです、時間を短くするだけではなくて、ストレスフルな仕事を、非常に厳しい期限で与えるとなると、質的な面から責任を問われる可能性が高まります。そこのところもうつ病発症との因果関係ははっきりしないのですね。

川上　うつ病と労働時間との間の関係はクリアではないのですが、それ以外の業務加重、人間関係の問題、仕事上裁量権がないことなどはうつ病との関係が見られているので、こちらは大事なことだと思うのです。労働時間だけ短くすればいいという風潮が強くなってきているので、それは残念なところです。

大内　確かに、裁判では、長時間労働をさせていると会社が負けやすいので、それだったら長時間労働を是正し、かつそれで十分だろうと思ってしまう傾向はあるようです。

川上　これ以外に、例えば、うつ病の方が休業すると、何も連絡を取らないほうが、企業は安全配慮義務違反リスクが下がるという問題も発生してきました。連絡を取って何かあったら大変だから放っておこうということです。

大内　これはプライバシーの問題とも関わっているのではないかと思います。精神的な疾患に関する問題というと、プライバシーとも関わるので、あまり企業が詮索するのは望ましくないということがあっ

＊1　最高裁平成一二年三月二四日第二小法廷判決
＊2　岡山地裁倉敷支部平成一〇年二月二三日判決。その後、控訴審（広島高裁岡山支部平成一二年一〇月二日）で和解が成立。
＊3　東京高裁平成一四年七月二三日判決

て、企業は及び腰になっているのかもしれません。それに、知ってしまったら知ってしまったで大変だというところもあって、なかなか難しいところがあるのかもしれません。

川上　以前は、プライバシーの問題も多少考慮しながらでも、休んでいるときに定期的に連絡をしたり、情報提供したりしていたのですけれども、最近は、休んでいるときは私たちの責任ではありませんというところが出てきています。職場の人間関係の希薄化がそういうところにも影響しているという感じがします。

4　ストレスの過重性
——誰を基準とするか

大内　先ほどの精神障害の発症メカニズムは、労働時間との関係ははっきりしないとおっしゃいました。現在の裁判例とか行政の認定基準は、ストレス脆弱性理論を採っているのですが、これは専門家の目からみていかがですか。

川上　脆弱性理論自体は決して間違ってはいなくて、うつ病の発症は非常に多様ですので、その人が持っている他のリスクファクターと、職場でのリスクファクターの合算で発症してくるというのは合理的だろうとは思います。労災の認定基準とか、裁判例で難しいのは、個人要因がない場合に、職場での加重な要因があれば認めましょうという形になっている点です。個人要因がないことが本当に必要なのかどうかという議論もあります。

大内　個人の脆弱性が高くても、職場のストレスの程度の如何によっては労災と認めようということですね。

川上　そういう議論がいまは出てきています。

大内　そのほうが予防という面では進みそうですね。

川上　そうですね。

大内　ただ、企業にとってみれば、それは義務の範囲が広すぎると感じないでしょうか。

川上　そうです。それに、裁判例の中には、一番弱い人を基準に考えましょうと述べるものもありました。

大内　確かに、平均的な労働者の中の、一番弱い人を基準に業務の加重性を判断しましょうという考え方もあるのです。この考え方を、どう評価されますか。

川上　難しいですね。私は、そこはどのように考えたらいいかよく分からないです。業務の加重性がどのぐらいあったら、業務と関連したかを認めるというのは、なかなか科学的に検証ができなくて、国民感情や、科学的合理性、法的合理性にまたがったコンセンサスが必要な点です。

大内　法的な議論では、平均的労働者を基準に見るという考え方と、その中に先ほどのような最下限で見るか、平均の中の平均で見るかというのがありますす。さらに本人基準説というのがあります。これだと本人が弱い場合には、普通の人なら過重でない負荷も加重だと認められてしまいます。

川上　企業側からは、本人の脆弱性とか、本人基準のリスクというよりも、企業が何をやっていればいいのか、何をやっていなければ駄目なのかみたいなことを明確にしてもらったほうがやりがいはあると感じていると思います。

大内　本人基準説だと、企業が平均的な労働者を想定して仕事をさせていたのに、たまたま普通から逸脱して脆弱な人がいてうつ病に発症したときに、その責任を負わなければならないのです。確かに、すべての従業員一人ひとりをちゃんと見て対応をしていかなければならない、という考え方も理論的にはあり得ないわけではありませんが、これは妥当な考え方でしょうか。

守島　経営的には、妥当か妥当でないかというよりは、実際問題として、一人ひとりについて何らかの基準を決めて、個別に辛い仕事を与えないようにしようというのは難しいと思います。人事管理というのは集団管理の側面がありますから、やはり全体で何らかの基準がほしい。

川上　企業の立場からいうと、一人ひとりについては予測不可能である。だから、そこまでは責任を負えないとおっしゃる方もいるでしょうね。

守島　またそれを進めていくと、そのようなストレス耐性が低い人は雇わないことになる。それはそれで一種の差別につながっていきます。

大内　補償範囲を広げると、そういう副作用が出てくるのですね。

守島　そういう危険性は十分にあるのだと思います。川上さんにおうかがいしたいのですけれども、人間関係であるとか、裁量であるとか、個人の持っている仕事の特徴みたいなところも結構重要な要素だとおっしゃったのですが、そういうのは職場だとか仕事の内容によって違いますよね。そうすると、企業にとって、一定レベルの個人裁量を与えるためには、一定のことをやらなければいけないのだけれども、個別にみると、その努力の度合いというか、必要量みたいなものが仕事によって違ってくるということもあります。例えば、ルート営業に携わる人であれば、会社で仕事をしないので、自然と裁量は高くなるが、営業部門でも、事務処理を行う内勤の人に裁量を与えるのは大きな困難が伴うなどの場合です。さらに先の議論に基づくと、個別の一人ひとりの状況をさらに考慮することが期待されているようにも思える。その辺のところは川上さんの立場から考えるとどのように考えていったらよろしいのでしょうか。

川上　なるほど、それはなかなか難しいですね。あまりきちんと考えたことはなかったです。我々がやっているのは、私自身が専門にしているのは予防的な部分なので、いまの職場でできる範囲で裁量の移譲などをして、従業員の裁量を増やすとリスクが減りますよ、というロジックで企業に関わっています。確かに、職種ごとにやれることは異なってきますよね。

5　産業医のスタンス

大内　産業医のもつ勧告権というのは、事業者にとってはかなり怖いものであるように思えるのですが。

川上　あまり怖くないのではないでしょうか。

大内　労基法に違反しているというようなことを意識した勧告などはされるのですか。

川上　それは、あまりしません。どうしようか悩むこともあるのですけれども、産業医としては、健康に関連する部分に焦点を当てて活動するというのを基本スタンスにしています。ただ安全衛生委員会等で、サービス残業が起きている可能性もありますということを事業者や労働者に情報提供することもあり得ないことはないです。

大内　実際に産業医が勧告した場合に、どれぐらい言うことを聞いてもらえるのですか。

川上　産業医は、専門職の立場がありますので、科学的な根拠と、合理性に基づいて、場合によっては労働時間を下げるように両者に勧告することはあり得ると思います。このままの長時間労働を続けた場合に、この労働者に健康障害が発生するリスクが高く、かつそれに対して企業が安全配慮義務違反に問われる可能性が高い場合に勧告するという立場です。それが違法なサービス残業になっている場合は全然別問題です。だた、勧告したら聞いてもらえるということはあまり考えていないです。人事・労務や経営者と産業医との信頼関係があってこそ聞いてくれる割合がだんだん上がってくるものですので。

大内　勧告が守られているかどうかのフォローはされるのですか。

川上　はい。それでも、これはうちではできないと断わられることはあります。それほど私たちの勧告権が力を持っているとは思わないです。

大内　勧告するときに、大企業と中小企業と比べて、企業規模が小さいところは多少手加減するというのはあるのですか。

川上　私たちは現実的に事業所が持っているリソースの中でやってもらうというのが基本ですので、それは考えざるを得ないです。

大内　ところで、産業医は、安全配慮義務の履行補助者としての位置づけだという話ですけれども、場合によっては産業医本人が適切な行動をしなかった場合に、責任を問われることもあるのではないでしょうか。

川上　二〇一一年に、奈良県で産業医が従業員側か[*4]

＊4　大阪地裁平成二三年一〇月二五日判決

ら、訴訟を起こされたことがありました。これまでは、あまり産業医が訴えられることはないだろうと思われていたのですが、いまはだんだんリスクが上がってきたと思います。産業医の契約の内容によっては、産業医に安全配慮義務の履行を代行させることを一文に入れている企業もあるので、そういうところでは産業医はかなりたいへんです。

守島　ちょっといけない言い方になってしまうのかもしれませんが、いまの話とは少し違って、一部の人事の人たちの間には、産業医というのは、基本的には労働者のほうの味方として、労働者の健康という権利を守ることがメインのミッションであって、先ほどおっしゃったような中立的な役割を担っているとは考えていない人もいます。したがって、産業医は人事寄りではないと考えるのです。そのような議論がありますが、その辺について川上さん自身としてはどんな感覚ですか。

川上　私たちのほうから見ると、企業は法的に労働者の健康を確保する義務があるので、その部分を代行する、あるいは援助する立場でいるつもりなのですが、企業側から見ると、それが労働者側に寄りすぎて発言しているというように捉えられることはあるかもしれません。

我々も、企業にあまりにも法外な要求をして信頼関係を傷つけると、あとの活動に差し障るので、申し上げることをある一定の範囲内に抑えて、きちんと根拠があることだけに限定しようという感覚はあります。

一番大事なのは、産業医の機能が労働者と事業者のバランスを取ることにあるとか、事業者の法的責任を履行するために寄与しているのだということを、どれだけ理解してもらえるかということに関わっているかもしれません。人事・労務とか企業の方が納得していただけるようなソリューションを提供するということを重要視します。

例えば職場復帰のときに、まだ調子の悪い方がいて、この方を職場復帰させるかさせないか、については、職場側も納得し、本人も納得するという落としどころを見つけるというソリューションを提供しています。そういうことを、人事の方によく分かっていただければ、労働者寄りの感覚はちょっと減らすことができるのかと思います。

6 長時間労働者へのケア

大内 労働安全衛生法（六六条の八）上、ある程度の労働時間を超えると医師の面接指導を受けさせる義務が事業者にあって、川上さんもそれをなさっているのですよね。

川上 はい。

大内 面接指導は、労働者の希望があることが前提なのですが、実際には、どれぐらい希望があるのですか。

川上 あの法令の下に省令があって、どうしてもやらなければいけないレベル、例えば月一〇〇時間以上やっていて、疲労が蓄積して、本人が面接に出たいというときにはやらなければいけないという部分（労働安全衛生規則五二条の二以下）と、企業内で、例えば八〇時間以上やっている人は全員見るみたいな、独自の項目を決めてやってもいいということがあります。私のところでは、基本的には希望をベースにやっています。一〇人に一人ぐらいの希望があります。

私は、本人の疲労状況を先に問診票でチェックして、長時間労働プラス疲労の方を基本的に呼び出して面接をします。それ以外は本人の希望という基準を作って運用しています。

大内 意外に来ているのですね。

川上 扱える人数でかなり決まってしまっていると思います。産業医の勤務時間はそんなに長くないので。

大内 産業医に相談して、例えば勤務時間短縮の措置をとれというようなことになると、仕事に前向きな従業員からすると余計なことになりますし、そもそも産業医に相談するようでは、企業に対して弱みを見せてしまうことになったりもするので、従業員はそういうことをしたがらないのかなと思っていました。

川上 そこのところは、企業によってもだいぶ違うかもしれません。面接を希望する方は、何らか職場に不満を持っている方も多いと思います。お目にかかってみると、長時間労働もあるのだけれども、人間関係の問題、仕事上の指示が明確でないことが問題ということは多いです。

7　労働安全衛生法改正案

大内　メンタル面では、労働安全衛生法の改正案で、医師の面接指導のシステムを導入しようという構想もあるのですが、あれはいかがでしょうか。

川上　法案が示された段階ではいくつか問題があって、ストレスを未然に防止する対策なのか、それともうつ病を発見する対策なのか、目的がちょっとよく分からなかったということが問題としてあります。

精神科の先生方は、ストレスチェックをしてうつ病の発見をするのは意義があるとおっしゃっているのですが、いまのところ科学的根拠では、この形でのうつ病のスクリーニングの効果ははっきりしません。

ストレスチェックの枠組みを使って、職場環境のストレス評価をして、職場環境の改善につなげることをやれば効果があるのではないかと思っています。問題は中小規模事業所で、そこでは、実行性のない形だけの対策になる可能性はまだ残っていると思います。

守島　いまのままでは、チェックが入っただけというような状況になる可能性大ですよね。

川上　以前に実験したことがあるのですが、ストレスチェックをして、その人たちをランダムに二群に分け、片方の人たちには私が心を込めて、「あなたのストレスは高かった」ですとお手紙を差し上げて、片方は放っておいて、一年後にストレスを測り直したのですが、全くストレス値は同じでした。そういう事態になるだろうなと思います。

守島　やはり、チェックしただけでは駄目だと思います。フォローするとか、自分で何かのプログラムに入るとか、そういうことがつけ加わらないと駄目ですね。

川上　ストレスの高い方にストレスマネージメントの冊子を送るとか、eラーニングをするとか、講習会に来るようにお誘いするとか、何か対策がないと効果がないと思います。

大内　先ほどの改正案は、個人が申告して、初めていろいろなことが動き出すという感じですが、おっしゃるのは、ストレスのある環境のほうの対策をとれということですね。

川上　この法の枠組みを利用しながら、本人に同意を取って、職場環境の質問票にも答えてもらって、それを職場ごとに集計するというプログラムを同時に走らせる形でないといけません。

守島　職場レベルでの働きかけは極めて大切ですが、職場レベルで集計しても、病気の人を助けるためには、結局誰か分からなければいけないということになります。そういう意味では、個人を助けるためには、やはり本人の同意が必要だという話になってしまうわけです。

川上　そうですね。本人の同意があれば、ストレスチェックの結果を事業者に渡してもよいみたいな、そういう流れもあり得ると思います。ただ、ストレスチェックの結果を事業者に見られるのは、一般論からすると労働者にとってはありがたくないです。労働者と事業者の間に強い信頼関係がある会社なら別ですけれども。

大内　先ほどの面接指導希望の方の割合が一〇分の一ということですが、これがメンタルヘルスになってくると、そもそも自分がそういう状態であることを認めたがらないということがあって、もっと減る可能性があるように思えます。

川上　例えば、ある健診機関で同じような事業をやったときに、相談した人は一〇〇〇人に一人だったという結果が出て、あまり来ないのではないかということがあります。もう一つは、労働者にアンケート調査をして、あなたは高ストレスだから面接に行ったほうがいいですよと言われたら行きますかと聞いたら、五〇％の人が行きますと答えたのです。この二つの意見があって、我々はどちらが本当かよく分からないのです。この法案で作っているのは最低限の活動であって、大きな企業ではいろいろと変えてやってもいいとされています。多くの企業では、既に健康管理室などが中心になってストレスチェックをして、面談をやっています。それを追認するという形ならあまり問題もないのかなと思います。

大内　この改正法案は、労働者の同意を得ないで検査結果を事業者に提供してはならない、というところは絶対の条件で、それさえ守っておけば、あとはどういうのを上乗せしていくかというのは、かなりフレキシブルになっているということですね。

川上　はい、項目とか、実施の仕方というのはフレキシブルです。

守島　逆に言うと、企業の持っているリソースとか方針によって大きく違ってくる可能性があるということですよね。

大内　そうすると、大企業の社員になればメンタルヘルスをちゃんとチェックしてもらえる。零細企業であれば放置される。そういうのは不公平ではないか、というような問題が出てきそうです。仕方ないのですが。

守島　そういう意味で言うと、ここまで議論してきたモデルが全て企業内での対策なのです。企業が産業医などを活用してヘルプするというモデルになっているし、そのシステムを作ることが前提です。でも、中小企業というのは資源がありません。そうではない方法を考えていかないと、やはり中小企業、中堅企業で働く人々は救えないです。

川上　そうですね。

8　メンタルヘルス問題に企業はどう取り組むべきか

大内　メンタルヘルスは、基本的には個人の問題だというのは乱暴な議論ですか。

川上　そのような時代もありましたけれども、いまは安全配慮義務が関わっているので、最低限の労働条件は整えなければいけないというのが、企業の認識だと思います。メンタルヘルス不調を減らすことで、自分たちの経営利益を上げたり、企業戦略の一部に組み込んでいる企業も増えてきています。

大内　企業が戦略的にやるのは自由ですが、法によって強制するとなると、例えば労働時間はちゃんと上限規制などがあったりするので、それで十分であって、あとは個人の生活の立て方の問題とか、仕事に対する姿勢の問題であるとも言えそうです。

川上　企業がメンタルヘルス問題について何もしなければいいというのは私は反対です。やはり、職場環境によって発生している健康障害がある以上、それについて企業が責任を持たなければいけない部分はあります。ただ、それに対してどう責任を取らせるかです。アウトカムといいますか、例えばどんなによい労働関係を持っていても、一〇〇〇人のうち何人かうつ病になる。結果に責任を取るというよりも、一〇〇〇人の従業員に対して企業が何をしているかという、そのしているほうに焦点を当てて法的に規制をかけたほうが、リーズナブルな感じはしています。

大内　それは、働かせ方のチェックですね。本人の健康問題を直接企業が管理するということとは違いますね。

川上　そうです。健康に影響を与える可能性のある職場の問題を改善していくということです。

大内　それは、これまでは長時間労働の規制だったと思います。それ以外に、どういうことが考えられるでしょうか。

川上　二〇一三年四月から第一二次労働災害防止計画という国の計画がスタートしました。その中に、企業が職場ごとに過剰なストレスをチェックして、それを改善するリスクアセスメントして改善していくというやり方ができるかどうかを検討するという項目が入っています。これは、ヨーロッパやWHOがやっている、職場単位でのストレスの評価と、それに対して計画、実施改善のサイクルを回すというやり方と同じです。そういう方法論で、企業が自主的に職場の労働環境の改善を行っていく。それをきちんとしているかどうかを法的に評価して、強制力を持たせるのだという構造なら意味があるのかなと思っているところです。

9　産業医の労使関係内での位置づけ

守島　健康の問題というのは、日本の職場での労使関係というか、そういう問題から見ると、ちょっと特殊な構造を持っていると思っています。つまり、普通の職場の問題というのは、法律で一義的に何かの管理というかコントロールをかけるか、あとは職場や労使の自治に任せるという形になっていますよね。ところが、この問題だけ産業医という専門家がそこにもう一人ヘルパーとして入ってくるという、ちょっと普通の労使関係の状況とは違った構造になっているように思うのです。そのことが、企業側にとっても、労働者側にとっても、産業医というものをどう労使関係の中に位置づけていいのかというのが、比較的分かりにくい。これまでも、紛争になってしまって、第三者のヘルプを得る場合はあるのですけれども、通常の状態で第三者が存在するわけですよね。特にメンタルヘルス問題に関しては、これまでの経験が少ないだけに混乱が多いように思います。

ここからは普通の質問になってしまうのかもしれませんけれども、労働者として、もしくは人事とか経営の側として、産業医とどう付き合いをしていけばいいとお考えですか。ある意味では労使関係の一つの新しいというか、いままでとは違った形の労使関係だと思うのです。その辺をもし提言というか、何か言っていただけるとしたらどういうイメージですか。

川上　いまの見方は非常に新鮮ですし、いくつか思い当たるところもあります。私たちは私たちの商売をしているものですから、なかなか自分たちが不思議な存在とは思っていなくてですね。経営者として、産業医と付き合うには、まず産業医にどういうミッションを企業として要求しているかを明確にする必要があると思います。産業医に、調子の悪い人が出たらその人たちをケアする、セーフティネットとして機能していただきたいというミッション。あるいは安全配慮義務をきちんと履行したいと思うので、そのときには遠慮なく勧告をしてくださいといったミッション。あるいは、もう企業全体として生産性を上げたいと考えているので、人事と連携したプロジェクトに参加していただきたい。このようにまずミッションを決めて依頼することは大事かと思います。

経営者のほうから積極的に提案しないと、産業医は勝手なことを始めることもあります。ミッションを明確にして契約をする、あるいは契約をした後にミッションをきちんと相談して決めるというのは結構大事なことかと思います。

また産業医というのは、企業側から見ると非常に有用な情報源であります。企業側からは分からないような組織内の問題の情報を持っています。そういうものを職場組織の問題として産業医から吸い上げるということは、経営とか人事にとっては有用ではないかとは思います。

守島　架空の話だが、あるかもしれない話だよ、みたいにですね。

川上　はい、そういうことをミッションの一つとして産業医を活用するのは意味があると思います。

守島　労働組合とか、労働者側はどう産業医と付き合っていくべきなのでしょうか。

川上　労働組合も積極的に使われるといいと思います。ただ、産業医は、どちらかといえば少し経営側に近いところにいると思います。

守島　どういうことでしょうか。

川上　私の感覚だと経営者、そして産業医がいて、労働者個人というのがいて、この三者の距離は同じなのですけれども、労働組合というのは距離としては二倍ぐらい離れている感じです。しかし労働組合には、上手に産業医を使っていただきたいと思います。あまりこういうことを言うと経営者のみなさんから怒られるかもしれませんが、産業医は、時々自分たちがこうすべきだなと思うことについて、労働組合に相談に行ったりして、労働組合から安全衛生委員会に提案をしていただいていというような形で、企業の活動をプッシュするようなこともやります。

守島　回り道をして、企業を動かすのですね。

川上　そういうことをすることが、労使が行う産業保健をバランスよく行うことにつながると思っています。いろいろ問題意識を情報提供していただいた

川上　我々専門家は、経営者から見ると面倒くさい存在かも分かりませんが、経営者と労働者のバランスを取るためには、いろいろな説得のチャンネルは使います。そういうフレキシブルな面を持っていることもご理解いただけるとありがたいですね。

り、こういうような施策を今度の労使交渉で出そうと思っているがどう思うか、というようなのを情報源に使っていいただいたりするのは有益だと思います。

大内　産業医は、基本的には労働安全衛生法により事業者に課されている責任と密接に関係している存在だと思うのです。事業者がやるべき労災の防止などについては、科学的な根拠に基づいてできる領域なので、そこに専門家に関与してもらっているということではないでしょうか。

川上　そうだと思います。

大内　専門家でいらっしゃるから、労働組合を使ってもらってもいいのでしょうが、もともとの制度上の位置づけが事業者寄りなので、労働組合が遠くなってしまうのかもしれません。

守島　いまおっしゃったような基本的な経営側と産業医との関係に関しては、実際には、幅があり、その中でいろいろなパターンがあり得るのだと思うのです。経営が産業医に求めるものを明確にしないと、きちんとメンタルヘルスの問題は解決していけないという話なのだと思うのです。

鼎談をふまえて

Motohiro Morishima
×
Shinya Ouchi

1 企業のやるべきこと

大内 この鼎談でメンタルヘルスの問題は、企業にどこまでの義務づけを課すのかが、やはり難問であるということが分かりました。川上先生もおっしゃっていたように、裁判となると、実際に健康被害を受けて訴えている労働者、遺族が目の前にいるわけで、どうしても救済の論理が強くなります。企業の法的責任を問う上では、義務違反や予見可能性のような判断の難しい要件があるのですが、そこのところはどうしても労働者側に有利に判断される傾向にあります。企業としては、何をどこまですれば責任を負わずに済むのかを明確にしてほしいと思うのでしょうが。

守島 メンタルヘルスの問題というのは、人事管理の視点からは、企業の責任なのか、個人の責任なのか、誰に責任があるのかという議論が問題の中心ではないと思うのです。メンタルヘルス不調というものは、職場で業務が進んでいくことに対する障害となることが最も大きな問題です。その障害を予防的な意味でも、事後的な意味でも、どうすれば取り除いていけるのかという部分が一番重要な話で、誰のせいで起こったかというのは、企業にとってはあまり重要な話ではなくて、どのようにしたらいまの状況をよりよくしていけるか、もしくは起こらないようにするかが大きな問題だろうと思うのです。

大内 法的には、企業が必要と考えている予防あるいは対処措置をきちんとやっていれば責任も問われない、このように予防と責任がつながれば一貫したものになるという気もするのです。

守島 ただ、法的に責任は問われなくても、企業がボロボロになって、ビジネスもボロボロになってしまっては経営としてはどうしようもないわけで、経営的には一定の手を打つことによって、メンタルヘルス不調のケースが少なくなったり、発症した場合も軽度で終わっていて、結果としてビジネスに影響しないというのが望ましいところなのです。責任の問題よりも経営自体にどこまで影響があるかという問題が重要な話になってくるということです。

大内　その点との関係で、むしろ、責任の議論が企業にとっての予防を妨げる面があるのではないかというところがあって、それが鼎談の中でも出てきたのですが、労働時間の基準が裁判では実際には非常に重視されているのです。逆に言うと、企業としたら、労働時間の管理さえやっておけば、予防として十分で法的責任を問われない。しかし、本当の意味での予防としては、それでは不十分である、このようにねじれた状況が起きているのではないかという気もしたのです。

守島　確かに、労働時間は一つの要素だと思います。労働時間が長かったり、過重労働がメンタルヘルスの問題と関連しているということはあると思うのですが、まさにおっしゃったように、それだけで十分ではないのです。企業として労働時間だけをうまくマネージしていけばいいかというと、そうでもない。労働時間をうまくマネージして法的責任を回避しても、結果としていろいろなことが起こってくるわけですから、あれもこれもやっていかなければいけない。やはり、いろいろな要因があるというのがこの問題の難しさで、だからこそ、企業としては専門家と言いますか、産業医のような方々に入っていただいて、一緒によりよい職場を作っていきたいという志向性になるのではないですか。

2　産業医への期待

大内　川上先生も最後におっしゃっていたように、産業医の位置づけは重要で、現行の制度の下では、法律上の責務というか、そういう役割を果たすというところがあるのです。しかし、本当はそういう法的な役割と切り離して、健康でありたいと思う従業員や健康な従業員でいてほしいと考える企業の双方にとってのカウンセラーとしての位置づけというものが重要で、法的にもこのような面がもっと明確にされたほうがいいのではないかという気もします。

守島　そうですね。最初におっしゃったように、この問題は非常に複雑で、人はどのような状況でメンタルヘルスの問題を起こすのかというのは、鼎談の中にも出てきましたけれども、ほとんど分かっていない。そうすると、人事自身もその問題に対してあまり知識がないし、どのようにアプローチしていけばいいのかというのは非常に分かりにくいですから、そのようなときに産業医のような方々に彼らのサポーターとして入っていただいて、その中で問題を解決していく方向に進んでいくというのが経営的にも望ましいところです。法律的にどこまでそのような位置づけができるのか分かりませんけれども、優良企業は産業医をそのような形で使われているのだと思います。

大内　いずれにせよ、メンタルヘルスの不調な労働者が増えていると言われている中で、産業医の果たす役割は、今後ますます大きなものになっていくと思います。

session

08

退職のマネジメント

Key Terms ▼ 退職／解雇権濫用法理／exit management／退職のマネジメント／整理解雇／整理解雇の四要素（四要件）／早期退職／合意解約／金銭解決／懲戒解雇／メンタルヘルス／休職／休業／リテンション／競業避止

1　解雇のルール――労働契約法一六条

大内　次に、退職について取り上げたいと思います。退職には合意による退職とか、労働者からの辞職というのもありますが、やはり一番問題になるのは、会社からの一方的な解雇ということになると思います。解雇に対しては、長らく判例が、いわゆる解雇権濫用法理というものを構築して、それに基づいて制限がされてきており、その後、労働基準法にその法理が取り入れられ、さらに二〇〇七年の労働契約法の誕生によって、労働契約法一六条で、そのルールが法律の明文で定められることになりました。その具体的な内容は、解雇は客観的に合理的な理由があって、社会通念上相当と認められない場合には、権利の濫用として無効になるというものです。客観的な合理的理由と社会的相当性というのが、ポイントとなるので、これは非常に漠然とした法理だといえます。ただ、この法理の下で、日本では解雇がやりにくいと言われてきたわけです。最近のＪＡＬのパイロットやＣＡの整理解雇で、解雇を有効とした[*1]判決が注目されましたが、逆に言うと、それだけ解雇が一般的には厳しいという認識があるわけです。整理解雇については、また後で触れます。

2　能力不足の従業員への対応

大内　労働者が能力不足であることを理由とする解雇についても、本来は当然の解雇理由となるはずのものですが、これも日本では非常に難しいと言われてきました。その背景の一つには、企業というのは新卒の、その時点では何の専門的な技能もない労働者を採用し▶session 01、それに職業訓練をしていくことが想定されているので、能力がないというのは、そもそも企業の労働者のセレクションのミスがあったり、職業訓練の仕方がまずかったりということで、企業側にも責任があるのではないかということを考慮して、裁判所は能力が足りないという理由による解雇を、なかなか認めてこなかったのではないかと思います。

企業の人事管理の立場からは、こうした裁判例の傾向についてどう考えているのでしょうか。

守島　先ほど大内さんがおっしゃったように、確かに企業側のセレクションミスとか採用ミス、または育成ミスという要素はあると思うのです。でも採用という行為にしたって、育成という行為にしたって、結局は不完全なもので、その意味で必ず何らかの形で落ちこぼれる人たちが出てくるはずです。だから企業側の考え方としては、後で必要な能力に至らなかった人たちを、即その場で解雇するということではないにしても、再訓練などを施しながら、それでもダメならある程度時間をかけて解雇していくという手段があれば、非常にうれしいというのが本音ではないかと思います。

大内　実際にはこういう人たちをどのように扱ってきているのですか。

守島　人数にもよりますけれども、いまのところ、最終的には企業の中で抱え込んで、それほど重要でない仕事に就かせていくとか、企業の業績に大きな影響のない仕事に就かせていくというのが実態です。ただ、ご存知のように企業の経営も厳しくなってきていて、抱え込むということがだんだん難しくなってくる。言葉として、少し古いのですが、昔はいわゆる「窓際族」というコトバがあって、そういう人材が企業にはある程度いたのです。つまり、会社に来て、新聞を読んでいるような人たちもいたのですけれども、だんだんそういう人たちが厳しい企業経営の中で抱え込めなくなってきているというのが、いまの実態です。この傾向はこれからも厳しくなるので、いままで抱え込んできた人を窓の外に出していきたいというのが、実態としてあるのではないですか。

大内　それをどうやるかが難しいのですが、例えば本人に対して、会社はもうあなたを必要としていないということを何らかの形で示すことによって、労働者は離職していくのでしょうか。窓際族というのはそういう形で、本人のプライドを刺激して、そんな状態でもまだ働き続けるのかというように、追い

＊1　東京地裁平成一二四年三月二九日判決・同三〇日判決

込んでいくという面があったのではないかと思うのです。

守島　確かにそういう面もあったのかもしれませんけれども、多くの企業では、そこまでの強いメッセージを出していたという認識はなく、仕事としてあまり重要な仕事はやらせないけれども、一応雇用はしてあげるよということで、雇用し続けてあげるというほうの面が強かったのではないかと思います。

3　退職のマネジメント

大内　アメリカのように解雇が自由な国でも、やはりいきなり解雇はせずに、段階を踏んで解雇するのですよね。

守島　それについては、「exit management（退職マネジメント）」などの考え方があります。要するに、まずは何らかの形でウォーニングを出すというのが第一段階です。その次の段階で、別の仕事につけるなど本人が自力で戻ってくるようなチャンスを与えます。それでも駄目だったら、次に職業訓練所のような機関に、会社がある程度費用を負担して行かせて、戻ってくるチャンスを与えます。そこまで全部手を尽くして駄目だったら、最後に解雇へ向かいます。それでも、最終的な解雇の前に、もう一つ、雇用は継続したまま就職活動をする自由な期間をあげるというように、三段階か四段階置いて、最後に本当に解雇をする。全体的にそれに一年半とか二年ぐらいかける企業もあります。それがアメリカです。いや、「でした」というほうが正確かもしれません。いまはアメリカも非常に厳しくなっていますから、即解雇も多くなっています。けれども、一九八〇年半ばでの不況のときには、そういうやり方が非常によく使われたということです。

大内　その期間の処遇というのはどうなっていますか。

守島　私もそこまで詳しくは分からないのですけれども、ある程度低いところに抑えて、その代わり職業訓練のための費用は会社が負担するとか、ジョブサーチのための時間を就業時間としてカウントするというやり方をしています。

大内　これは日本で言う整理解雇的な場合にも使われるのですか。

守島　集団的な解雇より、やはり個人を辞めさせる場合です。

大内　日本でもこういうものがあったほうがいいと思いますか。

守島　たぶん、こういうような段階的に解雇していくという考え方は、いまの人事にはあまりないと思うのです。ただ、考えてみると、いくつかの段階を踏んでリカバリーのチャンスも与えて、それでも駄目だったら辞めさせていくことができるとよいと思う方は、たくさんいらっしゃると思うのです。

大内　もちろん、こうした方法をとることは法的に禁じられているわけではないので、それをやるかどうかは企業の方針次第だと思います。

守島　話が飛ぶかもしれませんけれども、例えば整理解雇で四要件が決まっているわけですよね。同じような形で、個人解雇についても、理由は本人の業績が悪い、成果が出ていないということですけれども、そういうステップを踏めば辞めさせていけるとか、最終的に解雇できるとか、そういう条件がある程度明確になると、企業にとってはいいことだと思います。

大内　やはり法律で具体的に定めたほうがいいということですか。

守島　具体的な内容をどうするかというのは、またいろいろ議論はできると思うのですけれども、決め方としては何らかの義務を企業に課すという形で、逆に企業の自由度を高めていくということがあってもいいように思います。

大内　先ほど整理解雇のことをおっしゃいましたが、整理解雇では、「四要素」とか「四要件」といって、「人員削減の必要性」「手続の相当性」「解雇回避努力」「被解雇者選定の相当性」「手続の相当性」が解雇の有効性の判断要素として考慮されるというのが判例法理です。私はこの四要素の中で、手続の相当性が一番重要だと思っています。企業のほうが、例えばいまどれだけ人員削減の必要性があるかという情報提供をして協議をしていくことを、退職マネジメントの中心とするというように解雇法理を組み立てていくという発想はあり得ると思うのです。退職に至る状況というのは企業によってかなり違うと思うのです。ですから労使で定めたほうがよくて、その意味で手続的な要素を重視し、その他の要素については、あまり法が介入しないという考え方もあると思うのです。

守島　たぶんそれがいいでしょう。私も、大きなフレームワークは、そういうタイプのゆっくりとした個人解雇を許していくということをある程度は法律で認めるとして、具体的にどういうステップを踏んでいくか、どの程度の時間をかけるかというのは、労使で話し合うという形のほうがいいと思います。

大内　それは個人の能力不足などを理由とする個別解雇でもですか。

守島　はい。

大内　確かに、個別解雇でも、それぞれの案件で状況が違うので、解雇に至るまでの手続的なルールを定め、それを解雇の有効性の判断の中心的な要素に据えるという考え方は十分にあり得るようにも思います。

4　整理解雇の法理

大内　整理解雇は、先ほど言ったような四要素で見ていくということですが、「人員削減の必要性」というのが一体どれだけのものがあれば、その要素を満たしたことになるのかが議論になります。

守島　最近のＪＡＬの事例もありましたけれども、やはり企業がつぶれそうだから解雇させてくれというのが、多くの企業での実態だと思います。ただ正直に言えば、つぶれそうになる寸前に解雇が可能になっても、遅すぎるときがあるわけです。下降線をたどっていって、やはりあるところでやらせてくれないと、企業としては業績回復するだけの余裕がない。だから余裕のあるところで、本当にギリギリではないところでやらせてくれというのが、企業の本音だと思います。私の理解では、いまの法律的な枠組みだと、本当にギリギリまでいかないと、整理解雇の四要件を満たさないというように思えるのです。企業の本音としてはもう少し前でやらせてくれないと、救えるものも救えなくなってしまうというのがあるのではないですか。

大内　実は、裁判所はそんなに人員削減の必要性を突っ込んで判断してはいないと思います。学者も、これは基本的には経営者の責任の問題だと言っています。ただ、人員削減の必要性があると言いながら、それとは明らかに矛盾するような、例えば新規採用をどんどん進めるというようなことをやっていると、本当に人員削減の必要性があったのかが疑われるというのはあります。

守島　実はいま企業は人員削減をやりつつ、同時に他企業の部門の買収とか、中途採用、新規採用を同時に進めるということが、結構多くなっているのです。例えば、最近話題になっている電機産業でのいろいろな形での大変なトラブルですね。いろいろな企業で人員削減をやっていますけれども、企業を見ると、同時にM&Aをやって他の企業を買ってきて、そこから人も引き受けるということをやっているのです。ですから実態的には多くの企業が人員削減と人員増加を両方一緒にやっています。もちろん、そうした企業では整理解雇をやっているわけではなく、ほとんどが早期退職ですが。企業経営としてはそういう両方のことをやるというのは、たぶんかなり一般的な経営形態になってきている。

大内　減らすほうは、本当は整理解雇が簡単にできればそのほうがいいということですか。

守島　たぶんそうです。早期退職だからお金もかかりますし、残ってほしい人が辞めてしまうという、昔から言われている問題があるのです。したがって、できれば整理解雇をしたいけれども、そうではなくて早期退職でやっている。

大内　ただ、いい人に逃げられてしまうという問題はあるにしても、日本の企業は仮に解雇が厳しくても、合意による円満退職という方法を使ってきたということですね。

守島　そうですね。整理解雇というのは企業から見ると、あまり使い勝手のよくない手段です。企業が危機に陥らないとできないし、また本当に四要件を満たしているのかも極めて分かりにくい。だから、早期退職をやってきたということではないですか。

大内　おそらく裁判となると、企業が倒産の危機に瀕していなくても、人員削減の必要性は認められると思うのですが、経営者のほうは、かなりの危機に至らなければ解雇できないと考えているのでしょうね。これは、整理解雇法理が、結局、解雇の有効性を裁判所の総合的な考慮に任せてしまっていることからくる問題だと言えるかもしれません。

5 有期雇用の雇止めの制限

大内 ところで、整理解雇法理との関係では、有期雇用の雇止めに関するルールも重要です。有期雇用を繰り返し反復した後で更新を拒絶すると、それは解雇と同じように扱われるということで、正当な理由がなければ更新を強制されるというルールがあります。有期雇用は、簡単に切れるということで、正社員の整理解雇の防波堤となるはずなのですが、それができなくなる可能性のある雇止めの法理、かつては判例法理で、現在では労働契約法一九条に条文化されていますが、この法理については、現場からするとどうですか。

守島 原則を言えば、それはそれで嫌だと思います。原則論としては、例えばパートの人はパートというか、有期の人は有期でずっと雇っていきたいというのが企業としての本音だと思います。ご存知のように、実態を見ていると有期契約の反復更新というのは実際上すごく多いのです。したがって企業として見ると、その人をずっとキープしておきたいという気持ちもあるのです。二回とか三回とか繰り返した人材については、結局その人を気に入っているということだし、よいと思っているということなので、それは続けていきたいという意識が現場としてはあるのではないですか。

大内 その意味では、雇止めを制限する前記の法理は実態にも合った面があるということですね。

守島 ただし企業は一種の保険がほしいので、企業の状態がすごく悪くなったり、業績が悪くなったときとか、事業部が廃止されたときに切りたいというか、雇止めをしたいというのは、どこか頭の片隅にはあるのだと思います。こうした意識があるのですが通常状態でビジネスが回っていく限りは、よい人だと思う人については長期でいていただきたいと思うのが企業の本音です。

大内　景気変動の調整弁としての有期雇用は、企業としてみれば当然必要だと思うのです。ところが、調整弁のつもりなのに、実際に景気が悪くなって企業の経営状況が悪くなったときでもなかなか切りにくい。これまでずっと契約が更新されて続いているので、正当な理由がなければ切れない。有期労働契約をそう簡単に切れないとなると、本当はもっと長く雇いたいのに、早めに切っておかないと危ないことになります。本来ならもっと更新が続いてもいいものが早めに打ち切られて、かえって雇用の不安定を生むことになる。

守島　二〇一二年改正には私も議論に参加していたのですけれども、大きな企業としての懸念はまさにそこで、この改正は、この人を続けて有期もしくはパートで雇い続けたいのだけれど、法律が変わって、どこかで辞めてもらうことができなくなってしまうかもしれないからここで切っておこうとか、クーリングオフの期間を置こうという、ちょっと変な行動を企業側に強いる可能性はあります。

大内　細かく言うと、雇止め制限の場合は、雇止めが認められないことがあって、有期雇用の更新が強制されるということですし、もう一つの労働契約法一八条によるものは、更新期間が五年を超えたときに労働者が望めば無期に強制的に転換されてしまうというものです。後者は、session 01 でも少しみたように、二〇一二年の労働契約法の改正で新たに導入されたものですが、有期で雇っていたつもりが、労働者が希望すれば法によって強制的に無期に変わってしまうわけですから、こうなると容易に想像が付くのは、五年経つ前に切ろうか、あるいはクーリングオフ六カ月をうまく使って通算されないようにするということです。そうなると、かえって雇用の不安定化が生じるのではないかという気がします。

守島　そうですね。

大内　これは、困ったことではないでしょうか。

守島　なんと言うのかな、そこのところが企業としては難しいところで、通常の状態だったらずっと雇っていきたいのです。パートにしても契約雇用にしても。本当に短期的に活用したい人材については、いまの企業は直雇用しませんから。派遣などを使ってしまいますから、そうすると割合と簡単に切れる。直雇用しているということは、さらに直雇用して繰り返しているということは、企業としてはその人材についてある程度の期待をしているし、ずっと居てほしいと思っているから、それができなくなるというのはすごく問題だと思うのです。

大内　だから、そういうニーズで雇うならば無期で雇いなさい、というのが法律の発想なのです。そうすると、景気変動の調整弁という機能は望めなくなる。

守島　もともと非正社員として雇った意味の一つがなくなるということです。

大内　恒常的に何か仕事があるのならば、恒常的に雇いなさいということです。それを、あえて小間切れにして、景気が悪くなったときに切れるようにしておくことが、人材の活用方法としては不当である、というのが法律の立場なのです。

守島　それはそうなのだけれども、ある程度企業が成長している、例えば高度成長期で成長しているときはよかったのだと思うのです。いまこれだけビジネス環境が大きく変化して経営状況が変わると、たとえ企業は成長していても、一つの事業が恒常的に続く可能性が少なくなってきているのだと思うのです。企業にしてみると、一〇年、一五年続くビジネスというのは、もしかしたらほとんど考えられないかもしれなくなる。

大内　ビジネスサイクルがだんだん短くなっているということですか。

守島　そうなのです。

大内　その考え方でいくと、正社員の雇用保障からそもそも緩めていく必要がある、という話になっていきますね。

守島　そうです。

大内　正社員でも、景気が悪くなれば、切りやすくなるようにしておけば、有期雇用の人を使う必要がなくなるわけです。ただ、それはそれでまた別の問題が出てきますね。

守島　そうですね。

大内　人材活用の効率化ということを考えると、有期を使わざるを得ない。しかし有期は駄目と言われたら無期の雇用をもう少し弾力的にしてほしい、ということになる。しかし、それも駄目だとなると、企業としては、どうすればいいのかと思うでしょうね。ただ労働者の雇用の安定というのは、労働法の根本原則の一つなので、いくらビジネス界の主張があっても、労働法的に譲れないところかもしれません。

守島　それはそうだと思います。先ほど申し上げた、有期が実質的には何回も更新されているという実態の捉え方の違いで、労働法的に見ると、繰り返しているのだったら恒常的に正社員にしてしまえばいいではないかという議論になって、人事管理的には、繰り返しているのだから安定を与えているのだろうという議論になるわけです。その違いです。現象としては全く同じなのだけれども、法律的に見ると、それだったら雇用契約を変えて、正社員にしろと。でも、人的資源の活用という意味では、繰り返しており、安定性を与えているが、同時に景気が悪くなった時の保険も維持しておきたい。そこのところは結構相容れない部分があるのだと思うのです。

大内　ＨＲＭでは、過去これだけ安定させたのだから、それをもっと評価してよということですね。

守島　よい人だけを選んできて、そうでない人は一種の試用期間で切り、よい人はずっと雇用し続けてきたのだから、それはそれでいいのではないですかという話なのです。

大内　だから、能力がないので更新しないというのならまだいいかもしれません。しかし、企業の経営状況が悪いという理由で切るというところはどうですか。だからこそ切れていいのだという議論もあるのですけれども、本人に落ち度はないのだから、簡単に切ってはいけないだろうという議論もあるのです。

守島　いまのＨＲＭ上の最大の課題は、企業の業績が悪くなったという理由で人が切れるかどうか。非正社員を切る、更新をやめるという話もそうだし、それから正社員の雇用契約を切るという話も全てそうなのですけれども、そこはできるかどうかというのがすごく重要な問題にはなってくるのだと思います。

大内　だから、労働法では、経済的要因による雇用の打切り、解雇にしても、有期契約の雇止めにしても、それは労働者に責任がないことだから、企業ができるだけ負担を負うべきだと言うのですが、企業としてみれば慈善事業をしているわけではないので、自分の経営状況が悪いときにこそ人材を切れなければ困ると考えるのですね。そこの食い違いが大きいわけです。

守島　それは非常に大きいです。

大内　むしろ労働法的には、能力がないよ、という理由のほうがまだ認めやすいというか、それでもなかなか解雇は難しいのですけれども、そっちのほうが正当な理由になりやすいのかもしれません。

守島　企業経営から見ると、能力があるないというのは、絶対基準ではなく、その能力を必要とするビジネスがあるかないかということによって決まってくるので、ビジネスがなければ切らせてくれということになるのと思います。

大内　この食い違いが、ＨＲＭと労働法が互いに相容れなくなる原因の一つかもしれないですね。

守島　そうです。何度も言いますけれども、基本的には、いまの日本企業は人材を長期的に雇っていきたいと思っているのだと思うのです。

大内　人材は抱え込んでおきたい、というのはある意味当然の要望ですね。

守島　よい人材をね。

6　納得に基づく退職

大内　ところで、守島さんは、常日頃、納得に基づく合意による退職が重要であるとおっしゃっていますね。

守島　先ほどの exit management の話でもあったように、本人が辞めるときに、企業がいろいろなステップを踏んでいけば、本人が納得して辞めるということは可能だと思うのです。その人間がその企業に貢献していない、もしくはその企業の中で未来のキャリアがないことを納得したときには、やはり本人も辞めていくと思うのです。そういうタイプの納得をどこまでつくっていけるのかどうかは、人事管理的には非常に重要です。能力不足による解雇というのは、法律的にはできないのですけれども、実際問題としては多くの企業で人事部長さんとか人事の担当の人が、本人と長い時間話し合って、最終的には辞表を出させるということがあったわけです。それはもちろん本人都合になってしまうのですけれども、多少の退職金の割増しを出したりして、結果的に「納得」を得る形で辞めてもらうことが多かったのです。

大内　しかし、それはかなりコストも時間もかかるやり方ということですね。本当はもっと自由に解雇ができたほうがいいということでしょうか。

守島　素直に言えば、解雇が自由にできたほうがいいということになりますが、本当に辞めてほしいと企業が思う人、企業にとって役に立たない人については、ゆっくりであっても辞めさせる手段を与えてくれというのが正直なところではないですか。

大内　解雇の規制をもっと緩和しろという議論に対する批判は、そんなことをすると、企業は解雇権を濫用して、好き放題に人を切ってしまう危険がある、企業というのはそういうことをやりがちだから、解雇を規制していかなければならないというのです。しかし、本当は、企業は、そんなことをするわけではなく、どうしてもいてもらっては困る人だけを解雇するということなのでしょうね。ただ、上司レベルで個人的な恨みなどで解雇するような変な人はいないでしょうか、解雇の最終決定権限というのは、会社のどのレベルにあるのですか。

守島　会社によりますよね。普通、雇用契約を結ぶ、もしくはそれを解除するという意味での最終決定は、人事とか会社の上層部にあるのではないですか。

大内　そうすると、解雇は上司レベルではなく、企業のトップや人事部がきちんとコントロールするので、恣意的な解雇が起こる危険はあまり生じないということですね。

守島　恣意的な解雇には、人事部門が介入するでしょうね。外国では分かりませんけれども、日本の企業というのは、やはり人を大切にするのです。それは人事部門の人もそう思っているし、経営者もそう思っている人が多いから、自由に人を解雇できるというときに、あまり業績の上がらない人を明日クビにしてしまうとか、本人と上司と馬が合わないからクビにしてしまうということを、求めているわけでは決してない。先ほども exit management のところで申し上げたように、いろいろなステップを踏んで、本当にこの人はどうしようもないという人をとにかく辞めさせる自由をくれというのが、たぶんいま人事管理をやっている人たちの本音です。自由に解雇したいとは思わないけれども、全く解雇できないのも困るということではないですか。

大内　そのためにできる法制度としては、どういうものが考えられるでしょうかね。先ほどの手続的なルールもありますが、さらに踏み込んで、原則として解雇を規制した上で、一定のステップを踏んでいけば解雇はできるという道筋をつくる、ということもあるかもしれません。

守島　一つにはそうです。道筋をつくるということを企業に義務づけさせるとか、手続に関して労使協議を義務づけさせるとか、そういうことはできると思うのです。つまり解雇というものは、完全に聖域ではなくて、ある程度企業の経営上、人事管理上必要でかつ可能な選択だとして、それをどういうように労使の間で公平に行っていくかということを法的に決めていくというのはあると思います。

大内　解雇に至るまでの手順を決めることを、法的に義務づけるということですね。そうすると、裁判所は、この手順がきちんと遵守されたかどうかをチェックするということになるのでしょうね。ただ、こうした労使自治的なやり方は、ある程度労使が対等な立場で決めなければいけないという議論は出てきそうですね。労働組合がないところでは、従業員代表制度を設けることが必要という議論にもつながっていくかもしれません。▼session 10

守島　そうでしょう。労働組合などが労働者を守れない、守らないところでは、やはりそういうことが必要になってきます。ただ、最近の使われ方は分かりませんけれども、個別紛争の解決の手段がある程度出てきていますから、そういう場面でというのもあるのかもしれません。

7 事業部門の閉鎖と人員整理

大内 話が戻るのですが、先ほどご指摘いただいた事業部門の閉鎖の話について、session 04 でも少し取りあげたのですが、ここでももう少し議論をしておきたいです。

守島 整理解雇的な議論の中で、いま企業にとって一つ重要なのは、企業全体としては十分にちゃんとした経営をやっているし、利益も上がっている。しかし、この事業はもう企業の経営戦略上は必要ないから、その事業を撤退するというときに、細かい違いはありますけれども、一般的には事業売却とか事業承継という形を取って、人も同時に他のところに受け取ってもらわないといけないという形態になっている。

大内 会社分割のような場合は、そうですね。労働契約承継法上、分割される事業に主として従事している労働者を本人の意思に反して排除することはできません。しかし、普通の事業譲渡の場合だと、法律上の規制はないので、労働者の受取りを拒否することができます。ただ、事業を全部譲渡して、従業員も基本的に受け取るけれど、一部の労働者のみ受取りを拒否するということをして、その後、事業を廃止して労働者を解雇するということをやれば、裁判所は、これは解雇規制の不当な回避と考えて、いろいろな理屈をつけて、譲渡先に受入れを命じることはあります。

守島 企業としては、原則論としてその事業はたたむのだからそこにいる人員は解雇して、その事業に投資していた資源を全部引き上げて他のところに投資するということができて然るべきだと考える立場もあると思うのです。実際に外国の企業はそういうことをやっているわけです。

大内 日本では会社に入るとき、その事業部門に採用されたという場合もあるかもしれませんが、一般的にはその会社に雇われているので、たまたま自分がいた事業部門が売却されたからとか、廃止されたから、あなたはクビだよというのは合わないのかなという気がするのです。

守島　そうです。ですから実態としては、事業部門を閉鎖するときに早期退職を募集して、辞めたい人はそれを使って辞めていって、それ以外の人は他のところに異動させる配置転換で対応しているのです。ただ企業としては、それだと時間もかかるし、お金もかかるので、もう少し軽いというか、実行しやすい方法があってもいいと考えています。特に、日本国内の市場で戦っている場合は、そんなに大きな問題ではないと思うのですけれども、グローバル化してきてそういうことが自由にできるような国の企業と、日本の企業が戦わなければいけない状態になると、やはりそういうオプションがあるといいと思います。それでも、明日クビにしようという話ではないと思うのです。もちろん早期退職をやって、配置転換の努力もしてということです。それでも人員が整理できないようなときには、解雇できたらよいということかもしれません。

大内　結局、それは現在の法理に照らして言うと、「解雇回避努力」をどこまですべきかですよね。それがこれまでの日本の法理では、かなり厳しいのです。解雇に至るまでにできるかぎりの努力をしておかなければ、最後の手段としての解雇は認められないのです。おそらくいまの守島さんのお話は、そこをもう少し軽くしろということか、あるいは先ほどと同じように、どういうことまでやれば解雇できるかを明確にしろということですね。

守島　実態問題としては、ある事業所を閉鎖しますというときに、その事業所が地方にあった場合に、その事業所はなくなってしまうわけだから、そこでの雇用はないけれども、他に移したいというときに、本人がどうしても退職割増金を受け取って辞めるということを納得できなくて、しかも配置転換も受けないというときにどうするか。具体的にはそういう問題が出てきているのです。

大内　それは勤務地限定で雇われているわけではなくて。

守島　なくて。

大内　企業には配転命令権▸session 04があるので、それに従わなければ懲戒解雇にできる可能性はあると思いますし、勤務地限定の場合であれば、普通にクビにできるはずです。

守島　ただ、たとえ、勤務地限定ではなく、配転命令権があったとしても、本人が受容しない場合、企業としては、解雇するのはとても難しいと考えます。

8　解雇ルールは明確なほうがよいのか

大内　繰り返し出てくるように、結局、企業としては、どういうことをしたら解雇できるのかの道筋を教えてくださいということですね。

守島　そういう話だと思います。

大内　解雇ルールの不明確性という問題ですね。不明確な上に、規制が過剰なため、ほんとうに必要な解雇にも打って出られないという問題が起こっているのかもしれませんね。解雇ルールの明確化というのはあったほうがいいですよね。

守島　原則論としてはあったほうがいいと思います。原則論として、というのは、それをあまり明確にしてしまうと、裏をかこうとする経営者や企業が出てくると思うのです。それが起こってくると問題ですけれども、いまよりは明確にしてあげないと、ある意味ではみんなが憶病になっていて、あまり解雇できないということになる。それで何が起こるかというと、やはり採用に影響してくるのです。人を雇わないということが起こってくる。やはり人が雇われる、人がきちんと採用されるということも大切で、ある程度は解雇というもののルールや基準を明確にするのは必要だと思います。

大内　人が雇われやすくなるというのは、雇ってみたけれども戦力にならないというセレクションミスがあったときに切りやすいとか、企業経営が悪くなったり、状況が大きく変化したら切りやすいということになっていたほうが、余裕があるときに採用しやすいということですか。

守島　そうだと思います。

9　解雇の金銭解決

大内　解雇規制の問題としてもう一つ、仮に解雇規制が厳しくても、不当な解雇と判断されたときに、金銭による解決があれば随分違うと思うのです。この辺は法的にもいろいろ問題になっています。現行法では、解雇は不当であれば、無効になるのです。しかし、解雇が無効とされて職場に戻っても、幸せな職業生活にはなかなかならない。一旦解雇するというのは、企業から究極の絶縁状を送っているわけですから、それをもう一回法の力で復縁しろと言っても、難しいところがあるわけです。実際、解雇が裁判所で不当で無効と判断されても、復職せずに、あるいは一旦復職した後にお金をもらって辞めるケースが多いと言われています。ここから、不当な解雇の救済は、職場に戻すことではなく、金銭解決のような弾力的な解決のほうがいいのではないかという議論があるのです。それは企業の立場からはどうですか。

守島　金銭解決という意味が、ある程度のお金を積めば辞めさせられるという意味だとすれば、早期退職という形などで実際にいまもやっています。そうではなくて、問題が起きたときにそれをどう賠償するかという意味ですか。

大内　そうです。金銭解決にも二つのパターンがあります。金銭を積むことが解雇の正当性を高めるというものと、解雇は不当と判断されたときに、再雇用というか原職復帰させるのではなくて、お金で解決してしまうというものです。

守島　たぶん多くの人事管理の人にとっては分からないというのが実態ではないですか。分からないというのは、そのお金がどういう基準で決まってくるのかが、現時点においては何の知識もないし、社会的な基準もないし、裁判所にも当然ないと思うのです。外国の例だと、ものすごく高い懲罰的な賠償金みたいなものが払われることもある。ですから、どのぐらいの額になるかが分からないので、企業としてみると、それに対してどういう態度を取っていいかが分からないというのが、たぶん実態ではないですか。

大内　確かに、例えば労働委員会で、組合員であるがゆえの解雇がなされたという不当労働行為の事件で、本人は原職復帰の救済を求めてくるのですが、戻ってもうまくいかないだろうということで、そこで企業による金銭の支払いで雇用関係は解消するという和解をすることがあります。このとき、一体どれぐらいの額を会社に払わせればいいのか、払わせるといっても和解ですから、相互の了解がないといけないので、どれぐらいが相場だろうというのが気になるところです。そこは給料の一年分とか、三年分とか、半年分とか、いろいろな議論があるのですけれども、企業感覚としては、そこはどういう感覚ですか。

守島　いま時点では、多くはたぶん基準というものはほとんど何も持っていない。そういうケースが多い企業だったら、ある程度の目安はあるかもしれないけれども、世の中的にみてこうした紛争が多い企業というのはあまりないですから。そうなると、やはり分からない。通常は一年分ぐらいではないですか。

大内　そういう相場がはっきりしてくると、それが金銭解決を立法化したときの基準になるのだと思います。実際に労働審判で不当解雇が争われたときは、金銭的な解決を内容とする審判を出せることになっているので、そこである程度相場が形成されていくかもしれません。

守島　卵と鶏の話になってしまうのですけれども、そういう制度が導入されれば、知識というか相場ができてくるし、相場ができないと普及しないという問題があるとは思うのです。逆に、そういう相場ができてくれば、こういうタイプの金銭での解決というのは、企業にとって十分あり得るとは思います。

大内　企業としては制度がはっきりしなければ、なかなかコメントできないということですか。

守島　そうだと思います。というのは、もう一つ別の面があります。要するに解雇が騒動になる、紛争になること自体が、企業にとってはマイナスイメージなのです。そのためそういう相場ができてくると、企業はどういうことをやり出すかというと、その相場を目論んで事前に和解金というか、割増金を出してしまうように動いていくと思います。ですから実際に紛争まで持ち込んで、その紛争が金銭で解決されるというケースは、案外少なくなるのかもしれません。

10 人事の敗北

大内 だから、やはり基準を明確化することが大切なのです。基準が明確であれば、紛争が起きないように、人事がちゃんと動くということですね。

守島 労働紛争にしてもそうだし、個別紛争にしてもそうです。人事にとっての最大の汚点の一つは紛争が起こることですから、それは何としても避けると。

大内 最近では労働者が合同労組に駆け込んで、企業外の組合から団体交渉を申し込まれて騒動になることがあります。これはなかなか避けにくいところもあると思いますが、そういうことが起こらないようにするのが人事だということですか。

守島 そう思います。

大内 納得していない従業員の不満をどう吸い上げるかが大事なのですね。

守島 人事の世界だと、紛争が一つ起こると人事部長のクビが飛ぶという話もありますから。

大内 紛争というのはどのレベルですか。

守島 要するに、外に出たらです。裁判とか労働委員会に行ったら、人事部はかなりの敗北です。

大内 どうやって紛争が起きないようにしているのですか。

守島 いろいろあるのです。現場にいる人事部員に話を聞くというのもあるし、ネットワークを張り巡らして、情報を取るというのもあるし、いろいろなことをやって、とにかく紛争として外に出ないようにするというのが、人事の世界の鉄則です。

大内 そうすると労働法というのは、人事部にとってみれば余計なものですね。

守島 そう考えていくと余計なものだとも言えます。

大内 労働法などなくても、そもそも人事部の人は従業員が不満を持たないように配慮するのだと。

守島 不満を持たないようにというか、少なくとも紛争になるほどの不満は持たないように配慮するというのが実態です。

大内 それができる背景には、やはり雇用を保障するというのが、まずベースにあるのでしょうね。だから少々のことは従業員も我慢するだろうという期待があるのではないでしょうか。

守島 ですから、よほど変なことをしない限り外に出る紛争は起こらないのです。しかし結局、退職のような本当にクリティカルなケースは、紛争が起こる可能性があるので、退職してもらう段階でものすごくケアするわけです。そのケアにコストがかかるし、不確定要素もあるので、もう少しやりやすくしてほしいというのが、先ほど言っていたような議論に繋がってくるのです。

11 懲戒解雇も穏便に

大内 ただ、重大な規律違反があったときの懲戒解雇となると、紛争となる危険があっても、やらざるを得ないだろうという気がするのですが。

守島 懲戒解雇は、すっぱりと実施するときもあります。例えば、本人が犯罪を起こすといったことであればそうです。ただ、企業の行動を見ていると、それも懲戒解雇まで持ち込まないで諭旨解雇みたいな形で、最終的にはもうちょっと穏便に終わらせるというのが増えているみたいです。

大内 そういうときに従業員は、罪一等を減じてもらって、辞表を書くという感じですか。

守島 辞表を書きます。そうなると退職金も付いてきますので。

大内 退職金ももらえるし、退職することになっても懲戒解雇よりはましだと。

守島 再就職の可能性もあるという点も有利です。

大内 そこまで考えるわけですね。よほどのことがない限り、懲戒解雇もしないわけですね。

守島 もちろん事件などが新聞に載ったり、テレビのニュースに出てきてしまったりするようなケースであれば、懲戒解雇をしますし、逆に言えば、せざるを得ないようなケースしかマスコミには載らないのです。最近、企業は全体的にあまり懲戒解雇をしなくなったように思います。

大内　ただ、それでは懲戒の持つ教育的効果というか、こういうことをやったらこんなことになりますよという威嚇効果が弱まることになりませんか。

守島　しかし裏もあって、働く側とすれば、うちの企業は最後には従業員のためを思って穏便にしてくれるのだから、一生懸命働こうという形にもなるので、両方あるわけです。

大内　忠誠心を高めるということですね。それは日本人だからではないですか。

守島　そうかもしれないです。

大内　外国人だったらどうでしょうかね。これだけやっても退職金ももらえるんだということで甘く見ちゃうのでは。

守島　たぶん、それはあると思います。懲戒解雇を穏便にすると、他の人への一種の学習効果があり、威嚇の効果は少なくなる可能性もあります。しかしそのコストよりも、本人が根に持って企業に対していろいろなことを言い出すことを非常に怖がっています。

大内　懲戒解雇の話が出てきましたけれども、他の懲戒処分というのは結構あるのですか。雇用の喪失に至らないような懲戒処分であれば、企業はよくやっているのではないですか。

守島　それは結構やっているというか、普通にやっています。

大内　そうした懲戒も将来のキャリアに影響してしまいますし、そんなに軽い処分ではないと思うのですけれども。

守島　私もその点については、そんなに詳しくないのですけれども、解雇という決断が入ってくるかこないかで、やはり企業にとってはすごく違うのです。

大内　雇用を守るのが大前提で、その上での懲戒処分は従業員の教育の一環で、雇用が継続する以上、従業員によりよい教育をするためには、場合によっては懲戒処分も必要だということでしょうかね。

守島　そういう話になると思います。

大内　懲戒というのは、本当はそういうものなのかもしれませんね。

12　メンタルヘルス問題と解雇

大内　メンタルヘルス▼session 07関係のことについても、お聞きしたいことがあります。先ほど退職マネジメントという話が出てきましたけれども、メンタルヘルスで問題を抱えていて、十分なパフォーマンスを発揮できない労働者について、退職させざるを得ないと企業が判断することもあると思うのですが、その場合は、どのように対応しているのですか。

守島　その辺がいま、企業にとってものすごく難しい問題です。ずっと休職状態にいるような従業員です。パフォーマンスが出る出ないという話は、ある意味終わっていて、基本的にはメンタルヘルス不調になってそういう診断をされると休むわけですから、会社に出てこなくなる。会社に出てこなくなった人たちに対して、もちろん給料を下げたりはできますけれども、いつまで雇用義務を負うのかというのは、いますごく悩んでいる話だと思います。それについてもどうやったら解雇できるのか、もしくは雇用関係を終わらせられるのかということのルールがあまり明確ではないので、企業にとってはすごく頭が痛いのです。

またこの問題の難しいところは、メンタルヘルス不調になった人をクビにした、解雇したというのが一般的に公になると、やはり企業ブランドに対して、ものすごくマイナスのイメージがあるわけです。ですから、それもできないという中で、いま企業は非常に難しいところにきているのではないですか。

大内　これは、休職制度の問題でもあるわけです。病気の場合の休職というのは、実際には、解雇猶予措置としての意味があります。労災の場合は別ですが、企業としては病気で働けない場合には、本来はクビにしてもいいはずです。働けないのですから。ところが日本の企業はそういうときでも休職という形で一年、二年待ってあげる。場合によっては給与も多少保障してあげる。しかし、期間を満了したら、そこで雇用は終了ですよという制度だと思うのですが、終わらせるところがだんだん厳しくなってきているのです。

裁判所は、その従業員の労働力を使えるなら、あるいは使える可能性があるなら切るなと述べる傾向にあります。ですから折角休職期間を設けても、企業が思っているとおりにはなっていないという状況なのだと思います。そこも先ほどの問題と同じように、基準を明確にしてくれということでしょうね。もちろん、裁判所も、休職期間が満了したときに、今後ちゃんと働ける可能性が明確にないという場合であれば、雇用を打ち切ってよいと言うと思います。ただ、そこの判断がメンタルの場合は身体障害の場合より難しい。

守島　体の障害であれば、ある程度明確に復帰可能かどうかが分かるのですけれども、メンタルの場合は、一体どこまで本当に仕事ができないのかという判断が非常に難しい。非常に曖昧ですし、数も増えていますから、企業にとっては大きな問題です。

大内　お手上げなのでしょうね。

守島　実際は、雇用し続けるしかないですよね。本人が辞める、もしくは家族が辞めさせると言わない限りは、雇用を継続せざるを得ない。さらにメンタルの場合、いまは職場に戻すということが一般的に奨励されているのです。

大内　リハビリ勤務ですか。

守島　例えば一日三時間出てくるとか、五時間出てくるとか。こういう言い方をしてよいかのか分かりませんけれども、正直言うと企業というか、現場にとっては、三時間だけ出てくるというのはすごく迷惑ですよね。

大内　三時間分のプラスがあるわけではないですね。

守島　それでその人たちに何か対応しなければいけないわけだし。冷たい言い方になりますけれども、本音のところを言えば、休んだ後にスムーズに辞めさせていくようなプロセスを、きちんと作ってくれというのが本音ではないですか。

大内　こうした人の雇用は、本当は企業が負担するようなことではないのかもしれません。企業にしてみれば、リハビリ段階の就労には、企業への貢献がないわけですし、いろいろな配慮もしなければ駄目だということで、非常に大きな負担となるわけです。それよりは、これは社会的問題と捉えて、社会的に受け皿をつくるほうがいいのかもしれないですね。

しかし、それは冷たい話なのでしょうか。

守島　冷たい話だとしても、企業としても別にその冷たさを思いきり表に出すことはないと思うのです。少なくとも普通の企業であれば、メンタル面で病気になった従業員を解雇できるから、すぐに解雇しようとか、社会的な受け皿にゆだねようとそういうように考えている企業は少ないのです。結構長期間辛抱強く見守ります。でも、ただ、それがだんだん限界に近づいてきているというのが、多くの企業の実態です。

大内　そうした例はやはりかなり多いですか。

守島　session 07で川上先生もおっしゃっていますが数は増えていますし、長期化もしています。このままいくと、どこかで職場がパンクするというのが、多くの企業の実態ではないですか。

13　休職・休業と解雇

大内　これは、法的には、休職制度の問題という面があるので、ここで休職制度一般の話もしてみようと思います。休職にもいろいろなタイプがありますが、こうした制度は、やはり必要なものだとお考えですか。

守島　そうです。休職というのもいろいろあります。本人理由、例えばお子さんができて出産というタイプのものもあるし、あと、介護ですね。かなりきつい場合もある。ですから、いろいろなタイプがあり得ると思うのです。

大内　それはおそらく休業のほうだと思います。法律の議論では、休職と休業を一応区別しています。

守島　何が違うのですか。

大内　休職制度というのは、人事上の処分です。それによって労働者の労働義務を免除するということです。休業は、通常、育児休業のように、労働者のほうに何かきちんと理由があって権利として与えられているものです。

守島　休職は一種の処分ということですか。

大内　そうです。人事上の処分

という位置づけです。だから傷病休職もやはり処分です。労働者の権利ではないのです。実際にも、会社が病気になった人に、休職という措置を適用しますという処分をしているはずです。よく例に挙げられるのは、起訴された従業員についての起訴休職です。あるいは労災ではなくて私的な行為でケガをしたとか、本人が失踪したというときにも、たぶん休職にしていると思います。

休職は、法律上設けることが義務づけられている制度ではありません。ただ、終身雇用だから簡単には解雇しないという雇用システムの一つの要素として、働けない状況にあってもある程度の期間は復帰を待ってあげるという制度だと思います。

守島　それは人事的に考えて施策としては十分あり得る措置と思うし、必要だとも思います。ただ、それが人事管理の重要な問題になってきているかというと、そうではないのではないですか。

大内　傷病休職のような制度を設けずに、いきなり解雇の問題にしてしまったほうがいいという議論も理論的にはあり得ると思うのです。しかし、現実にはそうではありません。

守島　たぶん法律的にも人事管理的にも、その辺は同じだと思います。日本の雇用形態の中では、何らかの事態が起こった後で、戻ってこられるかもしれないという可能性を、すぐゼロだとは考えないと思うのです。人事としても、ある程度は待ってあげるというのが、どういう状況においても必要なことだと考えると思うのです。例えば先ほどおっしゃった失踪してしまった場合も、その理由が何だか分からない場合に、もしかしたら戻ってくるかもしれないということで、日本の人事管理の中では常にポジティブに考えると思うのです。

大内　一旦雇った以上は可能な限り雇用を守るということですね。それは、なぜなのでしょうか。

守島　要するに、ある人員で仕事をしていくというときに、その人員の持っている能力が代替できない、もしくは代替するのに時間がかかるというのが、人事管理の大前提だと思います。つまり、Aさんがある部署で仕事をしていくためには、その前にあった育成期間とか訓練期間とか、いろいろな仕事などを経由して初めてできるのだから、その人を別の人で代替するためには、やはりそれだけの時間をかけなければいけない。その時間をかけるコストよりは、いまの人が戻ってくる可能性を考えたほうがベターだと思える。もちろん、人道的・人間的な配慮もありますが、合理的な側面もあります。

大内　戻ってくる可能性に賭けて待つことのコストと新しく育て上げるコストと天秤にかけて前者のコストのほうが、普通の場合は小さいということですか。

守島　いまの人事は、たぶんそう考えると思います。もちろん、それプラス、人間的な配慮ですね。その人のウェルフェアへの配慮もあるとは思います。もちろん合理的に考えると、状況によっては、その人がそこにいるということは歴史があって成立していたとしても、その歴史の部分を含めて市場から調達するということもあり得ます。ただ、現状ではそれでもコストは高くなってしまうし、新しい人をもう一回育て上げるためには時間がかかるということを考えます。

大内　これはまさに日本の人事管理の神髄という感じがします。アメリカには、こういう発想はないのではないですか。

守島　ないと思います。アメリカというのは、人間は代替可能な人的資源なのです。日本でも、代替可能な人的資源という部分がいまは強くなってきていますけれども、そうではなくて、一人の人間がそこまでものすごく貢献してきたものを全部含めて、いまのその人の価値だと考えるのです。

大内　入社数年目の若い人はどうですか。

守島　そういう意味では休職する期間とか、企業がある程度待っていてあげる余裕というのは、勤続年数の短い人については、少ないような気がします。

14　顔の見える人事と法

大内　勤続年数というのは、やはり大きいですか。

守島　大きいですね。

大内　ちょっと話は違うのですけれども、ドイツでは解雇するときの解雇予告期間は勤続年数に応じて長くなるのです。これは解雇がなされる場合の解雇予告の話ですけれども、勤続年数と雇用の終了の関係を示唆するものです。勤続年数というのは、やはり雇用保障に影響してくるのですか。

守島　日本の場合は確実に影響します。懲戒解雇も勤続年数が高くなるとだんだん適用しないようになり、ある程度シニアになればなるほど、できるだけ懲戒解雇という形で辞めさせるのではなくて、もう少しソフトな形で辞めさせます。もっと言えば状況によっては子会社に移してあげるというように、雇用を守る形をとります。長く勤続した人に対しては、そういう配慮は強いですよね。

大内　それはこれまでの貢献度に報いてあげようということ、あるいは長く一緒にいるから心情的なものもあるということですか。

守島　両方でしょう。そのときにやった犯罪や間違いなどで過去のものすべてがゼロになってしまうのではなくて、そこまで持ってきた、積み上げてきた一種のクレディビリティーというか、信頼性みたいなものはできるだけ尊重してあげたいという感覚ではないですか。

大内　いわゆる非正社員になるとどうしても勤続年数も短くなるし、企業もそんなに育成にお金をかけなくなってくると、状況は全然違うわけですよね。非正社員が増えてきていると言われていて、今後どれぐらい増えるか分かりませんけれども、もしどんどん増えてくると、いまのような日本的な人事管理に影響してくる可能性はあるでしょうね。

守島　あると思います。言い方が非常に文学的になってしまうのですけれども、人の顔の見える人事か、背番号の人事をやっているかと考えると、やはり正社員は人の顔の見える人事なのです。大内という人間がいて、守島という人間がいて、その人はどういう個性を持っていて、どういう能力を持っているかに基づく人事です。しかし番号になってしまうと、一番さんはどういう能力、二番さんはどういうスキルとなってしまうので、その人たちに対する企業としてのコミットメントみたいなものは、格段に違ってくると思います。

大内　背番号の人がだんだん増えてきているのは、

顔の見える人はもっと絞り込んでもいいと考えられているからでしょうか。

守島　今回、session 02 で正社員の多様化の話をしたのですが、現在、正社員の中でも番号管理をされている人が増えてきています。

大内　そういう人が増えてくるから、解雇規制が厳しすぎるという話が出てくるのでしょうか。

守島　それはあるかもしれません。企業のほうとしても、ベースにあるような信頼関係というか、人間としての人と組織のつながりがないから切りやすくなる。能力面でしかみていない、人的資源なのだから、駄目な場合は切りたいという要求は出てくるのでしょう。

大内　顔の見える人事という話は非常に面白いですね。文学的とおっしゃるけれども、文字どおり顔が見えるという意味もあるのではないですか。

守島　もちろん顔が見えると思います。よく言うのですが、少し前までの人事部長さんは、どこかの部署の誰かの名前を言うと、その人がどこの大学に行っていて、どういう専攻で、何歳ぐらいで、子どもが何人いて、奥さんの名前は何で、奥さんの趣味とか、そういうことまで全部知っていて、そういう人が優れた人事部長だったのです。つまり、その人間についてトータルで知っていて、その人についてクリティカルな意思決定、例えば配置転換などをやるときに、能力面では確かに配置転換は正解だけれども、あの人の子どもは今度中学校だよな、だからやめておこうとか、そういうことまで配慮するのがよい人事だったのです。

大内　日本の労働法というのは、そういう行き届いた配慮を規範にして、判例なり、法律なりにしてしまっているのかもしれません。法規範にすると、全部の労働者に及んでしまうから過剰になってしまうということかもしれませんね。

守島　もちろん、もともとでもそれだけ守られていた、顔の見える人事をされていた対象人材というのは、実はそんなに多くなかったと思うのです。たぶん三〇％、四〇％ぐらいだったと思います。そうした丁寧な人事管理を、すべての人にやることが普通だというような前提があるのが、いまの労働法の大きな問題ではないかと思います。

大内　最近の若者は、正社員であっても、上司との付き合いはあまり望まず、昔ほどウエットで濃厚な人間関係を持たなくなっていると言われていますが、そうなると、だんだん顔の見え方が弱くなってきて、旧来型のよい人事部長的なやり方は難しくなってくるかもしれませんね。

守島　さらにいま、事業部採用というような、大企業であれば本社が関与しない採用も増えてきています。当然、本社の人事は番号でしかその人を管理しないわけですよね。

大内　そういうタイプの正社員が増えてきているということですね。

守島　はい。

大内　これから背番号の人事にだんだん変わっていくのでしょうが、それは、いいことなのでしょうか。

守島　いいことか悪いことかは別として、すべてに顔の見える人事はできない、不可能であるという意味で言うと、不可避の方向性でしょう。できない部分がいまはどんどん多くなってきて、できる部分が小さくなってきていますから、そういう意味では労働法がベースにしている雇用関係、組織と人の関係が成立している場面というのは、どんどん小さくはなってきています。

大内　いまのお話を敷衍すると、労働法のルールは、法律と判例で構成されていますが、その中の判例は実際に訴訟が起きているところでの紛争を解決するための規範なのです。そうすると大企業とか、組合のあるところが多いわけです。そういうところの雇用システムを前提にして、裁判で問題となった事例は雇用システムの相場から逸脱しているから駄目だという判断を通じて判例が形成されている場合が結構あるのです。配置転換の法理などはそういうものだと思います。

判例法理というのは、おそらく大企業限定型というか、大企業によりピッタリするものなのかもしれません。しかし、これが判例という形で法的ルールになると、結局一般化してすべての企業や従業員に適用されてしまうので、どうしてもずれが出てくるのです。ですから、ここはもう一回見直す。法律だと改正すればいいのですけれども、判例の変更というか、見直しはなかなか難しいのですが、日本の雇用の実態が変わってくると、判例法理も変わっていくべきであると、いまのお話を聞いていて思いました。

守島 そういう問題性が極めてクリアに出ているのが、退職や解雇という部分ではないですか。顔の見えない人事をしている人に対して、成果で判断して、もしその人が成果として十分な基準に達していなかったら辞めさせたいという気持ちは、その人の顔が見えなくなればなるほど、企業としては強くなるわけですよね。顔が見えれば、でもあの人にはああいう事情があるから救ってあげようとか。

大内 配慮するのですね。

守島 多くの企業で、顔の見える人がだんだん少なくなってきて、企業として、人への配慮を人事管理の中に含めることが少なくなればなるほど、解雇はしやすいほうがいいと考えるのは、ある意味当たり前ですよね。

大内 顔が見えるほうが、解雇を回避したくなるのは人情だけれども、そうした解雇回避を顔の見えない人も含めてルール化されると困るということですね。

守島 顔の見える人がだんだん少なくなっているからです。

大内 従来のルールは、それを一般化して及ぼすには、ふさわしくなっているかもしれないということですね。非常に示唆的なお話で勉強になりました。

15 リテンションの問題

守島 このsessionの中ではずっと解雇の話をしてきたわけですが、人事管理的に見ると、いま一つ大きな問題になり始めているのが、いわゆる自発的・自律的に辞める人を、どのように引き留めるかで、リテンションと呼びますけれども、リテンションの問題というのが出てきていると思います。その点について、法律は何か関与できる部分というのはあるのですか。

大内　労働法の立場としては、労働者が自発的に退職するということは、基本的には自由であり、法律の根拠で言うと、民法六二七条では、二週間の予告をすれば、雇用契約の当事者はいつでも契約を打ち切れることになっています。これを使用者がやると解雇で、こちらのほうは法的な規制が及んでいるのですが、労働者のほうから打ち切ることについては、全く規制がないのです。その理由は、やはり基本的には人身の自由の保障というものがあって、そのため労働者の退職を縛るような合意はいけないことになっているのです。実際、労働基準法では、労働契約の不履行があることについての違約金を定めることを禁止していて（一六条）、これは要するに、退職をした場合に違約金を課すというのを禁止しているのです。ここには、退職の自由を制約することはよくないことだという労働法のスタンスが明確に表れています。

守島　企業としてみると、いろいろな側面から退職をされると困る、期待するよい人材が逃げるのも困るというのもあるし、企業の秘密や知的財産などが外に逃げていくというのを嫌う、そのような側面があるのです。

大内　法律の立場からすると、退職の自由を直接的に規制するのではなくて、経済的に雇用を継続したいというインセンティブを与える形でのリテンションというのは、これはいくらやってもらっても結構なのですが、辞めてはいけないとか、辞めたら罰金というのはいけないということなのです。ただ、同業他社へのアイデアの流出という点では、競業避止義務を課すという方法で対処することはできます。もちろん、在職中においても、競業避止義務はあり、これに違反すると懲戒解雇になることもあります。正社員でありながら、同業他社で働くことを禁止するのは、労働法でも認められているところです。さらに、こうした義務は、退職後も課すことが原則として認められているのですが、そうした義務を定める契約の有効性についてはかなり厳しく判断されています。その前提には、退職後にどのようなところで働くかは、まさに労働者の職業選択の自由であるという考え方があります。企業の利益にある程度配慮して、一定の範囲までの競業制限をしてもいいけれど、やり過ぎては駄目ということなのです。

守島　いまの問題で思い出したのですけれども、最近、一部の製造業で割合と問題になってきているのは、自発的に退職した人が他の企業に移って、そこで元の企業でそれまでに培った知識やアイデアを使って仕事をしていく、そのような場面が結構あるということなのですが、そういうところも法的にある程度コントロールできるのですか。

大内　先ほど競業避止義務の話をしましたが、企業としてみれば、同業他社で働かれることそのものよりも、そこで企業のノウハウとか秘密を漏らされることのほうが問題と考えるでしょう。そういう点では、退職後の秘密保持義務を定める契約を結ぶ方が直接的な解決方法かもしれません。この契約に違反すれば、損害賠償の請求が可能ですし、差止めを請求することもできます。さらに、不正競争防止法に基づく対処方法もあります（二条一項四号〜九号）。このように、企業の営業秘密は一定範囲ではしっかり守られていると言えるわけです。むしろ、それがあるから、競業避止義務という形で、どこかに転職すること自身を制限するような合意については厳しく判断しようという議論にもつながります。

守島　転職することは妨げないけれども、転職するときに、持っていった知識などを使って仕事をやってはいけないと。

大内　そうです。

守島　それが間接的には転職を防ぐということになるのかもしれないですね。

大内　ただ、そうは言いながら、転職先で営業秘密を漏らしたときに、元の企業がどこまで対抗できるかというのは難しいのです。漏らしそうだというときに差止請求というのはできるのだけれども、漏らしてしまったらどうなるか。損害賠償といっても、損害の立証は、結構難しいのです。

守島　分かりました。たぶん、人事管理上のリテンションの問題というのは、そんなに法律が関われる問題ではないのだろうと思います。先ほど言われたように、企業が何らかのインセンティブを与えて、自分のところに残ってもらうという方法しかないのだと思うのです。ただ、うかがっていると、一定の、ある範囲内では、特に競業に移ってしまうことを防止するという意味では、何らかの法律的な拘束がある、そのような理解でよろしいですか。

大内　競業の禁止や秘密保持を求めることは一定範囲では可能ということです。

守島　分かりました。

大内　これは、ある意味、「退職マネジメント」の問題ですね。もちろん引き留めは大切ですが、引き留めに失敗してしまったときに、退職後に無茶なことをされないようにするにはどうしたらいいかという問題でもあるわけですね。

守島　そういう問題でもあります。ただし、別の話でも同じなのですが、人事管理的には、辞めたい、辞めようと思われてしまったら、負けです。優秀な人材が一旦辞めようと思ってしまったら、モチベーションも下がるし、その後企業に長い間いる確率も減るわけですから、結局そういう気持ちを起こさせないようにする、うちの企業がベストだ、いろいろなところに比べて、いろいろなことで評価してもベストであるということを、常に思わせておくことが重要なのです。エグジット・マネジメントではなくて、リテンション・マネジメントの、それがある意味で一番重要なポイントだと思います。

大内　我々はいま働いている大学をベストだと思っていますかね。

守島　その点についてはいろいろありますので、ここでは……（笑）。ですから、つまるところ企業は従業員を幸せにしておかないといけないと思ってくれるとよいですね。

session

09

高年齢者の雇用

Key Terms ▼ 高年齢者／高年齢者雇用安定法（高年法）／定年／継続雇用／再雇用／モチベーション／雇用保障／雇用終了／四〇歳定年論／エンプロイアビリティ／若年者雇用／成果主義

1　二〇一二年高年法改正の影響

大内　続いて、高年齢者の雇用について取り上げたいと思います。ご存知のように、二〇一二年八月に高年齢者雇用安定法（高年法）の改正があり、従来、継続雇用措置をとった場合に労使協定で対象者の基準を設ければ、その基準に合致しないことを理由に継続雇用しなくてもよかったのですが、その労使協定による基準設定ができなくなりました。

もともと、高年法は、六五歳まで高年齢者雇用確保措置をとることを事業主に義務づけていて、その方法として、定年の廃止、定年年齢の引上げ、継続雇用措置の三つのオプションを認めていました。そして、企業はこれまでは継続雇用措置をとることが多かったのです。しかも、継続雇用措置には、勤務延長と再雇用という二つのやり方があって、多くの企業は再雇用を選択してきたわけです。なぜかというと、再雇用であると、一旦、労働関係をリセットできて、処遇面でも弾力的な引下げが可能であるからです。高年齢者雇用確保措置自身は企業にとって負担が重いものだったのですが、再雇用という形であれば、まだ何とか対処できるだろう。さらには、先ほど言ったような労使協定によって労働者の選別もできるというので、その負担の軽減は可能だったわけです。

ところが、今回の二〇一二年の改正では、高年齢者雇用確保措置の三つのオプションは変わっていませんが、先ほど言ったような労使協定による労働者の選別ができなくなったのです。これにより高年齢者雇用の負担が企業に重くのしかかるようになったと言えます。この法改正の施行は二〇一三年四月ですが、それにあわせ、企業も対策をしているようです。[*1] この辺りから議論していきたいと思います。

守島　いままで企業が行ってきた再雇用というのは、私に言わせると、中途半端な受け身の対応だったのだと思うのです。年金開始年齢まで雇用し続ける。給与は半分ぐらいにして、いままでとは違った仕事に就ける。それでモチベーション・ダウンがあってもしょうがないとして、ある程度粛々と問題を起こさないで働いてくださいという、そういう形の再雇用だったのです。今度は六五歳までになって、かつ、選別ができないことになると、いままでのような人事管理では企業にとって大きな負担となる。延長される期間も長いし、また多くが再雇用を望む可能性がある。そのため評価の面にしても、給与の面にしても、職務内容の面にしても、ある意味ではちゃんとした人事管理を行うことが要請される。いま、そのような対応を企業が迫られている。少し別の言い方をすると、高年齢者の本格的な活用をここで初めて考えなくてはいけないという時期に入ってきたのです。多分、こうしたことがこの法律の企業にとって意味するところだと思うのです。一部の企業でこうした動きがすでに見られます。

大内　確かに、これまで継続雇用措置でやっていた企業の中でも、サントリーやトヨタのように、定年そのものを引き上げてしまおうとするところも出てきているようですね。

守島　そうですね。ですから、意思や資金面での余裕がある企業は定年そのものを引き上げてしまう。定年そのものを引き上げるというのは、いろいろなことをやるのですが、まず原則として給与については大きくは下げない。同時に、仕事の内容も比較的いままでと同じことをやらせる。ただ、人事評価も、再雇用の時のように、ほのぼのと普通にやってくればよいではなくて、きちんと厳しい人事考課を入れて、給与などの増減もやる。通常の人事管理をやっていくわけです。つまり、高年齢者に対して、それ以前と同じような人事管理を行うことで、高年齢者をフルに活用しようという、そういう動きをしている。さらに、裏返すと、そのようにフルに活用するのだから、フルに活用されたくない高年齢者はいつ辞めていただいても構いませんという、そういう人事管理に段々と移ってくると思われます。詳しくは分かりませんけれども、サントリーやトヨタなどはそのような考え方なのではないかと思います。

大内　ある意味では、高年齢者にとってもとても厳しいこ

＊1　本対談収録後、サントリーやトヨタなど企業の対応が新聞報道などで紹介されている。

とになるわけですね。

守島　そうですね。雇用は守られるのだけれども、それまでの働き方と同じような努力レベルを要求されるし、コミットメントも要求されるし、成果も要求される。それが六五歳まで続く、そういうことです。

大内　そうすると、高齢化により本人の能力が減退してくると、解雇までは行かないとしても、処遇は下がってしまうというようなことが起こるのですね。

守島　解雇まではいかない。けれども、本人の成果が出ない、能力が期待水準と合っていないという場合には、給与の減額も普通に行われる可能性があるのです。そう考えると、高年齢者として見ると、それほど楽な世界ではないだろうと思いますね。

大内　これはどの程度の給与が払われているかによって違うのでしょうね。役職などはどうなのですか。やはり役職を外すのでしょうか。

守島　多くの企業は、役職定年制を入れていると思います。「役定」と呼びますが、五五歳から五八歳ぐらいで役職は降りて、ヒラに戻ります。

2　二〇〇六年改正のころ

大内　サントリーやトヨタに限らず、一般的に見ても、高年法改正のインパクトはそういうところにあるのですね。ただ、そもそも高年齢者雇用確保措置というのは二〇〇六年からありました。その前後では何か差があったのでしょうか。二〇〇六年時点ですでに、定年後も年金支給開始年齢までは、雇用を保障しなさいということがあったのです。

守島　二〇〇六年の改正があったときには、ご存知のように、多くの企業は再雇用で臨んでいるわけです。そのときは、やはり、もともとの仕事には就けておけないということがあるので、職務内容を変える。それから、給与も同時に半分ぐらいにする。そういうことで、高年齢者のモチベーション低下の問題が顕在化してきて、そこをどのようにするかが非常に大きな問題になった。どこに仕事を見つけるかというのは、それなりに見つけられたとしても、新しい仕事でどのようにモチベーションを維持してもらうかが、結構、大きな問題になったのです。

大内 定年前後で同じ仕事をさせるということもあったのでしょうか。

守島 それも一部の人材についてはありました。ただ、給与も半分にするわけで、当然ですが、役職定年制を入れていなければ役職もそこで解くのですから、同じ仕事というのは論理的に考えられないと思うのです。

大内 そうすると、軽易な仕事になるということですね。

守島 軽易な仕事です。ですから、企業によっては、いままで部長でバリバリやっていた人が警備員になるとか、そのような仕事の転換もあったのです。

大内 それは一般的なことだったのですか。

守島 そこまでドラスティックなものがどこまで一般的かは分かりません。でも、いままでの仕事の半分ぐらいの価値の仕事にというのは頻繁にあったと思います。

大内 法によって定年後の雇用確保を強制された企業にとっては、結局、そういうような方法で対応せざるを得なかったのですね。

守島 そうですね。

大内 これは、高年齢者にとって、辞める自由があるとはいえ、あまり幸せな政策ではないですね。

守島 そうです。

3 定年の二つの機能

大内 そういうことを考えると、そもそも雇用確保措置を定める政策がおかしかったとも言えそうですが、そうではなく、再雇用など継続雇用の余地を認めたことがおかしかったのであって、定年引上げだけを定めていればよかったという考え方もありそうです。

守島 企業にとってみると、定年を引き上げるということはコスト高につながる部分があるのです。コスト高を飲んで定年引上げができる企業がどれだけあったかというと、多分、あまりなかったのだと思います。

大内 それは業種などにもよるのではないでしょうか。高年齢者をどれだけうまく活用できるような企業や業種であるのかによるのかもしれません。

守島　例えば、製造業で技能伝承が非常に重要なタイプの企業であれば、高年齢者が七〇歳まで残って若い人に技能をきちんと伝承していくような仕事がある。それは十分にそれだけの賃金を払う価値があると思うのですが、多分、そのような仕事のある企業はあまりないのだと思います。これまで一般的に、これも言い方がよいかは分かりませんが、企業から言うと、定年までは雇用を守ります、よほどひどい人材でない限りは基本的には守りますと言っているのだから、六〇歳とか定年のときにはきちんと辞めさせることを許してくださいということを考えていた。定年は、企業が雇用確保の努力したことに対する見返りだったわけです。

大内　そうですね。

守島　その約束が突然反故にされてしまったので、企業にしてみると、あれっという感じだったのではないでしょうか。

大内　定年というのは、そこまでの雇用保障と、定年になったところでの雇用終了という、二つの機能があって、両方はリンクしているはずなのです。雇用保障の期間だけが残ってしまって、雇用終了機能がなくなってしまうと、これは確かに、おっしゃるとおり、約束違反ということになりそうです。

守島　約束違反なのです。

4　「五年」耐えられるか

大内　今回の法改正で、定年の意味が実際上なくなり、六五歳までの雇用の強制ということになっていきます。経過措置があるので、ただちに六五歳となるわけではありませんが、一年ずつ延びていき、最終的には一二年後に六五歳となります。六〇歳から六五歳まで五年も延びてしまうことについて、企業はたぶん耐えられるだろうというのが、政府の判断なのでしょうね。

守島　そうですね。先ほども言いましたが、実際は、コスト面で耐えられない企業も多いと思うのです。普通の企業だといままでの定年は六〇歳ぐらいですね。役職定年が五五歳ぐらいで入っている。そうすると、降格してから働く期間というのはせいぜい六〇歳までだったのです。これまでのキャリアから降ろして、そのあと、働いてもらう期間というのは。まぁ、五年間だったらもつのかもしれません。軽微な仕事に就けて、半分の給与でということもあるかもしれません。

でも、更に五年、つまり一〇年間ということは、サラリーマン人生が、例えば二二、二三歳の大卒から六五歳までの四三年ぐらいのうちの最後の一〇年、要するに、四分の一近くを何らかの形で軽微な仕事について、半分の給与で高いモチベーションを出して頑張ってくださいというのは、やはり、本人に対してもつらいし、企業としても、その時期の人事管理をやるというのは非常に難しいと思うのです。人事管理というのは、基本的にはアメとムチですから、アメをどう与え、ムチをどう与えるかで人事管理をしていくのです。アメも与えることができず、ムチも強くはふるえない状況を一〇年間続けるというのは、企業にとってはつらいと思うのです。また本人にとってもつらい一〇年間です。

大内　ただ、つらくても、法により強制されるので、そうすると、人事管理のあり方そのものを変えなければいけないということになりませんか。

守島　ですから、一部の学者などが言っているように、もっとずっと早い段階からセレクションを始めなさいと。もっとずっと早い段階で、個人個人にあなたは残るべきか残らないべきか、判断をさせなさいという議論もあることはあるのです。ずっと厳しい人事をやっていって、例えば四〇歳で辞める人、五〇歳で辞める人、六〇歳で辞める人というのが、段々出てきて、最終的に六五歳になる頃には一部しか残っていない。そういうようなタイプの人事管理をやることもあり得るという議論をする人もいます。

大内　それは高年法の考え方とは違いますね。

守島　違います。高年法の考え方というのは雇用保障ですからね。

大内　端的に言えば、公的年金が大変だから、企業がきちんと雇って所得保障をしなさいということですからね。

守島　所得保障というのは人事管理の一部の側面に

しか過ぎないのです。それは安定性を与えるのですが、企業としては、雇用した人材はきちんと活用したいのです。そうしないと経営的な意味がありません。また、人は所得保障してやれば頑張るかというと、そうでもないのです。

大内　雇用している以上、その所得に見合うだけの働きをしてもらわなければいけない。そこの論理をすっ飛ばして、雇用保障だけを求めるというのは乱暴な議論だということですね。

守島　そうなのです。

大内　よく企業は耐えていますね。

守島　耐えられるところは耐えるのでしょうね。サントリーとかトヨタとか、そういう割と余裕がある企業、なんて言うと怒られてしまいますが、一時的にコストが上がっても、十分に適応するだけの時間がとれる企業は、定年延長をやったりしますが、多くの企業は、多分、非常に難しい問題が起こってくるのではないでしょうか。

大内　法律家にとって、容易に想像できるのは、耐えられない企業は全体の人件費を下げるために、賃金の引下げをするということです。それは、若いほうにまで影響することにもなると思うのです。企業としては、これをやるのは難しいですか。

守島　それをやると、結局、何が起こるかというと、一番活用したい若手や中堅どころのモチベーションが下がってしまいます。だから、全体を下げるというのは非常に難しいのだと思うのです。

大内　そうすると、高年層だけにターゲットを絞ってぐっと下げてしまうことになりますが、そうすると、今度は、高年層のモチベーションが下がってしまう。

守島　何度も言いますが、いままでは五年間いて、本人も我慢すればよかったし、会社もいていただければよかったのが、今度は一〇年間もいるのですから。そうすると、企業にとっては大きな負担になるということです。

大内　しかも、今後は、これが一〇年間で済まない可能性もありますね。七〇歳までという話もありますから。

守島　企業としては恐ろしさを感じているのではな

いでしょうか。

5　四〇歳定年論

大内　そうすると、高年法の発想はさておき、先ほどの全く違った発想ということで、四〇歳定年のような話も出てくるわけですね。この議論は、どのように評価されていますか。

守島　ある意味では賛成です。その段階で別の仕事に移る、その段階だったら、まだ能力的にも体力的にも十分に移っていけるだろうというのはあります。けれども、やはり、受入先の確保が難しい。いまの人事管理の仕組みでは、四〇歳の人材を受け入れるというのは、多くの企業にとって難しい側面があると思うのです。ですから、労働供給側の論理としては確かにそうなのだけれども、労働需要側の論理として考えた場合に、需要を喚起するには、大きな雇用システムの改革が必要です。例えば、賃金がその人の能力で決まる仕組みから、就いている仕事の価値によって決まる仕組みへの変更などです。いわゆる職務等級による賃金決定ですね。退職金の仕組みも変更しなくてはならないでしょうし。また政策的な意味では、年金制度などの変更も必要かもしれません。四〇歳定年がうまくいくかには、いろいろなところで改革が必要です。

大内　受入先がなければ結局は失業者が増えてしまうだけという危険もあるということですね。ただ、例えば、▶session 05能力開発という観点からは、一企業ではそんなに長期間やれるものでもないだろうというような発想でみればどうでしょうか。

守島　それはそうだと思います。熟練という考え方や企業の中での経験の蓄積のようなものが、ものすごい長期間、例えば、三〇年かかって積み上げられるという考えは、私も少し時代錯誤だと思っています。一〇年ぐらいで立派に育てて、二〇年ぐらいで一旦キャリアを止めて、そこで一度終止符を打って、もう一回、別のキャリアへ移るというのは、論理的にはあり得るのだと思います。またその時に、どこか他の企業へ移るというのもあり得るのだとは思います。四〇歳ぐらいだと、学ぶ可能性は十分にあると思うし、新しい方向に転換するというのもあり得るとは思うのです。

大内　守島さんは、五〇歳定年制はあり得るということを、「ジュリスト」[*2]での対談ではおっしゃっていましたが、それもなかなか難しいということですか。

守島　そのときも思ったのですが、やはり、需要の問題は解決されない。社会全体がどさっと一遍に変わるのだったならばそれでよいと思うのですが、そういうことがないと難しい。受入先として営利企業のようなものを考えると、やはり難しいと思うのです。そうではなくて、ノンプロフィット・セクターとかNPOなどそういうところに、ある程度の知識を積み上げた人たちが移るというのは、例えば五〇歳定年のようなもので十分にあり得るとは思うのです。

大内　働き方全般の見直しのような話になりますね。それが実現可能なのか、なかなか私には想像がつかないです。

守島　五〇歳定年や四〇歳定年という考え方はあり得るのですけれども、現実問題としてのマクロ環境を考えると、雇用も延びていない中で、難しいのだろうという感じはします。

大内　定年というと辞めるほうの話となりますが、例えば五〇歳ぐらいになって、今後の自分の人生設計、ライフプランをどう考えていくのかというのはあるのでしょうね。

守島　確か、ある企業では三つのオプションをキャリアの後半で選ばせるのです。一つは、その企業の枠組みの中で働き続ける。その代わり仕事も変わり、給与は下がります。あまり面白い仕事でもないかもしれません。もう一つは、五五歳ぐらいで退職奨励金をもらって、基本的には独立する、というオプション。三つ目は、普通に退職金をもらって定年で辞めていく。

大内　最後の場合は、六〇歳で辞めていくのですね。

守島　そうですね。極端に言うと、少し言い方は悪いけれど、少し早く五年間分の給与を割増金の形でもらって、それを元手に独立しろという話か。それとも、その中でずっと六〇歳まで、定年以降まで、いまで言えば六五歳まで続けるのか。それから、これまでどおり、六〇歳で定年していくのか。選ばせることをやり始めているのです。そういう意味で言うと、グループ内で雇用するのは三つのオプションのうちの一つに過ぎないのです。

大内　労働者は、どれを選ぶのでしょうか。

守島　多分、一番選ばれる可能性が少ないのは独立のオプションでしょう。

大内　独立というのはどうすることなのでしょうか。

守島　もちろん、極端に言えば何をやってもよいのです。割増金を与え、起業するヘルプだとか、そういうものはその企業が負担するとなっているのです。

大内　なるほど。でも、それを選ぶ人はあまりいないだろうということですね。

守島　ということです。たしか二〇一二年か一三年から入る制度なので、どう機能していくのかは分かりませんけど。

大内　いまの時代で、五五歳でそういうリスキーな生活に入るのは、日本人は嫌がるのではないでしょうか。

守島　ただ、非常に専門性の高い人材であればあり得るのです。例えば、技術者で非常に高い技術を持っているから、お金をもらって独立するとか。そういうものは結構あるのです。そういう意味では、昔よりはキャリアの後半以降で独立する人が出てきたのではないでしょうか。

大内　本人のエンプロイアビリティ次第ですね。

守島　そうですね。

大内　守島さんがおっしゃった企業では、選択の時点は五〇歳くらいということですが、だいたいそれくらいの年齢なのでしょうか。

守島　ほんとうは五〇歳だと遅いと思います。というのは、一つのスキル、能力を蓄積して他のところへ移るにしても、独立してものになるレベルまでいくには、やはり、一〇年ぐらいはかかるのだと思うのです。そうすると、五〇歳で始めて一〇年経つと六〇歳ですから、かなり高年齢になってしまいます。例えば四〇歳とか三五歳ぐらいで一旦のポイントを

＊2　「これからの人事管理――HRMと労働法の対話」ジュリスト一四四一号（二〇一二年）四三頁

置いて、そこでもう一回ということはあり得るとは思いますが、五〇歳は少し遅いような気がします。

大内　そうすると、やはり四〇歳定年みたいな話になってくるのですね。第二のキャリアを考えるということだと、四〇歳が限界ということですね。

守島　そうだと思います。

大内　私はもう手遅れですね。

守島　私などはもう、全然、手遅れです。

大内　もう、しがみ付くしかない（笑）。

守島　そうなのです。だから、このような問題を考えるときに、早い段階で本人がその企業の中でずっと続けて働いていくのか、働いていかないのか、他のところに移るのかを現実的な選択として考えてもらう必要があるのです。移る先が企業なのか、ＮＰＯなのかということもありますが、他のところに移るという選択をしてもらうためには、本人が、自分がどこかへ移ることを現実的に考える必要があるのです。

でも、多くの労働者は終身雇用で守られてきた歴史があるので、他のところに移ることがすごく恐いのだと思うのです。そこに対してリスク感を覚えてしまう。だから、この問題が発生するわけです。多くの人がキャリアのどこかでどこかに移っていくという社会になっていれば、それほどこの問題はひどくならないのだと思うのです。高年齢者をキャリアの最後のところで救ってあげて、一つの企業で雇用を継続してあげることを企業として考える必要がない。最後まで残る人数があまりいなくなることになるのだと思うのです。

大内　労働市場全体で高年齢者を守るという発想に、日本の場合、なかなかならないということなのでしょうね。

守島　まさにおっしゃったように、いまの法律の大きな問題は、その企業の中で雇用を継続しなさいという話になっていることです。

大内　今回の法改正では、グループ企業でもよいというように少し広げているのですが、あまり大きなインパクトはなさそうです。

守島　いまは人を送り込める関係会社を持っている企業はそんなにはありません。

大内　一部の大企業だけなのですかね。

守島　大企業でもいまはもうどんどん効率経営をやっています。子会社もどんどん縮小して同じ効率化に励んでいるわけですから、結局、そんなに送り込める先はないのです。やはり、労働市場全体でということになる。そうすると誰かに雇用を確保しろと言えないので、別の問題は出てくるのですけれども。労働市場全体でどうやって高年齢者を継続雇用していくかを考えていかないといけないのだと思いますね。

6　若年者雇用への影響

大内　高年齢者の問題を考えていくと、どれだけ外の雇用確保の可能性があるのかがポイントとなります。それが少ない現状で、雇用確保をせよという政策が進められている。そうしたことの副作用は、若年者雇用に出るような気がするのですが、そのあたりはいかがでしょうか。

守島　多くの企業が、やはり、高年齢者を雇用する裏返しとして、若年者の雇用を減らすのはしょうがないと考えるでしょう。サントリーなどは、そうではないと言っています。確かに若年者の雇用を守る企業もあるでしょうが、多くの企業にとって、どこまで余裕があるかというのは分かりません。

大内　企業はバブル期にたくさん採用して、バブル崩壊後、余剰人員化したことを反省して、その後、採用を抑制することをして、現在では、人員構成がいびつになっていて、中間層がいなくなっているということを聞きます。こうした教訓はあるので、歯を食いしばってでも、若い人を採るのでしょうね。

守島　もちろんそうです。だけれど、いままで一〇〇人採っていたのを九〇人にすると、一社が一〇人減らしただけで労働市場全体としてかなりの数が減るわけです。そういう問題です。

大内　それぐらいだったら個別企業ではそんなに大きな問題は出てこないですが、労働市場全体では若年者が溢れてくるということですね。若年者の雇用は、将来を考えると大切なことで、だからこそ、政府は若年者の雇用も促進したいと考えているわけです。ただ、高年齢者の雇用も、若年者の雇用もと言われると、企業も困ると思います。企業の本音としては、そこはどうなのでしょうか。

守島 本当は若年者をほしいのだと思います。「優秀な」という修飾語が付くのかもしれませんけれども。やはり、企業は高年齢者よりは若年者のほうを雇いたいのだろうと思います。

大内 ただ、高年齢者は、ある程度能力に保証があるではないですか。減退しつつあるとは言え、確実な労働力です。

守島 確実な労働力という側面もあるのですが、いまの日本の雇用体系、人的支援管理体系の中では、高年齢者というのは人事管理上難しい側面がすごく多いのです。一つは、給与体系がどんなに成果主義的になったといっても、ある程度年功給的な側面はあるので、普通に放っておくと給与は上がっていく。また昇進させる圧力も高くなる。そうでなくするためには、無理やり何か乱暴なことをやらざるを得ない。役職定年だとか、そういうことをやらざるを得ない。もう一つは、組織というものを考えたときに、やはり、いまでも、自分の部下が自分よりも年上というのは多くの現場で嫌がられるのです。だから、若い人を抜擢できない。さらに、もう一つ、私たちもそうですが、年をとると保守的になり、改革を嫌う。そうした問題があるので、高年齢者がたくさんいるという状況は、企業の現場から見ると、経営上、人事管理上非常に難しいことがたくさん起こってくるのです。もちろん、高年齢者がいないほうがよいということではないのですけれども、たくさんいると企業としては困ってしまうのです。

大内 それに、毎年フレッシュな人が入ってくるほうが活性化されてよいだろうということもあるのでしょうね。ただ、なかなかそうはいかないところがあるのですね。

守島 法律的には、高年齢者のほうを絶対に継続雇用しないといけないと言われているのです。そうすると、嫌だけど、そういうことを言われていない若者を削減するしかないという話になってくる。

大内 とすると、若者はもっと政治に関心を持って、投票行動を起こして、自分たちの利益を守る政治家を選ぶべきですね。投票場にせっせと行く高年齢者は政治プロセスでの発言力があるのです。若年者こそ本当に声を上げるべきだと思います。

7 人事管理全体への影響

大内 このような高年齢者雇用促進政策が進められるなか、今後の日本の雇用システムはどうなっていくのでしょうか。

守島 当然人事管理的もしくは雇用システム的には、希望者には、六五歳までの何らかの形の雇用というのを維持しなくてはならないという状況にはなっていくと思うのです。

大内 企業が望む望まないに関係なく、ですね。

守島 そうです。社会として受け入れるということもあるし、一つの企業の中での継続雇用ではないというオプションも十分あり得るけれども、その結果、一つの企業を見た場合に、高年齢者がたくさんいるという状況は、ある意味では、必然的に起こってこざるを得ない。それは人口の高齢化が持っている宿命的な側面だと思うのです。ただ、変わらなくてはいけないのは、人事システム的に言うと、人事管理における年功的な側面であるとか年次管理的な側面、そういうものはもう一切なくして、一人ひとりの成果と能力に応じて、年齢に関係なく、給与やポストが決められるというようになっていかないといけない。それから、高年齢者であったとしても、勤続年数が高かったとしても、厳しい、というか通常の人事管理ができるようなシステムになっていかないといけない。全体として、もっと厳しい人事管理にしていかないと、高齢化する企業の人材構成に対応していくのは無理だと思うのです。

大内 高年齢者だけに、そのようにするのですか。それとも全体的にそうするのですか。

守島 もちろん全体です。でも、若いところは、すでにある程度なっていますから。というか中堅までは、かなりもう、いまは成果給で厳しい。年功的な要素が完全に排除されたわけではないですし、また▶session 03「公正な評価と納得できる賃金」のところでも議論しましたように、若年層については育成的な見地から、勤続年数を賃金決定基準として重視するように変更している企業もありますが、一般的には、厳しくなってきていますから、厳しくなるこれまでの傾向を強化するということなのかもしれません。特に、五〇歳以降など、これまで上がりだと思われていたところにもう少し厳しく仕事をやらないと、人事管理としてはもたなくなってくるのだと思います。

大内　しかし、現状では、それは容易なことではないですよね。それは、「ジュリスト」[*3]での高木さんの論文にもありましたが、高年齢者になってからいきなり厳しくするのではなく、かなり前から、あなたは高齢になるとそうなるのですよということを刷り込んでおく必要があるということかもしれません。でも、いまからだと、もう遅いのでしょうか。

守島　遅くはないと思います。大内さんは毎年一〇冊ぐらい本を書いているから、きちんとアウトプットを出していますけれども、私なんて本当に何もやっていません。私のような人間がのうのうと生きていられるような状態では駄目なのだと思うのです。例えば、大学とか企業を見た場合に、どの段階でもきちんと成果評価して厳しく人事管理するという状況が若いときからずっと六五歳の定年まで続く。その中には、「退職のマネジメント」▶session 08のときに話したような、ある場合には辞めさせられることも含めて厳しい人事管理に入っていかないと、このような高齢化社会には対応できないでしょう。

大内　解雇もあり得るということかもしれませんが、やはり基本的には、雇用を保障した上での成果評価による処遇であればまだ高年齢者を納得させることができるのでしょうね。ただ、それでモチベーションの点が大丈夫かは気になりますが。

守島　でも実際は今のやり方である給与を半分にしてつまらない仕事に就けます、警備員をやらせますということでのモチベーション・ダウンというのも大きな問題です。特にそれが一〇年間続くとなると。

大内　そうですよね。

守島　いまの仕組みのように、十把一絡げでそうなってしまうのを、そうではなくて、ある人はモチベーションが上がり、ある人はモチベーションが下がってもよいということを考える。そういう世界でよいと思うのならば、多分、労働者の高年齢化に対応できるのだと思います。

大内　いまの若者には、ある程度、成果主義型が入っているので、若者のほうはそのようなものに馴染んでいるのかもしれません。

守島　いまの若い人は、成果主義以外の世界はないのだと思っているのではないでしょうか。どこまで明確に認識しているかはともかく、厳しいということは大前提として企業に入っていく若者が多いと思います。

大内　そうすると、今後は高年齢者も、そういう覚悟をもって、厳しい成果評価にさらされてもらうということになるのでしょう。いまは移行期なのですね。

守島　だから大変なのです。社会の高齢化のスピードのほうが人事管理の変化のスピードよりも早いのです。だから、そこのミスマッチが起こっているのではないでしょうか。法律的な変化は、社会の変化に対応しているという意味で、ある意味ではしょうがないところもある。いま、必要なのは、こうした法律に文句をいうことではなくて、人事管理の変化を起こすことかもしれません。法律に関係なく、人口の高齢化は進むので、人事としては、社会の変化のスピードに追い付いていくのがとても重要なことだと思うのです。そうでないと、経営がおかしくなってしまう。

大内　高年法の方向は、仕方ないと言うことですね。

守島　ただ、一社内で雇用確保という考え方には無理があると思います。社会全体で雇用をカバーして、高年齢者の生活レベルを維持していかなければならないというのは、私はありだと思うのです。

大内　将来的には労働力人口が減っていきます。そうすると、否が応でも、高年齢者がたくさんいるような職場が実現してしまうのですよね。

守島　そうですね。

大内　そのためには、いまから対応しておく必要が

＊3　高木朋代「高年齢者雇用と公正原理――選抜における合意形成と正義の分配原則」ジュリスト一四四一号二四頁

あるとも言えますね。

守島　高年齢者に対して、いまのように比較的ぬるま湯管理をしていると企業としては潰れてしまう可能性もあると思うのです。そこもきちんと厳しく管理しないと、成果も出てこないし、能力の高い人のモチベーションも上がらない。

大内　法的には、高年齢者の雇用保障の強化は、解雇規制の緩和か賃金などの処遇面の弾力化を可能とするルールを必要とすることになるのだと思います。ただ、そうしたルールを実際上も機能させるためには、二つのポイントがあるように思えます。一つは、企業がきちんとした人事管理をしていないと、いくら法的ルールを緩和したり弾力化したりしても、最終的に、裁判において、解雇や降格を正当化することは必ずしも容易ではないということです。もう一つは、規制緩和による労働者の保護の後退という一般的な状況がある中で、個々の企業の人事管理によって、いかにして労働者のモチベーションを下げないようにできるかです。

守島　で、いま人事管理で必要なのは、高年齢従業員に対する人事管理のパラダイムシフトです。いままでは、定年以降は、期待値の低い仕事をさせ、給与が半分になる形で、再雇用していたのが、高年齢従業員もフルの人材として期待し、責任あるポストにつけ、ある程度の高い給与も支払い、厳しい人事管理もする対象となる。逆に、働くほうも、年をとっても、それが普通の働き方だとして受け止める。その中で、六〇歳以降、働くことを選択する人も、そうでない人も出てくることになるでしょう。そして、六〇歳以降はそんなに厳しい環境で働きたくないと考える人は、そうでない生き方ができるようなお金の面も含めて、準備をしっかりするようになる。それが人口の高齢化に伴う、働き方、生き方の将来ではないでしょうか。

大内　高年齢者の雇用保障の強化の動きは、労働者にとってより厳しい働き方や生き方を求めることになりそうですね。

session

10

労働紛争の解決

Key Terms ▼ 敵対モデル／ストライキ／誠実交渉義務／協調路線／合同労組／企業内労組／コミュニティユニオン／三六協定／従業員代表制度／ユニオンショップ／オープンショップ／労働審判法／個別紛争解決手続／苦情処理制度／Voice and Exit

1　労働組合法には意味がない？

守島　ここでは労使関係・労使紛争の話に入っていきます。ちょっと皮肉な話なのですけれども、労使関係とか、労使紛争というのは、優良企業にとっても、悪い企業にとっても、あまり法律的な議論が意味を成さないというか、あまり重要でない分野だと思うのです。というのは、優良企業の場合には、企業別の労働組合は当然あるし、そこと友好な関係を結び、かつ個別紛争というのはほとんど起こさない、ということが大前提になっています。逆にいわゆるブラック企業などの悪い企業は、極端に言えば法律が何を言っていても、労働組合は作らせないし、労働者に対しては結構きつい扱いをする。したがって、労使紛争が非常にたくさん出てくる。そういう世界です。

言い方がよいかどうか分かりませんけれども、労使関係とか労使紛争に対して、労働法はあまり実質的な意味を持っていないのではないか、というのが一つの理解なのだと思うのです。その辺はどのようにお考えですか。

大内　それは、何か絶望的なことを聞いたような気もするのですが、我々法律家は、労働組合法というのは非常に重要な法律だと考えています。そもそも労働組合というのは、憲法二八条で保障される団結権、団体交渉権、団体行動権という権利に基づいて結成され活動するものです。そこで想定されている労働組合は、企業と闘う存在です。敵対モデルというのですけれども、闘う組合であって、労働者の利益を徹底的に守ることが使命で、そのためにはストライキもやるという存在なのです。そもそもストライキというのは大変な権利です。労働契約上の義務を堂々と履行しなくていいというものですから。それぐらいのことをやってもいいのです。団体交渉権というのも、嫌がる企業を無理やり引っ張り出してきて、単に交渉のテーブルに着くだけではなくて、誠実に交渉しなさいという誠実交渉義務を企業に課すものです。

労働法では、労働基準法とか、労働安全衛生法とか、最低賃金法という法律でガチッと最低基準を定め、その上乗せは、個々人では弱い労働者が組合を結成して、対等な交渉を通して、労働条件の引上げをやっていく。そこでは、徹底的にストライキとかをやって闘ってもいいというようなモデルなのです。そういうことを、大学の授業でも教えたりするわけです。一方で、いまのお話にあったように、実態は、かなりそれとは違っているのですね。

守島　優良な企業というか、普通の企業の場合には、敵対的なモデルというもの自体があまり前提とされていなくて、労働組合というのは協調的に、例えて言えば同じ船に乗って進んでいくパートナーという理解が多いようです。したがって、ご存知のように労使協議制であるとか、様々な形の労使コミュニケーションやコンサルテーションの仕組みがあって、その上で労使関係が成立しているというのが実態だと思うのです。

そのような関係に対して、極端に言えば法律というのは何も言わないというか、そうであればそうでいいですよ、というタイプだと思うのです。そういう意味では労働組合法の前提とするような労働組合みたいなものが、最近の日本では少なくなってきたというのが実態ではないですか。

大内　確かにそうで、労働組合法は敵対モデルに基づいてはいるのですが、それを前提として、組合の方針として企業と協調的な関係を結ぶということまでは、何も禁止されておらず、そこは自由にやってもらって結構ということなのです。例えば、企業の利益代表者のような人が組合に入ってはいけませんよとか、企業から経費の援助を受けてはいけませんよとか、これは法律ではっきりと書いています。正確に言うと禁止というよりは、そういう組合は法律上の組合とは認めませんという形で、組織面、財政面では独立した状態にいるように誘導しているのです。それは、組織的に独立していない、あるいは財政的に独立していなかったら企業と闘えないでしょうということからです。法の敵対モデルというのは、そういうところに現れているのですが、そこさえクリアしていれば、組合のポリシーとして、企業のいろいろなことに理解を示すとか、協調路線を進めるということは自由な選択に任されているのです。実際、日本の組合はそういうことをやってきたのです。それが、結局日本の経済の成長にもつながったと思います。

守島　当然戦後すぐはそうではなかったと思うのです。やはり一九六〇年の三井三池争議[*1]などを経て、徹底的な闘争というのはお互いにハッピーにならないということが分かって、協調路線に変わり、それが戦後の高度経済成長につながったのです。ただ、こういうことができたのは、一つには企業別組合であることが大きかったわけです。

2　最近の傾向

大内　ところが、いまはだんだんとそうではなくなってきている。例えば地域合同労組やコミュニティユニオンとか、個人加盟の組合が増えてきています。こうした状況は、企業にとってはかなり脅威となっているように思うのです。

守島　そうですね。逆に、企業の方でも、先ほど申し上げたような、協調的な労使関係を築けない企業、築く気のない企業がだんだん増えてきています。そういうところで、働く人たちの権利が奪われたり、いろいろな意味での悪い待遇が行われてということがあったので、いまおっしゃったような状況が起こってきたのでしょう。両方の変化により、再び敵対的な労使関係が存在する領域がだんだん増えてきたようです。

　ただし難しいのは、いまは比較的普通の企業、優良企業であったとしても、例えば非正社員の人材とか、あとは契約雇用の人材、請負、派遣というようなタイプの、正社員モデルから外れた形の雇用形態で働く人材が増えてきて、そういう人たちが絡んで紛争が起こることが多くなってきた。そういうところに合同労組みたいなものが入ってきて、非常に敵対的なモデルで企業との労使関係を捉えていくことになると、多くの企業にとっては脅威が高まってくるのだと思います。

▶session 02

大内　企業にとってみれば、企業外の戦闘的な組合の活動はやりすぎであり、日本の経済にとってもよくないと思っているかもしれません。ただ、先ほどの法の敵対モデルからすると、そもそも組合とはそういうものなのだとも言えるのです。

守島　そうなのです。これまでも企業というのは、先ほどもおっしゃったような企業内組合とは協調路線を歩んでいくのだけれども、そこから外れたところの労働組合というのは、常に敵対的なものとして認識をしてきたのです。例えば、上部団体が比較的戦闘的な場合とか、いまおっしゃったようなコミュニティユニオンみたいなものが力を持ってくる、というのは大きな問題だと認識してきたのです。でも、そうした労使関係の領域が拡大しているのかもしれません。

つまり、企業内労使関係以外のところでの組合というものがだんだん力を持ってきたのですが、それはある意味では正しいというか、もともとあるべき姿なのかもしれません。ただ、そういうものに対して日本の企業の人事管理や人事部というのはあまり慣れていないのです。

大内　こうした組合の活動範囲は、今後広がっていくことが予想されますけれども、どう対応していくのでしょうか。

守島　難しい問題ですね。一つはいまいろいろなところで議論されているように、いわゆる企業内労使関係のモデルを、非正規であるとか、いわゆる非正社員に適用していくということが少しずつ行われています。要するに、非正社員の組合員化、組織化というのがだんだん行われていく。それは主には、組合のほうの動きなのですけれども、企業も同時に、ある意味では容認しています。そういうことを認めることで、敵対的な外部労組が入ってくることを排除していくということですね。

＊1　三井三池争議とは、九州の三井三池炭鉱で一九五〇年代の終わりから六〇年代の初めにかけて起こった激しい労働争議で、労働者側が協調路線へ向けて労使関係を変化させたきっかけだといわれる。

3 協調路線の弊害

大内 排除はともかく、非正社員が外部の労働組合に加入するということが起こらないように事前に防止していくということなのでしょうね。私は労働委員会の仕事をしていますけれども、企業のほうで労働組合法の知識が不足していて、下手な対応をして紛争をこじらせるという局面に遭遇することが結構あります。それはいまの話とつながっていて、やはり企業が慣れていないのです。慣れていないということは、企業がこれまで組合とやっていた協調路線というのは、法の世界とは別の世界でなされていたことだったのです。

守島 法よりずっと上澄みの世界ですね。

大内 上澄みの世界ですから法の知識は要らないから、ちゃんと勉強してこなかった可能性もあるわけです。ここは、労働法を一から勉強してもらう。労働組合法の考え方とか、もっと言うと、誠実に交渉するというのはどういうことかというところからです。誠実というのは別に心の中で誠意を持ってという意味ではなくて、交渉にしっかり応じて、合意の達成を模索する義務なのです。そういう態度で臨んでもらう必要があるのです。組合が外からやってきてびっくりするのかもしれませんけれども、そこは堂々と受けて立ってほしいですね。

守島 いまおっしゃったことは、私も非常に面白いと思うし、重要なポイントだと思います。実は、日本の人事管理の歴史を見ると、先ほど申し上げた三井三池争議ぐらいまで、ずっと長い間、労働組合と企業との闘争の歴史が戦後最初の一〇年間、一五年間はあったわけです。でも、ほとんどは、一九五五年から六〇年ぐらいまでで終了し、いまでは、そこの知識を持つ人がだんだん少なくなってきているのです。

つまり、敵対的な労働組合がそのときには存在していて、そこでのノウハウというのは、本来の労使関係のノウハウで、例えば、敵対的な労働組合とどう交渉していくかということを含めて、労使関係のスキルやテクニックがあったのです。それが、日本の企業が、非常に平和的な、協調的な労使関係が続く中でだんだん失われてきたというのがあると思うのです。そして、国内的な意味でも、いまおっしゃったような合同労組であるとか、非正規の問題であるとか、新しいタイプの労使関係の問題が出てきているので、それに対応するノウハウというのは、日本の企業の人事部の中に蓄積されていないのではないかと思っています。非常に大きな問題ですね。

またプラスアルファで、実は日本の企業というのはグローバル展開していて、例えば海外のインドであるとか、中国であるとか、そういうところに行って労使関係の問題というのは、実は日本の戦後一〇年ぐらいに見られたような敵対的な労使関係がまだ存在している国が多い。そういうところで労使紛争が激化する危険というのが、いまの日本の企業には多くある。そういう意味では、国内的にも、海外的にも、労使関係の知識というのが、日本の人事部の担当者の中にほとんどないというのは問題です。つまり、敵対的な労使関係をどうハンドルするか、マネージするかという知識がないというのがすごく大きな問題になってきているのだろうと思うのです。

▸session 11

大内　そうですね。それに加えて、敵対的という中にもいくつかあって、単に経済的な観点から敵対する。パイのぶん取り合いをやるという敵対もあるのですけれども、もっとイデオロジカルな面とか、ポリティカルな面とか、あるいは宗教的とか、人種的な点が、組合の組織原理になっているところもあって、そういうところでは、いろいろな問題がなかなか交渉によっては解決しにくいところもあるのです。こういう組合とどう対処していくか、というノウハウは日本の企業にあるのでしょうか。

守島　そういうノウハウは、たぶん日本のいまの人事部、人事管理をやっている人の中にはほとんどないのだと思います。例えば、戦後の労働組合というのは、かなり政治的な意味合いがありました。

大内　共産主義の影響がね。

守島　ありましたけれども、でも、それは非常に短くて、かつそんなに戦闘的なものではなかった。なぜかというと、まさにおっしゃったように、更にその背景にある宗教であるとか、民族対立であるとか、あとはカーストというのでしょうか、社会の階層化の問題などがなかった。そういうバックグラウンドがなかったので、比較的早い段階で経済闘争に移っていって、更に協調路線に移行してきている。

でも、実は日本の外に出てみると、そのような社会の非常に深いところに根ざしたような闘争があって、これから多くの国でこうした社会的な問題を基盤にした労働組合運動がものすごく大きくなっていくことが予想されます。それに対応する力というのは、いまの日本の人事部の中には、正直言うと、ないのだろうと思っています。

大内　グローバル化の中で、実際に紛争も起きているわけですから、なんとかしなければいけないですね。

守島　そうです。その辺は経験を通して学ぶしかないのではないですか。

大内　痛い目に遭って。

守島　そう。実は、痛い目に遭って学んできた企業というのはたくさんあります。例えば、ブリヂストンが、米国でファイアストンを買収したときに、非常に大きな問題になったのはやはり労働組合対応なのです。そういうときにマネージしてきた経験、アメリカですから経済闘争の色彩は非常に強いのですけれども、闘争を経験したことでそういうところの知識が米国の労使関係担当者には豊富になった。ブリヂストンもある意味では痛い目に遭って学んできたのです。

大内　合同労組のことを研究されている労働政策研究・研修機構の呉《オウ》さんは、合同労組のメリットとして、企業内組合からは見えない新たな視点を提供してくれる、あるいは労働者の不満をうまく伝えてくれるという点があると指摘していました。

守島　言い方はちょっと難しいのですけれども、いまの日本の労使関係というのは、あまりにも協調路線が進みすぎて、問題が顕在化しないような可能性が結構あるのだと思います。例えばいじめの問題であるとか、職場内のハラスメントの問題であるとか、そのようなものが、本当ならば労働組合のルートで上がってくるべきだと思うのです。

しかし、実態はそのような個別の事象は上がってこない。労働組合というルートを通じて不満が上がってこないというところまで、労働組合と経営側の協調路線が進んでいる企業というのもあるのだろうと思います。

大内　二〇〇六年に施行された公益通報者保護法という法律があって、あれは企業の不祥事を告発する行為をする労働者を保護するための法律で、イギリスの法律をモデルに作ったものです。これだって本当は労働組合が、企業の問題点を、団体交渉とか労使協議を通して改善を図っていくというルートが十分に機能しているならば必要とされなかったのではないかと思うのです。ところが、組合が従業員から信用されていない。どうせ、企業とはなれ合い関係ではないのか、という疑念をもって見られているのではないでしょうか。

守島　労働組合というのは私の理解だと二つのレベルがあって、経営側の上層部と直接対話をするレベル、交渉したり協議をしたりするレベルの労働組合と、あとは現場の職場の中での労働組合の存在というのがあると思います。日本の場合は、そのトップレベルの、労働組合のトップと、経営側のトップがきちんとコミュニケーションを取るというところはかなり機能してきたのですけれども、現場での労働組合の存在というのは、だんだん弱ってきていて、どちらかといえば社内運動会の主催であるとか、組合共済であるとか、保険の提供であるとか、旅行サービスの提供であるとか、そういう比較的サービス的な側面で労働組合というのは現場では捉えられるようになった。そのため、何か問題が起きたときに労働組合へ行くかというと、行く気にならないというのが多くの働く人の感覚ではないでしょうか。

大内　従業員にとっては大事なことかもしれないけれど、そういうレクリエーション的なことばかりやっているようなのは、法の想定する労働組合ではないですね。そういうことなら、労働組合という形でなくてもいいのですから。

守島　極端に言えば、そういうサービスを提供するのであれば労働組合でなくても、共済組合でも何でもいいのだと思うのです。

大内　労働組合法の中の、労働組合の定義の中に、「共済事業その他福利事業のみを目的とするもの」

は労働組合ではないと書いてあるのです（二条但書三号）。組合という名は付いているけれど、組合ではないものが増えてきている。しかし、組合のやるべきことがなくなっているかというとそうでないはずなのです。組合員の間に沈殿している不満とかがあるはずです。パワハラ問題や長時間労働問題なども、本当は組合がすくい上げてガンガン企業にぶつけていくべきなのです。

▶session 06・07

守島　そうだと思います。そういうところを、日本の労働組合というのは、トップレベルでの協調路線を追求するあまりに、無視してきたと言うとちょっと言いすぎですけれども、あまり見てこなかったところはあるのだと思うのです。

4　労働組合は雇用さえ守れればよいのか

大内　いま長時間労働のことを口走ったので続けて言いますと、企業は、時間外労働を合法的にさせるためには、三六協定を締結し、労働基準監督署にそれを届け出なければなりません。過半数組合であれば、三六協定の締結主体となれるのです。そこで、組合が締結を拒否すれば、企業は合法的には時間外労働をさせることはできないことになります。これは、組合にとって、すごい交渉力の源泉となり得るはずです。

守島　そうですね。

大内　三六協定締結拒否闘争というのはほとんど聞かない。日本の労働者は過労で苦しんでいる、組合は何をやっているのだという意見が出てきてもおかしくはないと思うのですが。

守島　おかしくないと思います。だから、労働組合がやるべきことを、本当にやってきたのか。やるべきことにはいくつかのポイントがありますが、企業を成長させるためにやるべきことと、労働者を守るためにやるべきことと、大きく分けられると思うのです。多くの労働組合について、労働者を本当に守るという役割に対応したことをやっているのか、という疑問はたぶん出てくるのだと思います。

大内　おそらく雇用は絶対的に守る。ここについては組合も徹底的に闘うのでしょうが、そこさえ守られていれば、あとは多少企業に譲歩してもいいと思っている可能性はないですか。

守島　あると思います。だから、組合としては、雇用というものを守ってくれる。もっと正確に言うと、正社員の雇用を守ってくれるのであれば、企業に大きく譲歩することも辞さないという傾向が多かったのだと思います。

大内　だから正社員でも、パワハラや過労で、企業外の組合に頼るということが出てきたのだと思います。それと、組合が守る雇用は正社員のものなので、逆に言うと、非正社員の雇用は関係ないということでもあります。非正社員には組合員資格を認めてきませんでしたし、組合員でないから、その人たちの雇用や労働条件も関係ないということだったのでしょう。こうしたことから非正社員が個人加盟の合同労組に入ったりするようになったのだと思います。

守島　そういうことの一つの現れが、いわゆる個別紛争が増えてきているというところに出てきているのではないですか。つまり、労働組合に頼んでも何らかの形の対応が期待できないから、それ以外のルートとして、働く人が個別紛争解決に、何らかの救済を求めるという事態もあるのではないですか。

大内　おっしゃるとおりです。労働組合の組織率も低下していますし、組織率は全体で一八%を切っていますし、組合は大企業に偏在していて、組合がない企業がいっぱいあるのです。こうした状況の中で、法的な受け皿として個別紛争の解決システムが必要になってきたということなのです。逆に言うと、組合は、本当はもっとやれることがあるのではないかとも思います。

5　組合は再生できるのか

守島　そうだと思います。職場の問題を解決するという意味で言うと、もっともっと組合ができることは多いと思います。そのために、合同労組という形態がよいかどうかは別としても、企業外の組織が職場の働く人たちの救済に対応しているということも十分あり得るのだと思います。

大内　本当はそういう紛争が起きないように、企業内で非正社員も含めて対処できればいいのかもしれません。企業からもっと労働組合の活性化というか、もっと従業員の声を掬いとれよ、という働きかけというのはやらないのですかね。

守島　企業がやることがよいことなのかどうか。

大内　確かに、労働組合の独立性と関係しますからね。

守島　それはあるのですけれども、ただ、一部の人事管理の人たちと話をすると、労働組合がもっと元気になってくれないと、実は人事管理もやれない。例えば、人事管理で新しい制度を入れるときに、働く人たちの意見を聞きたいわけです。人事が聞いても、結局表面的な議論しか出てこないので、労働組合というルートがあれば、多少は本音が出てくる可能性はある。でもそういう機能もあまり果たしていないのではないか、ということを言っている人事の方もいます。

大内　まさに、そうしたことから、私は労働組合にはもっと頑張ってほしいと応援しているのです。研究者の中には、労働組合はそんなに期待できない、だから、労働組合とは違う、従業員代表制度を立法化して、職場における労働者の代表として機能するようにすべきではないか、という議論もかなり有力です。もしかしたら、そういう法制度がそんなに遠からず実現するかもしれません。この従業員代表制度については、どうお考えですか。

守島　従業員代表制度は、私も非常に重要な話だと思うのです。やはり、ポイントは誰が労働者側の代表になるのかということを確保していく、というのが非常に難しいのだろうと思うのです。

大内　リーダーですね。

守島　リーダーというか、代表者が誰であるか。よく冗談みたいに言う話なのですが、従業員代表が人事部長だったというようなことでは困ります。

大内　三六協定の締結のときの労働者側の代表を、経営側の指名した課長とかがやっているというのは違法なのです。

守島　違法なのですけれども、そういう実態もあるので、そのようにならないようにできるのであれば、私は非常に重要な話だと思います。

大内 労働組合というのは、本来自発的に労働者が結集して闘っていくというモデルなので、そういうエネルギーは、いまはないような気もします。だから、労働組合運動は盛り上がらないのかもしれません。

守島 労働組合は何のためにあるのかというところが、働く人にとって理解されていないのだと思うのです。働く人から見た場合には、先ほど言ったサービス組織ですから、そんなものは別に共済でやってくれればいいし、いまはインターネットを開けば旅行のサイトなどはいくらでもあるわけですから、別に組合からそんなサービスを受ける必要はないということなのです。本当に自分が困ったときであるとか、問題があるときだとか、ハラスメントを受けているときとか、そういうときに行くべき存在として労働組合というのが働く人に認識されていないから、労働組合も勢いが付かないということではないですか。

大内 それで、結局企業外の組合に行ってしまう。そういう外の組合のほうが本当に助けてくれそうだということなのですね。

守島 そうです。

大内 どうやったら労働組合は再生しますかね。再生させる必要はないのですか。先ほどのお話だと、企業側としても組合はあったほうがいいと。

守島 企業としてはもちろん労働組合があったほうがいいと思うのです。

大内 交渉ルートとして重要ということですね。

守島 そうそう。企業としては交渉相手というのがないといけないし。それから、企業というのは、判断を誤ることがあるのです。企業は、労働者のことだけを考えて経営をしているわけではなくて、当然ですが株主のことも考えるし、それからコミュニティとか、消費者のことも考えるし、いろいろなことを考えますから、そのバランスの中で判断を誤るときがあります。そのときに労働者のボイスをきちんと提供してくれる労働組合というのは、長期的にみて、企業経営のチェックの意味でもとても重要なことだと思うのです。よい経営をやっていくための仕組みの一つです。

大内　日本は経営者が従業員から内部昇進で来ているので、わりと労働者のことを考えるのでしょうね。

守島　それがいままでの議論だったし、私も正しい議論だったとは思うのです。

大内　変わってきましたか。

守島　株主というものがものすごく重要な存在になってきたり、経営者自身が外から入ってきたりするようになる、ということが増えています。これからも増えるでしょう。そうなると、やはり労働者のボイスをきちんと考えない経営者が出てくる可能性は少なからずあるのだと思います。

大内　そういうことを突き詰めると、やはりボイスを伝える存在は必要だ。でも、労働組合は自発的な団体なので、誰かに強制されて作るようなものではない。しかし、労働組合的なものは必要だと。そうなると従業員代表というものを法律で作ってしまおうと。おそらくこういうことになってくるのですね。

守島　私は先ほど言ったように、誰が代表になるかという問題がある程度クリアされるのであれば、作っても悪くはないのだろうと思います。

大内　代表がはっきりしなければ、ちゃんとした人が出てこないならば同じことだと。

守島　結局は同じことなのです。

大内　いまは、小学校とかでもガキ大将みたいな人がいなくなっていると言います。みんなをまとめてリーダーシップを発揮するような人が減っているのかもしれません。

守島　そういう意味で言うと、ちょっとはずれるのかもしれませんが、私は、中間管理職というものが、労働者のボイスを発揮する意味ではすごく重要な位置づけにあるのだと思っています。特に課長辺りです。

大内　ラインのルートですね。

守島　そうです。日本の中間管理職というのは、経営側に属していると考えられることが多いのですが、実態的に見ると、いわゆる現場で頑張っているワーカーと経営者の中間に位置しているという立場が強くて、つまり現場のことも分かっているし、上のことも分かっている存在です。まさにミドルマネジメントなのですけれども、ミドルマネジメント的な位置づけにある人が、どういうふうに、いわゆる下の人たちの意見を上につなげていくか、というのが人事管理上はすごく重要な話になってくるのだと思います。

大内 それがうまく機能すれば組合の役割のかなりの部分を代替するかもしれませんね。

守島 極端に言えば。実際にこれまではミドルがうまく機能してきた企業がよい企業だったのです。つまり、現場の課長がしっかりしていて、下の人たちの意見を上にちゃんとつなげていって、上の人たちの方針などを、自分の言葉で下につなげていく、という課長がいる企業は、強い企業でした。だから、そういう部分がもっと増えてくるというのがいいのではないですか。それで全ての問題は解決されないと思いますけれども、先ほど言ったような問題はかなり解決される。

大内 そうなると、ますます労働組合の未来は暗い感じがします。

守島 言い方がよいのかどうかは分かりませんし、そんなことを言うと怒られてしまうのかもしれませんけれども、労働組合は、かなり自分のクビを絞めてきたところがあります。協調路線を一生懸命歩む中で、経営側の思惑というものを、取り入れようとしてきた。もちろん労働者側の思惑も考えるのでしょうけれども、両者のバランスを考えすぎてきたところがあるのではないですか。

大内 経営側の意見を、従業員・組合員に伝えるためのスポークスマンみたいな役割ばかりになってしまって、本当に従業員の不満を吸い取ることができなくなっている。協調路線もいいのですが、しっかり労働者をまとめ上げて、リーダーシップを発揮して、企業と闘った人を企業が評価して、将来重役に登用するというようなことがあれば、もしかしたら変わっていくことはないですか。

守島 企業が評価するかどうかというのはまた別の問題なのですけれども、社会的に評価されるとい

うことはあり得ていいのではないですか。つまり、労働組合のリーダーであるということが、社会的に優れた人物像となっていく、そういうストーリーですね。例えば、最近は、NPOで社会的にきちんとした貢献をしているような人たちというのは、割合と社会的に認められたり、マスコミに取り上げられたりということがあります。労働組合のリーダーがそのようになっているということはほとんど聞きませんから、社会的な貢献があると考えて、優れた組合のリーダーを、社会として賞賛するというようなやり方もあるのではないですか。

大内　そうですね。賞賛されるには、賞賛されるだけのことをしないといけませんね。

6　労働者の不満と組合

大内　労働組合の原点というのは、労働者の自発的運動ということなのですけれども、例えばちょっと前に反原発で市民がたくさん集まって、それをオーガナイズする人たちもいてというように、何か訴えたい、抗議したいというような気持ちになれば、日本人だって自発的に結集するのですよね。

守島　そうです。

大内　労働組合も、本来はそういうものだったはずなのですよね。

守島　そうだったのです。

大内　ということは逆に言うと、労働組合運動があまり盛り上がらないということは、実はもう労働者はそんなにシリアスな不満を持っていないということなのですかね。

守島　いまはいろいろな調査をやると、不満がないという人が四〇％ぐらいいます。それでもいろいろ聞いてみると、労働時間が長いと思っていたり、上司に不満があったりする。要するに個別の不満としてはいろいろなことがあるのだけれども、総合してみるとそんなに自分の生活はまずくない。総合的に見て、不満がなくなってきたということはあります。

大内　確かにどんな人でも何かの不満はあるのでしょうけれども、それが運動に駆り立てるほどの大きな不満になっていないということなのでしょう。

労働者の幸福度が上がってきたからだと思うのです。

守島　もちろんそうなのですけれども、社会にはいろいろな問題があるわけです。いままで言えば原発の話であるとか、エネルギーの話であるとか、もうちょっと職場に近いところで言えばハラスメントの問題であるとか、いじめの問題であるとか、そういうものに対して誰がどこまで対応してくれるのかということを、働く人たちは非常に丁寧に見ているのだと思います。労働組合はどこまでそういうような、いわゆる自分たちに直接関わるような問題に対してどこまでやってくれるのかどうかというのを見ているのだと思うのです。働く人にとって重要な問題が、昔は賃金と雇用だったけれども、いまはハラスメントと原発なのかもしれないといった場合、こうした問題に労働組合がどこまで対応できるのかというのが問われているのだと思うのです。

大内　なるほど。例えば大企業に入社すると、その月の賃金から組合費が引かれるというようなことがあるわけです。つまりユニオンショップで、従業員イコール組合員だということです。ユニオンショップというのは、本来憲法違反ではないかと私は主張しているのです。憲法では、団結権が保障されていますが、団結する権利があれば団結しない権利、つまり組合に入らない自由もなければおかしいだろうと思っています。これは少数説で、実務的には、ユニオンショップは有効とされています。しかし、従業員が組合費を払ってでも入りたいという組合にするためには、ユニオンショップを一旦なくして、オープンショップにしてしまって、組合員を集めるために、いろんなメリットを提供するというような努力を組合がせざるを得ないような状況を作ればどうかと思っているのです。崖から突き落とすような感じになるのですけれども、解体的出直しをすべきではないかと思っているのです。

守島　そういう議論もあります。ただ難しいのは、メリットを提供するというときに、メリットを提供するための方法について、結構選択肢や方法が見えにくいのです。

大内　レクリエーションとかは別としても、例えばハラスメント問題に取り組んで、ちゃんと団体交渉で取り上げますよとか。

守島　そのようなタイプのもの、つまり働く人にとって重要な事柄に関わる問題であれば非常に大切だと思うし、組合の魅力も上がると思うのです。そういうことで力を発揮できるのであればいいけれども、いまの労働組合の人たちがそこまでできるかというと従業員は難しいとみているのです。

　また、労働組合のもう一つの大きな問題は人材不足なのです。ほとんど人が育っていない。専従とか少数の選任の役員はいますけれども、現場の労働者と直接かかわるのは、現場の職場委員などです。そういう人たちというのは、順番で回り持ちでやらされているという感じでやっているのです。

大内　しかたなくやっている人もいますよね。

守島　だから、人が育たないのです。いま職場の問題にしても、経営の問題にしても高度化していますから、高度化している問題にきちんと対応できるためには、やはり労働組合として勉強したり、優秀な人をちゃんと確保しないといけない。そこが難しいのだと思います。

大内　ますます絶望的な話になってきましたね。

7　社会組織としての組合の姿

守島　労働組合は、ある意味では成功しすぎたために、自分たちの生存を危うくしているという状況です。

大内　私の目から見ると、もともとは労働者の集団にすぎなかったものが法的に認知され、日本では憲法で保障される団体であり、団体交渉権とかストライキ権を憲法の保障する権利として勝ち得たというのは、市民運動としては大成功だったと思うのです。

守島　大成功なのです。

大内　労働組合が、法的に持っている権限を本気で使うと、これはものすごいパワーなのです。

守島　そうだと思います。ただ、別の考え方をすると、法的に付与された権限が強すぎて、かえって弱ってしまったというのもあるのかもしれません。

　アメリカの労働組合も組織率は減っていますけれども、個別組合を見ると強いです。ものすごく強い。

すごくパワーもあるし、戦闘的だし、いろいろな社会問題の解決にも関わっている。それは、非常に劣悪な環境に置かれてきたということもあるのではないですか。

大内　原発問題などの社会問題にも、ある程度積極的に発言して、国民からの共感を高めていくことが必要なのかもしれません。

守島　そうなのですよね。民主党政権が生まれたときに、支持基盤の大きな部分が連合だったということがあって、労働組合の政治参加が強まるかもしれないという一種の夢を見られた時期がちょっとだけあったのですが、先の選挙で終わってしまいました。

大内　フランスは、労働組合の組織率が一桁なのです。しかし、何かあったときの動員力はあるのです。組合員であるかないかに関係なく、組合が一つの社会的な組織として認知されていて、何か動員をかければみんなが動く。それがよいかどうかはまた別なのですけれども、あまりにも弱い日本の組合を見ていると、ちょっとフランスのようなのもいいかなと思ってしまいます。

守島　何らかの社会的なミッションを持っている組合というのが、先進国では一つのモデルなのだと思います。もちろん発展途上国であれば、まだまだ経済闘争であるとか、民族闘争であるとかが、そういうところのミッションで、それに基づいて組合運動というのが盛んになっていくのだと思います。これに対して、先進国では社会問題で、それもかなり高度な社会問題を扱っていくというような労働組合モデルが、これからは必要で、そのような組合が人々に受容されるのではないですか。

8　闘うためのノウハウと労働法教育

大内　動員をかけるとか、デモをするとか、ストライキも含めて闘うにはノウハウが必要で、そういうことをしょっちゅうやっておかなければ、せっかく団体行動をしようとしているのに、やり方が分からないという話もあります。ストライキというのは結構ノウハウが必要なのです。

守島　ストライキをやる技術もそうですし、交渉の技術もそうです。

大内　そうですね。真剣な交渉というのは、やはり技術が必要なのです。

守島　打合せ会ではなく、本当の交渉をどこまでやるかということは、やはりノウハウだと思うのです。先ほど申し上げたことなのですけれども、そういうノウハウが五五年、六〇年ぐらいまでは双方に残っていたのだと思うのです。その後、労使関係が非常に平和な時代があって、なくなってしまったのです。大内さんは、私よりちょっと若い世代だけれども、私が高校生のころは、春闘というと、毎年電車が止まっていました。

大内　私も記憶にあります。

守島　そんなことも、いまはほとんどなくなってしまいました。

大内　そうですね。

守島　平和な時代が長くなると、いわゆる労使関係をマネジメントするノウハウというものが、組合側にもなくなります。もっと悪いことには、人事部のほうにもなくなっていくということなのです。

大内　電車を早朝一時間止めるくらいは、毎年してもいいのかもしれません。

守島　そうだと思います。

大内　あるいは、ストライキをやるぞという威嚇だけでも必要かも知れません。最終的には撤回するにしてもです。

守島　そうそう。

大内　いまはそういうことがなくなってしまったのです。ストライキをやると、なぜそんなことをするのだと、逆に組合が非難されてしまいます。

守島　そうそう。

大内　航空会社のパイロットがストライキをやってすごく非難されたことがありました。パイロットは高給を取っているのにストライキをするなんて何事だ、というのです。でも、高給なのは、高給を貰うだけのきつい仕事もしているわけであって、その中で何か不満があれば闘うのは全然構わないはずです。

守島　そう思います。

大内　ストライキは労働者の権利なのです。日本では労働法教育が不十分であって、もっとちゃんと労働者の権利というものについて理解を深める教育が必要だと思います。ストライキにかぎらず、やりすぎはどんなことでも駄目なのでしょうけれども、正当な主張に基づいてやっているものは応援していく。そういうことが広がっていくと、先ほどの組合のリーダーが社会から賞賛されるという話につながっていくような気がします。

守島　労働法教育というか、労働者としてどういう権利を持っているかとか、どういうことにはちゃんと闘っていくべきなのか、闘っていくためにはどういう法律の支援があるのか。そういう部分の教育というのが、日本ではほとんどなされていないのだと思います。

大内　そうなのです。これだけ多くの人が労働者になるのに、労働法を知らないというのは、自分の商売だから言うわけではないのですけれども、問題があると思っています。

守島　問題があると思います。例えば、一般的な現在の大学生に、就業規則というものがなぜあるのか、さらには自分が就職する企業で就業規則があるかないかとか、そのこと自体もたぶん分かっていないと思うのです。でも、働く人の労働条件の重要な部分のかなりのところは就業規則で決まっているわけですから本来はとても大切で、また就業規則というものはほぼすべての企業にあるはずです。それに対しての理解がある程度でもないと駄目だと思うのです。でも、そういう理解もほとんどない。雇用契約が非常に薄っぺらい紙で来て、その後ろには就業規則がちゃんとあるのだということも理解していないのです。

9　紛争解決手続への評価と実務でのマネージ

大内　ちょっと好戦的な話をしてしまいましたが、ただ企業としては、紛争が顕在化するようなところはダメだとも言えそうです。

守島　そうですね。紛争が外に出てしまえば、人事は負けです。人事部長のクビが飛ぶという言い方はちょっと過度かもしれませんけれども、やはり人事としては非常な汚点です。

大内　そういう観点からすると、例えば労働審判法ができたり、個別紛争解決手続が整備されていくというのは、紛争を誘発しやすくなる、顕在化しやすくなるという点で、ネガティブな評価につながるのでしょうか。

守島　ネガティブな評価は、企業から見るとどうかなぁ。これもよい企業と悪い企業に分かれるのですけれども、よい企業であれば、外に出る紛争は起こらないのだという前提です。外に出るのは、極めてレアな、異例なケースなのです。悪い企業は、そんなことは知ったことないということになりますから、そういう意味では苦情の顕在化に対して、紛争解決手続の整備がインパクトを持ったかというと、あまり持っていないという認識ではないですか。

大内　そうですか。よい企業は、こんな制度がいくらできようが、紛争の種が最初から育たないようにすると。

守島　自分でマネージしているということです。苦情処理制度というのがあるではないですか。企業が準備しているところもあるし、組合がやっているところもありますけれども、多くの企業であれの利用率は極めて低いのです。たぶん全従業員の中で、使ったことがあるのは一％とか、年間一人とか二人とか三人とか、企業の規模にもよりますけれども、そのぐらいが普通なのです。苦情処理制度という、社内の制度を考えた場合でも出てこないのですから、ましてや社外の制度まで持っていくというのは、よほどのことでないと出てきません。

大内　それは、苦情がないと理解していいのですか。

守島　そうではなく、その制度に乗ってくる前に、マネージされてしまう。それはよい意味でのマネージもあるだろうし、悪い意味のマネージもあるだろうし。

大内　そのマネージというのはどういうことですか。話を聞いて納得させるということですか。

守島　納得させるとか、人事が何らかの手を打って、上司と部下の問題であればどちらかを異動させることで解決してしまうとかで、不満を持つ人を納得させてしまうとかいうことです。

大内　そういうのがもっと機能すれば、それこそ労働組合も要らなければ、労使紛争解決手続も要らないと言うことになりそうですね。

守島　そういう面もあります。ただ、重要なのは、不満を隠ぺいするのではなく、人事がもっとオープンな形で苦情を取り入れる。苦情にしても不満にしても取り入れるということが必要なのだと思います。人事というのは、見ているようで見ていないのです。企業の中で何が起こっているかというのは、本来は理解しているはずの部署だと思うのですけれども、理解していない部分も大きい。それがどういうルートで上がってくるかということが大切で、いろいろなルートがあったほうが健全だと思うのです。いうなれば、苦情処理制度みたいなところからきちんと上がってくるということが、もっと普通になっていくことが必要なことだと思います。

大内　アメリカでは、苦情処理は組合がやっていますよね。

守島　組合がやっています。

大内　苦情処理ルートと団交ルートが分かれているのですね。

守島　そうです。

大内　日本は、苦情処理に組合が入っていない。

守島　入っていないことも多いです。多くの企業で苦情処理も、基本的には企業側が提供する制度になっているので、従業員本人としては人事考課に影響してしまうという懸念があります。

大内　いまの話を聞いていると、労使紛争という問題は、人事管理の影の部分かもしれませんが、そこで紛争が起こらないようにしっかり考えていくというのが非常に重要なことで、日本企業はそれをうまくやってきたから、労働者はそれなりに満足して、高い生産性を発揮してきたと言えるのでしょうね。

守島　いまのようなところまで持っていくには、やはり労働組合もきちんと役割を果たしてきたはずだし、人事もきちんと役割を果たしてきて、その両者が相俟っていまのような紛争のない、生産性の高い企業をつくってきたのだろうと思います。逆に言うと、協調的な労使関係ができた後で会社に入ってくる人たちにとっては、昔、労働組合が何を苦労してきたのかを見ていないわけですから、労働組合というのは何のために必要なのかということになってしまうのです。

大内　労働組合の貢献の歴史をちゃんと学ぶことが大切ということですね。

守島　そうそう。

10　Voice and Exit と組合

大内　いまの点とも関係しますが、Voice and Exit の議論というのがありますよね。不満を持った労働者は、放っておくと Exit してしまうので、それを防ぐために、労働組合を通して Voice を経営側に伝えさせることによって、不満を軽減させ、優秀な労働者をとどめることができる。そういう観点から労働組合には存在価値があるというのですが、日本でも、こうした面での労働組合の存在価値はあったのでしょうね。

守島　そうです。ただ、日本では Voice と Exit というのがパラレルで機能してこなかったのだと思うのです。つまり、Exit ということが、問題解決にならない。

大内　日本の労働者は Exit しなかった。

守島　労働者が Exit しなかったので、Voice があるからといって、Exit が少なくなるとか、Exit が影響を受けるということではあまりなかったのだと思います。

大内　なるほど。

守島　いくつかの研究を見ると、Voice を発して Exit する。つまり、会社に文句を言って辞めてしまう人が、実は結構多いのです。実態的にも多いのだと思います。Voice をしたから残るのではなくて、Voice をするというのは、Exit の最終局面で、Exit する直前で会社に文句を言って辞めるというのが、たぶん多くの人の実態なのです。したがって、その Voice を用意しておくから Exit が少なくなるという、海外流の Voice, Exit の議論が、日本だとなかなか成り立たないのです。

大内　在職中に Voice を言うと、報復される危険がありますね。

守島　そういうことです。働く人からみれば、そのあとで長期にわたってその企業で働くのですから、心配になります。

大内　だからこそ、労働組合を通していくという意味があるのですね。

守島　そうそう、あるのです。Voice の機能は人事だけではなくて、労働組合もちゃんと守っていかないと、人事だけがやっていると抜け落ちてしまう部分が結構多いと思います。変な言い方ですが、労働組合が、労働者の不満を大切にするというのはすごく重要な話だと思います。そのように地道なものの積み重ねが、たぶん労働組合の再生につながっていくのだろうと思います。

11　組合は人事管理の敵か

大内　協調的で円満な労使関係をつくるというのはかなりノウハウも必要で、準備とか時間も必要で、そういう面でまだ過去を知っている組合のオーガナイザーたちは、是非そのノウハウを伝承していってもらいたいですね。

守島　そうですね。連合とか、そのような上部団体もそのような役割を担うべきだと思うのです。

大内　やっているのでしょうけれどもね。

守島　やってはいるのでしょうけれども、でも人は育っていないのです。ノウハウがちゃんと蓄積していかないということがあります。

大内　人事管理の立場からも、組合は決して敵ではないし。

守島　いろいろな立場があると思いますけれども、私は人事管理の中で、労働組合というのはものすごく重要だと思っています。人事というのは最終的には経営側なのです。判断の最後の拠り所は。どんなに人のことを大切ですと言っていても、経営的な視点から行われます。でも、そのときに労働組合があると、その意思決定の前に少し考える必要が出てきて、そうした躊躇や変更が長期的には企業のためにいいということも十分あり得ると思うのです。やはり、強い労働組合というのは、人事管理の中ではものすごく重要な存在だと思っています。

大内　組合は闘うべきときには闘わなければならないが、そういう闘う態勢をもった上で、同時に、企業のことも考えながら、建設的な姿勢で、団交あるいは労使協議に臨んでいくという存在であってほしいということですね。

守島　そうです。日本モデルというのはよいモデルなのですけれども、現状を見ていると、一歩間違うと労働組合自身の存在を危うくしてしまう。健全な労働組合がなくなってしまうという恐ろしさを含んでいるモデルなので、ここの段階でもう一度労働組合というのはどういう存在なのかと、法律の精神にうたわれた、もともとの労働組合の原点みたいなものに戻っても、考え直していかないと、企業経営自体が何かおかしくなってしまうような気がします。

大内　ヨーロッパの人たちから見ると、企業別組合などというのは御用組合以外にあり得ないと決め付けるわけです。そういうときに、日本の組合は、単に闘うだけの労働組合とは違う機能ももって労働者のために存在しているのだという説明をしてきたのですが、だんだんとそうした説明が空虚なものに思えてくることもあるので、是非そういうことのないように頑張ってほしいですね。

守島　そうですね。

session

11

グローバル化で問われる日本の人事

Key Terms ▼ ジョブ・ローテーション／ジョブ・アサインメント／リテンション／コミュニケーション／ジョブグレード／職能資格制度／女性の活用／時間外労働／パターナリズム

現場では

ゲスト

コマツ
顧問
日置政克
Masakatsu Hioki

1　コマツのグローバル化の歴史

守島　ここではコマツ顧問の日置政克さんをお招きして、経営のグローバル化という新しい状況の中における労働法とＨＲＭの関係を考えていきたいと思います。

本題に入る前に、簡単にコマツの歴史、グローバル化の歴史と、その中で日置さんご自身がどういう役割をされてきたのか、ご自身の紹介も含めて簡単にお話いただきたいと思います。

日置　会社設立は一九二一年、石川県小松市なので「小松製作所」なのです。創業時は、ヨーロッパから輸入された銅鉱山で使われる鉱山機械の修理会社でした。ビジネス上から言うと、一九六〇年代に資本が自由化されてキャタピラー社と競争して、キャタピラー社の品質に追い付け、追い越せだったのが、結果としては追い付けるようになったので、この会社はキャタピラー社に引っ張られるような格好でグローバル化していったと思います。

本格的な輸出は一九六〇年代に始まりました。歴史を調べますと、一九五一年にアルゼンチンに機械を輸出したのがコマツの輸出の初めなのですが、一九五〇年代後半に中国、ロシアとも貿易を始めていますので、私が入った一九七五年には、すでに輸出企業として定着していたのです。これは一つのアドバンテージだと思います。

一九八五年のプラザ合意の前後から海外生産の時代になって、いま、工場の数から言うと五一あって、四分の三は海外です。売上げの八三%が海外、五八%の社員が外国人なので、数字上からグローバル化したことがはっきり分かりますし、早く海外に出た部分でメリットが大きかったと思うのです。

私が自分で位置づけているのは、特に二一世紀になってからは、海外の人とどう一緒にやっていくかで、堅い言葉で言うと「グローバルな連結経営の時代」という言い方もしていますし、区別なく、差別なく、どう一緒にグローバル・チームワークでやっていくかという時代と認識をしています。八三%が海外売上という比率と、一方では日本で心臓部の部品、エンジンなどを作って海外に輸出するというやり方なので、安く作るというよりは、世界中のお客様の近いところで作ろうというのがモノづくりの考え方です。

そこで、私の仕事は海外の人とどう分け隔てなくやっていくかということだったので、自分でこの一〇年やってきたのは、海外の人たちがいろいろな意味で差別をされているのでそれを是正することと、守島先生の本を読んでかなり影響されて、人から会社を見るようになったことです。経営サイドから人を見るというよりは、特に人事の人たちは働いている社員の側から見るのではないかというのが、この五、六年の持論です。海外の人たちと働くときには、目線を合わせてというか、社員目線で見ようではないかと。守島先生の言葉をいつも使わせていただいていますが、「働きたい会社」です。私はそれを続けてほしいので、「働き続けたい会社」にしたいと思いましたし、自分で作った言葉では「居る甲斐がある会社」「居甲斐《いがい》のある会社」にしたいのだということは常に申し上げています。

でも、いまいろいろな会社を見ると、社員の側から見るということが、我々が想像している以上に起こっているのです。決して上から目線で労働者を酷使するとか、搾取するといった概念ではなくて、社員にどう元気で働いてもらうかという形になってきているように思います。コマツの場合、近年は業績がよいので、人に対してある程度の投資ができるという部分は大きいと思います。

2　多様性のある人材の管理と育成

守島　先ほど「グローバル・チームワーク」という言葉を出されましたが、そういう意味では外国人の従業員が五八％ぐらいで海外売上げが八三％ということで、グローバル・チームワークの中に入ってくる多様性のある人材がかなりたくさんいると思うのです。そういう人たちをまとめ上げていくというか、人事管理的に一つのチームにしていくときには、どういうことを考えておやりになっているのですか。

日置　もともとコマツの行動基準を一九九六年に作ったときに書いたのは、人事は decentralization（分権）、生産や開発、調達は色濃く centralization（集権）で、バリュー・チェーンのど真ん中であれば、日本からの方針が生きるのですが、人事はいろいろな違いがあって、制度は各国の違いをベースにしているから、細かいところまでは入れないだろうし、入るべきではないということです。例えば、給与の体系について、全部サラリーグレードを決めて世界一律のグレーディングをするという考え方は、理論的には新しい方向だと思いますが、それが本当にここでできるのかという部分です。私は否定的で、一つは作ってもいまの我々の中ではメンテナンスができないだろうと。その次は、労多くして投資効果（return on investment）が取れるのかとなれば難しい。それは任せる形にして、ただし、差別しない、フェアといったゼネラルなグローバルポリシーを共有する。あとは現地に任せると。変な意味で干渉はしないという言い方になると思います。

同じ管理系でも、経理は決算をするので、色濃く日本からいろいろなガイドラインが出ますが、たぶん人事が最も現地を信頼して任せる分野だろうと思います。

大内　人事を現地に任せるというのは、ある意味大胆ですね。日本的なものを持ち込んでも仕方がない、かえって非効率ということでしょうか。

日置　私は日本本社のマンパワーの問題が非常に大きいと思います。私は「日本流」という言葉は使っていなくて、「コマツ流」という言い方をしています。「日本的」という言葉も、ある意味では受け入れにくい部分がありますから。むしろグローバル・チームワークですから、海外も含めてコマツ流を作ってきたという面もあります。それとシステムや制度で括るというのは別問題でいいのではないかと、特に人事はそうではないかと思っています。

守島　ここで言われる「コマツ流」とは、本質みたいなものがあるとすれば何でしょうか。

日置　モノづくりの部分については、ほぼ間違いなくコマツ流だと思っております。全員参加型で、改善も含めてやっていこうということですが、人事という機能ではあまり入ってきません。

例えば世界中で人事交流をすべきだという議論が最近結構あります。私はアメリカにいるときにアメリカ人と議論しましたが、彼らは基本的にはアメリカの中で仕事をしていくのが一番幸せなのです。そうしたいきさつを知っているものですから、アメリカの中で自己完結的に仕事をしてもらうことが第一だと。ただ、いろいろインボルブする機会を作ることは大事です。例えば、ビジネスプランを作るときはみんなで議論をしようとか、世界中の人を集めて情報を共有する会議をするとか、社長は海外に行ったら必ず社員に対して会社の実情を話すとか。しかし、世界中をグローバル・ローテーションと称して経巡り回るのは、これまで日本の人に対してやりすぎてしまったのではないかと思っています。単身赴任の多さみたいなものも現象面で出てきますし、悩ましい部分があります。

実際日本の工場のデータを取ってみると、八割は土着なのです。大学卒の人たちを中心に、一部の層が経巡り回っている部分はありますが、本当にこんなに移動していくことがよかったのだろうかと。最近、人事部の人に残したメッセージがいくつかあるのですが、その一つは「人材育成」という言葉を人事部の人が使うことは危険だと言っているのです。社長がグローバル人材を育成するのは賛成です。でも、人事部の人は、社員目線だったら一人ひとりのキャリアをどう支援するかということで見たらいいのです。そうすると、「教育」という言葉も、何か洗脳するようなイメージがあって相応しくないのです。「ジョブ・ローテーション」もそうです。若い時代にいろいろ経験するというジョブ・ローテーションは正しいのですが、キャリアを育てるのはジョブ・アサインメントなのです。ローテーションのために三〇年転勤し続ける社員の側に立ってみると、もう少し違う方法があるのではないかという感じがするわけです。

大内　日本の雇用システムの根幹の話になってきましたね。

3　海外の人事管理を経験して

守島　日本の人事管理の特徴は人事部が非常に強いパワーを持って、人を動かして育成してというイメージがあります。いまの話はそうしたことでは働く人のためにならないのだということでしょうか。

日置　昔は労務が強かったと思うのです。一九五〇～六〇年代は、労働組合が荒れたのです。でも、会社と協働する組合になってきたという経緯を経て、労務から人事の時代に変わってきたのだと思います。そうすると、「マス」として相手にする社員から「個」の社員になってきて、そこでグローバルの潮流が入ってきたので、私も日本的な労務管理を中心にした人事のやり方は通じないと思いました。それはアメリカやイギリスに行った一九八〇年代にまず経験しましたし、その前にアメリカの企業で研修したときに、一番びっくりしたのは人の評価をオープンにやっていたということです。三〇年前は日本では想像もできないわけで、完全に密室でやっていたのです。評価する人たちは一生懸命公平にやっていると思いますが、本人にとっては何もフィードバックがなかったわけで、アメリカではこんなにオープンにやっているのだということがあります。

もう一つ初めて習った言葉はリテンション、つまり優秀人材の引留め、です。エンジンの提携している会社に行ったのですが、彼らは優秀な人をどう引き留めるかにものすごく悩んでいました。実は、コマツは年間退職率が〇・六か〇・七%ですから、そういう意味でも人に視点をシフトしていくことになり、長く働いてくれることは何よりもありがたいことだと思います。メーカーはやはり経験則で動いている部分があって、うちの会社は old technology なのです。腕や経験がまだものを言う、古めかしいビジネスモデルですから、長期の雇用が自然なのではないかと思っています。ただ、いろいろな会社を冷静に見ると、海外の会社でも社員は結構長く働いていますし、キャタピラー社などはトップに上がるのに二〇年や三〇年の社内経験を持っているのです。だから、決して日本の企業だけではないということです。

大内　どこの国でも優良な企業は従業員を大切にして、長期雇用が実現しているということですね。日本は長期雇用を規範にして解雇▸session 08を制限しているのですが、アメリカでは法律上はそうはしていないのですが、自発的に長期雇用施策ができているということですね。

日置　日本の場合、能率が低いとか会社に合わない人たちに対しては、ステップを踏んで解雇することができないわけではないのですが、それをしてはいけないというのがパラダイムになってきます。一方で、アメリカなどは平気で解雇しているように見えますが、実は解雇してもアウトプレースメント(outplacement)とか推薦状を書くとか、いろいろな意味でフォローする仕組みを持っているわけです。ですから、言われているほど差はないのだろうと思います。

　我々も一番悩ましかったのは、雇用期間が有期な社員を「非正規」▸session 02と称して、完全に差別用語で雇い始めてきました。理屈から言えば、雇用期間が有期か期限を定めないのかということですが、たまたまコマツの場合には、リーマン・ショックの前までに工場の有期雇用の人たちを一四〇〇人ぐらい正規社員に登用できたということがあったので、この問題を回避できました。ただ、日本全体の問題としては、これは大きな問題ですので、私は基本的にある部分ではバッファーとして持つ部分は否定しませんが、どこかできちんとした雇用を維持することが大切だとは思っています。

今度は定年後再雇用ということが法律で決まっていますね。ここはもう少し企業の自由にやらせてほしいですね。今は業績がよいので、報酬は上げていませんが、六四、五歳ぐらいまでは働いてもらっています。これは企業の社会的な責任として、ある意味ではやれるだけはやろうということでやっています。

4 人事の現地化のすすめ

大内 先ほどのグローバル化のお話ですが、これはそれぞれの現地の人事の慣行に任せたほうが効率的であるわけですね。

日置 私はそうしたほうが絶対うまくいくと思います。きめの細かいやり方も可能だし。

大内 しかし、国によってはちゃんと人事管理できないようなところもあるのではないかと思うのですが。

日置 それでは日本がうまくいっているのかということです。日本がうまくいっているという理想状態を前提に、「なぜあなた方は」とくるのは、危ういのではないかと思うわけです。私たちがよく「日本では」という言い方をするときの日本は、完全に理想状態なのです。イギリスで最初にスタートしたときは、みんなが「日本だったらこんなことはない」と言っていた日本は、たぶんどこにもない日本です。そういう意味ではそれぞれの国のことを理解することは大事ですが、特に人事の問題は外国人では難しいと思います。現地の社員に関わる問題にいろいろ入ろうとしましたし、組合と交渉もしましたが、どう考えても交渉にならない交渉をするとか、私たちが何でこういう交渉をしているのか分からないような交渉をしていたのです。私も交渉に入れられて、これほど汚い言葉が英語にあるのだということも理解しましたし、例えば、会社の代表である支部長と交渉するのではなくて、UAW[*1]の本部から来た人との交渉しかできないのです。それで何とか日本のように直接話し合いをしたいと思いますが、それが全くできなかったのです。だから、私もイギリスとアメリカと二国に駐在しましたが、人事の領域は最もコマツ化できない領域だという認識をしました。人の問題についてはそれぞれの地域にそれぞれの歴史や伝統に根差したものがあるので、それを尊重しながら任せようと。それで行き着いたのが、先ほど申し上げたような極めてゼネラルなグローバル人事のポリシーになったということです。

大内 グローバル化というのは、多様な制度の存在を認めるということなのですね。

日置 それが前提だと思います。ただ、日本的でよいやり方もあって、私が優れていると思うのは、現場とオフィスの垣根が低いということです。アメリカでは、現場のスーパーバイザーは、その仕事を得るために勉強をして来るのです。ですから、現場の技能の経験などはほとんどないままに現場を管理する、つまり外から管理するのです。日本のスーパーバイザーは中から昇格していきますから、昔は中学を出て一〇年や二〇年溶接工、組立工をやってきた人がチームリーダーになり、スーパーバイザーになるというように、内から管理していくのです。これは、アジアなどでは十分にやっていけると思うのです。私どもは中国ではかなり日本的なやり方をしていますし、インドネシアも新卒を採って鍛えるし、インドで新しく作った工場も新卒を採ってということになっているので、これは日本型のモデルというか、コマツ型のモデルでやれるのではないかと思っています。

アングロサクソンの世界は、日本でコマツがそういうやり方をしているから、高卒を採って二〇年育てるかというと、たぶんそう簡単にはいかないでしょう。ですから、現地の側にある程度同じベースを作ることは必要ですが、オペレーションは任せるということだと思います。

大内 日本の企業が海外に進出した先で、組合の問題などでトラブルを起こしてうまくいかないところも出てきていますが、それは日本でのやり方を通そ

＊1 United Auto Workers：全米自動車労働組合

うとしたことに原因があるかもしれませんね。

日置　それはそうだと思います。あとはコミュニケーションの問題があると思います。人のコミュニケーションの問題は、そう簡単にうまくいかないと思うのです。早稲田大学の白木三秀先生の調査で、例えばインドネシアにいる日本人のミドルマネジメントは、インドネシア人のミドルマネジメントに比べると、インドネシア人に尊敬されていないという調査結果がありました。どれ一つ取り柄がないと言われているのです。その理由は社員を見ていく中でのコミュニケーションの難しさだと思うのです。コミュニケーションが難しいというのは、きちんと現地の言葉を話すとかではなくて、中に入っていけるかどうかということです。普段からいろいろなことを日本独特のあうんの呼吸でやっていると、現地が理想とするようなコミュニケーションの頻度と中身にならないのではないかと思うのです。流暢な言葉でやれというのではないと思うのです。フォーマル、インフォーマルで一緒になっているかという部分だと思います。私がよく駐在員に言ったのは、たとえば、現地のスタッフの結婚式に呼ばれるのはそれだけ認められたということで名誉なことなのだよということです。

守島　人事管理というのは、最後は人と人との付き合いですから、そこがどこまでできるかということですね。

日置　私は、日本人でも外国人でも人は同じだと信じて疑っていないので。

大内　そういう意味では、うまく現地化して、向こうの人たちと信頼関係を築くのが人事管理の要諦であるということですね。

日置　「信頼」というのは、ものすごく大事な言葉だと思います。中国人ともその言葉でいきましたし、アメリカも「trust」とか「trust relationship」とかでいきました。私は「fair」よりは「trust」のほうがよい言葉だと思っています。「fair」というのは、スローガンに掲げるのは非常に簡単なのですが、現実がどう追い付いてくるかは分かりません。「trust」は、fair なことをやっていった積上げで、人々が trust ということを感じてくれるのだと思うのです。実態のある言葉なので、これを彼らが言ってくれるということは、それなりのプラスだと見ていいのではないかと思っていますが、とにかく頻繁に言葉を掛けて、いろいろ話し合うことが一番大事なのです。

大内　日本にも外国人は来られているのですか。

日置　コマツは、三年や五年という人はほとんどいませんせん。一定の訓練の目的で短期にきてもらうことはありますが、それを除くとありません。ですから、取締役の外国人はいませんし、執行役員も基本的には日本人だけです。

5　グローバル化と日本の人事システム

大内　グローバル化の進展の中で、日本の人事システムも変わっていかなければダメなのでしょうか。

日置　日本も少し変わってきていると思っていますが、例えば私たちは自分たち管理職の、特に部長級の給与制度はアメリカ型なのです。職責に基づいたグレード制にして日本の制度を変えたのです。だから、部長職でグレードになったら、みんな同じ給与になった。評価も当然そういう意味ではオープンにしていこうなんていうのは随分前にやりましたけれども、こうした変化は海外からの影響ですよね。

守島　部長以上クラスでジョブグレードへ入れられたのですね。

日置　役割グレード給といいますが、もう一〇年になります。

守島　役割等級制度みたいな感じでしょうか。▶session 03 バンドもありますか。

日置　そうです。三ランクに分けて、大部長と中部長と小部長の人たちと、言い方が悪いですけれどもシニアとエグゼクティブの部長がいる格好で、ただグレード1というのは一番上の部長クラスですが、そこは一本です。手当も一切なくて、みんなもしその部長職に就けば誰も同じですし、本社の部長が大体同じ等級だとすると、月例賃金が同じなのです。そこに、評価は一切入れていないのです。評価は全部賞与にしてしまおうというので。

守島　ある意味では、本当のシングルレートですよね。

日置　そうです。それをそこまでやってしまおうと。ただ課長さんクラスは配置転換があり，キャリアが動きますから，いちいち上がった，下がったということではなくしています。これはアメリカのジョブグレードの影響を受けた制度で，この際そういうことを思い切ってやろうかと。もともと部長で替わったときに前任の部長が副参事だとしますね。後任が参事だとすると，部長の仕事が同じなのに月例給与が違うというのはおかしいではないかと言われてきたのです。だったら，アメリカにモデルがあるのでその考えを逆輸入しました。

守島　組合員レベルはやはり職能資格制度ですか。

日置　そうです。職能資格制度は，逆にいま，中国に持っていっています。それからインドネシアも，彼らが日本の制度を参考にしたということもあって，職能資格制度に近い制度を持っています。経験を積むと，職能が高まり給与が上がるということです。特別な言い方をすれば経験が大事なので，一年先輩に，一年たつと追いつける給与制度だという言い方をしたほうがいいと思っています。

守島　成長のインセンティブということですね。

大内　それは日本モデルあるいはコマツモデルを輸出したみたいな形ですか。

日置　これは，アジアは行けそうだという感じです。そういう意味ではアジアというのは親近性があると思うので，きちんと現地に合うかどうかというチェックと説明をすることは必要だと思います。ただ，職能資格制度は，アメリカ人にはほとんど理解不能でした。私の言葉の問題もありますが（笑）。

6　グローバル化の中での人事管理の課題

守島　日置さんからご覧になって，日本の人事管理のあり方がグローバル化，少子高齢化も含めて，女性の活用，ワーク・ライフ・バランスなど，いろいろなことでチャレンジを受けていると思いますが，どういうところが大きな一番の問題点というか，課題だと思いますか。

▶session 06

日置　トップから攻められるのは女性の問題が大きかったです。日本は遅れていますから。私たちも世界中のオペレーションの中で、たぶん日本が最も女性の問題というのは遅れていますよね。言葉も大事だと思いますが、いまでも「女性の活用」と言うでしょう。私も、辞める間際に「中高年の活用」と言われたときに頭に来て、「なんでお前たちに活用されなくちゃいけないんだ」というように、「活用する」という言葉自身がそもそも違うと思います。アメリカで働いたとき、経理と人事は、過半数が女性でした。日本でも、女性にもっと働いてもらえる余地はたくさんあります。

　あとは、子どもを育てながらということで、私たちのやることは、まだ随分あると思います。制度は作るけれども、結局それが使われないというのは日本の問題点だと思います。これはまた、年次有給休暇の消化率についても、取りにくい雰囲気があるとかという部分もあって、使われる制度にしていかなくてはいけない。そうしないと、この問題は解決しないでしょうね。

　中国の山東省の工場を仕切っている人事部長は女性です。イギリスの人事部長も女性ですし、日本にもいますが、やっと一人です。そういう意味では、共稼ぎでとにかく一緒に仕事をしようというのは、他のアジアの国々だってはるかに進んでいます。だから、日本が最も遠い存在。あと、韓国がちょっと似ていますが、日本と韓国が最も遅れた存在になってしまっているのではないでしょうか。

守島　韓国の大統領は女性になりましたからね、対外的には日本よりもよほど進んでいるというイメージができました。そういう意味では、日本は最悪の国になってしまいましたね。

日置　現場は時間外労働▸session 06をきちんと整理しなくてはいけないと思います。研究員や開発技術者が時間外労働の対象になるのは、そもそもおかしいと思いますが、そうすぐには変えられないですけれども、法律ももう少しフレキシブルになればパッケージを渡して、インセンティブも含めてある程度保障するというやり方になっていくと思います。

　アメリカのある会社に行ったときに、研究所で金曜日の五時というのは研究所の駐車場はラッシュアワーです。みんな帰ります。

守島　そういう意味で、労働時間の管理は個人に任されている部分があるのですね。

日置　そうです。

守島　日本は、それをお上が管理しないといけないという人事と法律ですね。

大内　人事が本気で時間を短くしようとしたら、できるのだと思います。だから、まずは人事ではないでしょうか。

日置　そう思います。私は結論から言うと、人事もプロの領域があって、それをやるということだと思います。

先ほどの話で思い出しましたが、アメリカで私がいたときに、freezing rain が降ってきました。道路が凍りついて危険な状態になる。当然人事部がアナウンスすると思ったわけです。日本では絶対アナウンスします。館内放送で。でもそのときは人事部は何も言わないで、皆が自主的に帰宅しました。自分で自分の仕事をコントロールするのです。

守島　自己判断するのでしょう。

日置　そういうふうに、どこかではきっと我々のマインドセットも変わっていく必要があるのではないかと思います。これは結構難しいですよ。民族的なものですから。

大内　アメリカでは、自己判断でいいとなっているのではないですか、規則が。

日置　なっています。

大内　日本の場合、それがないのでしょう。

日置　周りを見てしまって、少し気にしちゃうというのはたぶんあると思います。だから、そのマネジメントというかコントロールの姿勢を持って海外へ行ったときに違和感を持ってしまうわけです。外国人社員にいちいち会社の許可を求めるような窮屈な就業管理をしたら、結局大きなギャップを作ってしまうでしょう。

守島　そういうものが、ワーク・ライフ・バランスの本質みたいなことなのかもしれませんね。家族のことを思って帰るのだ。それが、なぜ悪いのだと。

日置　それでいい。そういうことを小さいときからやってこないと、自分で決められなくなってしまうのかもしれません。大体ワーク・ライフ・バランスというのは、仕事と私生活のコンフリクトをなくすことと信じて疑いませんが、うちの組合は、これを、年休を消化しよう、というスローガンにしようとして口論になったことがあります。

大内　残業をもっと拒否できるようにすべきだというのはどうですかね、日本は。

日置　アメリカ人は、長く働いていると勤勉ではないと揶揄されてしまう。私たちだったらこんな九時間も一〇時間も毎日働いたら、とにかく集中できないからというのが理由です。

大内　そうなのです。だらだら働いているから長く働けるのだということですね。

日置　それはちょっと言いすぎなのですけれども、どこかに文化的な要素があることは否定できないのでしょう。そういう意味では、こういう日本人の勤勉さというのにものすごく会社としては助かっている部分もあるわけですよね。

大内　よい面もあるのでしょうけどね。先ほども出てきたように、ワーク・ライフ・バランスというのは、仕事と生活の境界線の自己決定権なのだと。これを行使するのが日本人には難しいわけです。法制度をどんなに変えて労働時間規制を柔軟にしても、労働者意識とか人事がそれに対応してくれなければ動かないですよね。

日置　社員にあなた自身を変えなさいというのは間違いなんですよね、会社が変わったという姿を見せなければいけない。それをしないとこの国は駄目でしょうね。

7　日本の労働法のパターナリズム

守島　日本の労働法体系というのは、そういう意味ではお上が守ってあげるという思想ですよね。

大内　労働時間の上限を法律がしっかり定めて、時間外労働についても三六協定を締結して役所に届け出るよう求めているのは、そういう発想だと思います。しかも、そうしたことを労働者も求めてきたのだと思うのです。

守島　いままでは機能してきている部分があるのでしょう。製造業の現場が多かったというのもあるだろうし。これからは、もう少し自律的に働くことが奨励されるような社会になって、それは自分の認識の変革というのもあるだろうし、そういう意味でそれに対応した法体系の変革が必要なのかもしれません。

大内　時間外労働については、アメリカには、三六協定などなく、一週間に四〇時間を超えたら五〇%の割増賃金を支払えというだけの規制ですよね。随分シンプルで、たくさん働いた人はお金で報いられれば十分で、行政の関与なんてないわけです。

日置　法律はどこかで制約していくのですが、結局人を中心に見ていこうという場合には企業性善説でなければならないのです。

大内　実は、今回の人事管理と労働法の対話をしていて分かったのは、人事管理というのは企業のよい面を見ているが、労働法は企業の悪い面を見ているということです。悪い企業を想定したルールを一般化すると、よい企業にとっては余計なお世話になってしまうのです。

守島　どこまで基盤を提供するかという話ですね。例えば先ほどの話で、ワーク・ライフ・バランスは大切なのですよ、というところで止めておくのか、それを年休消化率の管理まで持ち込むのかという違いはきっとあるのでしょうね。年休消化率などが政府の目的というか、一種の社会の目標関数になってしまっているから、労働組合もそういうところを入れたがるという違いなのでしょうね、きっと。

大内　日本人は、そこまでやらなければ動かないということかもしれません。

日置　文化的要因というのは、なかなか一朝一夕には変わらない。だから、まず人事部が変わるということ、役所も変わるということがどこかで必要なのかもしれませんね。どこまで規制するのですかというようなところですね。

8　人事部と労働法

大内　政府や役所とすれば、ちょっとでも悪い企業があれば、それを排除しなければならないという発想を持つのだと思います。労働者をできるだけ多く救いたい。しかし、これは無理であり、過剰規制になってしまうのです。アメリカはここが違うのではないかと思います

日置　確かに違いますね。アメリカは大体、人事部の人たちが、言うほど法律を知らないことが多いのです。私たちの同僚は少なくとも。そうすると、何かそういう問題があったら実はリーガル・デパートメントがあるので、彼らがそういう意味では専門的にやってくれるわけです。では、人事の人は、何の専攻をしてきたのですかと聞くと、心理学が多いのです。少なくとも人事で働く人たちがこの労働法に関する法律のイロハはきちんと知っておかなくてはいけないよというのは、日本が強いと思います。

守島　専門性のあるところは専門家に任せるという傾向はあるのですね、海外は。

日置　あります。アウトソーシングもね、確かに上手でしたから。

守島　だから、法律の問題は人事が下手に首を突っ込むよりも、とにかく専門家に任せておこうという話ですよね。

日置　おっしゃるとおり。かつて先輩には、「俺は労働法の大家だ」と言った人がいましたけれども、いまは大家はいないんですよ。でも、それでいいと思うのです。何かあったら相談できる専門家がいたほうが、むしろ正しい方向かもしれません。

守島　やはり心理学を学んだ人が増えるというのは、人事は心の問題だというところなので、重要になってきているのだと思います。納得性であるとか規範であるとか。特に個人に判断が任された欧米では、一人ひとりの心を納得させることが大切だった。

日置　人と仕事をするというのは、私に言わせれば「こんなに楽しいのだ」となってほしいと思うので、そうすると、人事部は語り部となって社員にいろいろなことを説明するとか、その前に、社員に語りかけるということが結構大きな要素になってきているのではないかと思います。

大内　私自身は、人事の人に労働法を知ってもらいたいなというのがあります。それは、労働法は企業

を規制するばかりではなくて、企業と労働者をつなぐ対話を促進するようなルールであるべきだと考えているからで、そういう点で人事の人にも知っておいてもらわなければ困るのです。プロに任せてしまうと、どうやって規制をかいくぐるかとか企業防衛のほうばかりになってしまうので。そういう意味では、人事もちゃんと労働法と正面から向き合ってもらいたいなという気はします。

日置　だから、労働法の考え方を伝えることが必要なのです。それが条文から入ってしまうので、労働者の権利とか時間外労働とかに入っちゃうんです。でも、法律を決めているテクニカルなものよりも背景にある思想を学ぶことが必要なのです。

大内　おっしゃることには全く同感です。なぜ組合というものが憲法上、権利が保障されているかというところから考えていくと、組合との向き合い方も変わってくると思います。なぜ労働法が民法と違って存在するのかを知ると、労働法の存在意義のようなものもより深く理解できると思います。

日置　法律はその法律の前に、なぜこういう法律が必要なのかを説明してほしいなというのは私も感じたことでしたね。

大内　人事には、法というものを規制という面ばかりから見ないで、法を上手に使って人事管理をやっていただければと思います。このように考えたとき、人事管理の今後の課題というのは、どういうことになりますかね。

9　人事の仕事の本質

日置　人事の仕事は、大学などで専攻してくる人はいないんですよね。ですから、たぶん入ってくる人たちが基本的には大半がアマチュアで、自分の関心の中に人があるということぐらいだと思います。でもそれを逆に肯定すれば、人に対する関心みたいなことはきちんと持ってほしいなと思うわけで、たぶんそれがスタートですよね。だから人が好きだとか、そういうことから私はスタートしてほしいと思うんです。

あと、逆に非常に難しい部分もあるのですけれども、全てのことが人事に関係している世の中だと思うのです。テレビでドラマを見てもそうですし、震災のボランティアの活動を見てもそうです。ハッとすることがある。だから、ネタはどこにもあります。それをどう仕事の中に取り入れるかということが一つと、あとは人を見るときに、いろいろな見方をするというのをどこかで学ぶのだと思います。そのベースには好奇心とか人が好きだというようなことがあるのだと思います。それが人事の仕事の面白いところです。結局人間って自分が一番かわいいから、自分が幸せになりたいと思っているんだけれども、人事は人が幸せになりたいと思っているときに、手を貸せる仕事かもしれない。そういうことはほかの仕事ではなかなかないので、是非好きになって長くやってくれよというのが人事の仕事を始めた人たちへの、私のメッセージだったのです。

人を通じて、いろいろな世の中を見るとワンダフルなのです。現場のいろいろな技能の神様なんかの話を聞いてみると、「こうやってこの人は技能を磨いてきたのか」と感動します。そういう技能を極めていったという人がいて、かつては多くが中卒ですからね。中卒で鹿児島から出てきて大阪の工場に入って、四〇何年間コマツでというような人たちの人生があるわけなので、あまり情緒的になっちゃいけないですけれども、そういう人たちを見るときに、人事の仕事というのはワンダフルだと思います。

守島　そういう人たちを幸せにしないといけないんですよね。

日置　それはそうなのですよね。会社の状況如何によっては不幸せにしちゃうケースもあるかもしれませんけれども、会社が普通でいる限り、ある程度の幸せ感を持ってほしいですね。

大内　ただ人事も不幸せなことをしなきゃならないことって、場合によってはありますよね。例えばリストラをするとか。

日置　例えば解雇しなくてはいけないときは、状況によっては、それはそれで割り切らなくちゃいけない仕事です。コマツも二〇〇一年に経営構造改革で一一〇〇人希望退職を募っています。これは八〇年の歴史で日本では初めてのことでした。ただ、そこで社長が言ったのは、希望退職を募ることで辞めるときに、踏ん切りがついて辞めるという人だっているかもしれないと。現に、私の先輩なんかは親の介護で悩んだときに、退職金の割増をするというので会社を辞めて郷里の鳥取に帰る決心ができたと言っていました。ごく少数ですけれども、そういう人たちもいるわけだから、そういうことを含めれば、必ずしも悪ではないのだということを社長は言ったのです。またこのあとに再生のシナリオを描いているのだからこういう外科的な手術というのは一回だけにすればいいのだとも。昔のやり方だったら個別に読んで肩叩きをするのです。「お前、辞めたらいいよ」という話です。本人は、「えっ、私はこれだけ評価されているのに、なぜ辞めなくちゃいけないんですか」という感覚をもちます。ですから当時の社長は、アメリカで経験したように、希望退職にしてくれと言ったのです。そしたら全員に、あなたがいまの時期にやめたら退職金はこれだけあるけれども、上積みはこれだけにすると年齢別に全部提示をしようというやり方をしたのです。それは、少なくともいままでのやり方と比べて私もベターだったと思います。結果としては、訴訟事件は一つも起きませんでした。業績がよくなって何人か戻したケースもあります。悪くなったらそれはどうしようもないので、当然経営も責任を取るべきところは取るということが前提ですけれども、その方法を伝家の宝刀で抜いてはいけないということはない。つらいですけれども、それは説明をするということをしなくちゃいけないので、一方では、そういうときの仕事を私たちがやるということも給与でもらっているのだと思います。

大内　それは、守島さんが言われた退職のマネジメントの一つですよね。

守島　自分で選ばせる。

大内　できるだけ納得をする形で。その納得をいかにしてさせるかというのも人事の仕事なのでしょうね。心理学が大切だという話ともつながります。

日置　そうですね。やはりその心の中も見てあげる必要はあると思います。

大内　そういう意味では面白い仕事でもある。

日置　よいときの人事部というのは面白いですよ。もう自分たちが理想としたいことを予算もある程度もらってやれるということですから。けれども、その分の悪いときは考えなければいけないわけですからね。

守島　悪いとき、どこまでよい仕事をするかというのが人事の本質ですよね。

日置　そうですね。

鼎談をふまえて

Motohiro Morishima

×

Shinya Ouchi

1　人事の原則と応用

大内　日置さんの話をおうかがいしていて、人事管理というのはどこの国でもある程度ローカルなやり方というものがあって、それにすり合わせていくことが必要であるということを言われていたような気がします。しかし、他方で、どこの国でも信頼関係が大切だとおっしゃっていて、ある意味ではローカルな面と普遍的な信頼関係の大切さの両方があるのかなというように思えました。

守島　そうですね。人事というのは基本的な原則、原理という意味では普遍的なものがあると思うのです。人の信頼を大切にするとか、公正性を守っていく、人々の期待を裏切らないなどといった部分は、一つの原理としてあるのだと思います。そのような意味では、信頼や公正性などというのは人事の一つの大きな原点だと思うのですが、日置さんが言われたことは、それを具体的に現場でどう展開していくかが課題だということです。つまり何が公正性なのか、何が期待に沿うことなのかというのは実はローカルに決まる面が強く、国や企業が置かれている状況によって大きく異なってくる。ですから、同じ人事制度を持っていたとしても、ある国では公正だと思うし、ある国では公正だと思わないということが起こってくれば、公正だと思わない国の人事制度というのはローカルに合わせて変えていかなくてはいけない。普遍的な原則は守りつつ、同時に方法論と言いますか、制度面とその運用の仕方ではローカルに適応していくことが必要だということを日置さんはおっしゃっていたのだと思います。

大内　日本企業での人事管理のやり方については、これは日本ローカルのやり方でいいのだという話にもなりそうなのですが、他方で、やはり日本はもっとグローバルなものに合わせろという話もあると思うのです。そこは、やや話が食い違っているような気もしますけれども、そうではないのでしょうか。

守島　食い違っているかどうかはよく分からないのですが、グローバルであったとしても、ローカルであったとしても、先ほどから議論しているような人の信頼関係とか人を大切にするという原則は基本的には変わらないと思うのです。ただ、そのやり方が時代や場所によって変わってくる部分があるので、日本がもう少しグローバルな形の経営をしていかないといけないというのは事実です。より一般的な意味は、環境が変化すれば、いままでの人を大切にするやり方とか人を公正に扱うようなやり方などを、変えていかなければならない場合は十分あります。やり方を変えなさいという話と、原則を曲げなければいけないという部分は、やはり違ってくると思うのです。

大内　公正さという理念的なものは普遍性があるとしても、日本のこれまでのローカルなやり方というものを、変えなければならないという状況にあるということですか。

守島　いまの日本で公正性などの人事の大原則を守ってきた方法論というのは、ある特殊な、特定の戦後の日本の環境の中で出てきたものであって、そのやり方をこれからも守っていけるかというと、さすがにそうはいかない。それは別にグローバル化ということではないにしても、例えば人口が高齢化しているとか、少子化しているとか、産業ベースが製造業からサービス業へシフトしてきたとか、そのようにさまざまな要素によって、どのように原則を守っていくかというやり方については変わってくるというのは大いにあると思うのです。

大内　つまりグローバル化という要因だけでなく、日本の中の、いわゆる内在的な要因によるということですね。

守島　それもあるということだと思います。

大内　それがグローバル化によって、いわば促進されたということですかね。

守島　そうだと思います。

2　それぞれの「公正さ」、「幸せ」

大内　公正さについてですが、やはり日本、アジア、ヨーロッパ、アメリカでは、かなり違うものなのでしょうか。ローカルなところが大切と言われていますからね。

守島　どこまで違うかというのは具体的な内容を見てみないと分からないのですが、例えば他人と比較をして、どこまで自分の給与がいいか、悪いかを判断するというときに、非常に平等的な感覚が強いような文化であれば、実際に支払われる賃金において格差があるという現象に強く反応するのに対して、アメリカで言うところの、いわゆる equity というのでしょうか、つまり衡平ですね。衡平性を重視する社会であれば、自分のインプットに対して、どれだけのものをもらっているかが重要になってくる。そういう面では文化や社会によって多少違うところはあります。

大内　文化の要因が大きいということですね。

守島　大きいと思いますね。何を大切にするかということです。

大内　なるほど。鼎談の中で、これは日本固有のものかどうか分からないのですが、人事というのは従業員を幸せにしなければならないという話が出てきて、大変感銘を受けました。もちろん、その背景には、そうしたほうが企業にとって都合がいいからという功利的な発想もあるのかもしれませんが、たとえそうであれ従業員を幸せにすることは、よいことであるのは明らかです。それはいいのですが、この考え方自身はグローバルな、ユニバーサルなものなのでしょうか、あるいはこれは日本固有のものなのでしょうか。

守島　幸せという言葉の定義にもよると思うのです。何が幸せだと思うかというのは、先ほどの話に戻るのですけれども、実は人によって違ってくる。つまり、自分が一つの企業の中で守られて、育成されて、興味を持てる仕事をやっていて、それに応じた給与をもらうことがハッピーな、幸せな状態の人もいるし、そうではなくて、自分は自分の能力に応じていろいろな企業に移って、いろいろなタイプの仕事をしたい、それができるということがハッピーな人もいるし、幸せの定義というのは、たぶん人によって違ってくるのだと思います。従業員が望むものを実現してあげないと、企業の人材としてはうまく活用できていないという状態は、たぶんどこでも同じだと思うのですが、望むものが何かという部分が国や文化によって違ってくるので、そのような意味では望むものが何かというところで、もしかしたら日本的な要素があるのかもしれません。例えば安定性を望むとか、そんなに大きな格差は望まないなどといった部分はあるのでしょう。けれども、実は幸せというか、本人が望むものを提供してあげるということが、本人も人として幸せになると同時に、人材としても活用されるという部分は、どこの国でも違わないと思います。

大内　幸せの中身の問題ということですね。幸せというのと公正さというのは、イコールではないですよね。

守島　違いますね。

大内　公正さも幸せを増す要因になるかもしれないけれども、公正だからといって、幸せにならないこともある。

守島　ありますね。幸せという概念は、ちょっと言い方がおかしいですけれども、上位概念だと思うのです。その中に公正もあるだろうし、平等もあるだろうし、それから尊厳みたいなものもあるだろうし、いろいろなものがその下にあって、その上にあるものが幸せという概念だと思うのです。おっしゃるように、公正だからといって、必ずしも幸せではないのだけれども、裏返すと公正さがなくなると、幸せ感というのも、実はなくなってしまう、公正さはそうした土台のようなものではないでしょうか。

大内　人事管理では、えこ贔屓はいけないとか。

守島　しかし、えこ贔屓がないだけで、その企業で働く人たちが幸せになるかというと、そうでもないというところはあるでしょうね。また企業経営という意味では、一定の形のえこ贔屓は必要です。

3 「幸せ」を与えるのは人事の仕事

大内　なるほど。幸せということが大切だというのは分かったのですが、実際に広い意味での幸せについて、従業員にそれを与えることができるというのには、それなりの前提条件があって、企業業績がある程度いいとか、あるいは株主が配当をたくさんよこせと言ってこないなど、いくつかの厳しい前提条件があるような気もします。そうした前提条件を満たしていないときの幸せのあり方というのは、どう考えていけばいいですか。

守島　いろいろあると思うのですけれども、まず第一に、そういう前提条件がないところでも従業員に、完全ではないにしてもどこまで幸せを与えられるかというのが、ある意味でプロの人事の仕事だと思います。幸せというより納得感といったほうがよいのかもしれません。つまり、株主は文句を言ってくる、会社は最近何となく元気がなくて、業績も落ち込んでいる。その中でも働く人たちにある程度の納得感を与えて、会社のために貢献してもらうように促進していくというのが人事の仕事だと思うのです。

とはいえ、もちろん、おっしゃるように前提条件がない場合というのはあると思います。しかし、そうなると人事のやるべきことというのは、そのような前提条件ができるだけ揃うような状況を自分で作り込んでいく。例えば、人のことが分かる経営者を育てていくという話とか、株主の問題は外部の問題になるのでかなり難しいのですけれども、経営者をきちんと育てておけば、株主との対応もある程度してくれます。つまり人の問題をきちんと考えてくれる経営者を育成しておく。また、いま、状況が悪いから、幸せのレベルが八〇点だとすると、八〇点でも十分企業のために頑張ってくれる従業員をも作っておく。そのために従業員との信頼関係をきちんと作り込んでおくなどというのは人事としては重要な話だと思います。

大内　日置さんの話に出てきましたが、アメリカでは、人事には心理学をやっている人が多いということですね。やはり、人事には心理的な要素が大きいということでしょうか。

守島　私も心理学的な教育を受けた人間の一人ですが、そのような意味では人事というものの後ろにあるものの一つは、やはり心理学なのです。人の心理が分かっていないと、人事はできない。もう一つは、合理性というか、企業経営というものが分かっていないといけない。それは「論語とそろばん」のような形で、心理と経済・経営の両方を分かっているというのが、人事としては重要だということです。

大内　ただ、世の中はそのようにきちんとした人事管理をやっている企業ばかりではないですよね。いわゆるブラックと言われている企業については、人事管理の立場から、どうご覧になっているのでしょうか。

守島　やはり、長期的にはマーケットから淘汰されていくだろうと考えるのが普通だと思います。そういうことをやっているところは、そういう噂がどんどん立っていい人材が来なくなる。したがって、ビジネスがうまく回らなくなるということで、いずれはマーケットから淘汰されていくというのが普通の考え方です。ただし、人事をやる人間として心苦しいのは、それには時間がかかるので、その間に犠牲になる人々というのが出てくるという点です。そこの部分をどう考えるかというのが、たぶん人事としては苦しいところだと思います。

大内　できれば、労働者を幸せにしない企業には消えていってもらいたいということですね。

守島　逆に言うと、だからこそ、労働法に期待する部分というのがあって、どこまでのパワーがあるかどうかは分かりませんけれども、マーケットの浄化作用は時間がかかってしまうので、そうではなくて法律とか、何らか他の枠組みで、そういう会社が淘汰される、マーケットから消えていくことが望まれるわけです。

大内　確かに、実際、労働法はそういった問題のある企業を念頭において発達してきたところもあるわけです。しかし、規制というのは一般的なものなので、規制が、今度は優良な企業にとって余計な足かせになってしまうことになるので、そこは人事のほうからしても、痛し痒しでしょう。

守島　痛し痒し、確かにそうです。

大内　前にも少しやりましたが、労働法は企業性悪論と言いますか、企業は放っておくと変なことをするので縛っておかなければいけない、という発想に基づいています。そこで念頭に置いているのは、放っておいてもきちんとやる、従業員を幸せにしたいと考えている企業ではなくて、そういうことを全く考えてもいない企業なのです。

守島　そこのところは、たぶん永遠の問題だと思います。ブラック企業みたいなものが不当に人材を利用して利益を得るということが、できるだけ排除されてほしいと思うのも人事なのですが、自分の行動が制約されるというのも優良企業の人事にとっては困ることなので、たぶんそれは永遠の問題としか言えないのではないですか。

大内　永遠の問題ですから、解決は難しいと諦めなければならないのでしょうか。

守島　それはゾーンみたいなものがあって、ブラック企業のようなところに当てはまる部分と、そうでなくて優良企業は自由にやる、たぶん重なる部分があると思うので、その重なる部分をできるだけ少なくしていくということではないでしょうか。

大内　これは、労働法側からは、その規制の手法を、もっと工夫するという話につながるのだと思います。例えば、優良企業であれば、労使関係をきちんと構築していると思いますので、労使自治に任せてよい部分をたくさん設けてもいいわけです。そこから、労使間における協定があれば、労働法の規制を適用除外していくというような発想が出てくるのではないかと思います。

守島　そうした世界を作るために、労働法と人事管理が協働できる側面は多いと思います。

session

12

対談を振り返って

Key Terms ▼ 正社員／非正社員／中核的正社員／準中核的正社員／周辺正社員／基幹的非正社員／伝統的非正社員／労働者の幸せ

1　新たな区分

大内　今回の守島さんとの対談を通して、私は、人事管理、人材マネジメントというのは結局のところ、従業員にどのように気持ちよく働いてもらい、従業員がどのようにして幸せになるかということを中心に考えている分野なのだなと感じました。ただ、こういう人事管理の対象にしてもらえる従業員、これは正社員だと思うのですが、これは実は限られているのではないかという気もします。正社員の枠から外れてしまった非正社員というのは、やはり幸せにしたい対象にはなっていないということで、そこで法的な問題がいろいろ起きているのかなという気もしています。この辺りについてはいかがでしょうか。

守島　現実には、いま、いわゆる正社員（表のa）、非正社員（表のb）という分け方が、だんだん意味をなくしてきており、正社員の中でもいろいろなタイプが出てきている、もしくは非正社員の中でもいろいろなタイプが出てきている、という言い方のほうが正確なのだと思います。

例えば正社員について言うと、いままでは全員を、極端に言えば定年まで守った形で雇用を維持して、社内で競わせていくというタイプの人事管理をずっとやってきたわけですが、いろいろな環境要件や、グローバル化など、経営環境の変化によって、正社員の中にも三つぐらいのタイプがだんだん出てきました。一つは、いままでどおり守っていきたい人、積極的に育成し、定年まで守って、活用していきたいタイプの人材（表a-1：中核的正社員）というのがいます。もう一つは、順番からいうと反対の極になってしまうのですが、いわゆる落ちこぼれというか、企業としてほとんど守っていきたくない人（表a-3：周辺正社員）がいる。これは昔もいたわけですが、これまではそういう人たちもある程度企業の中で雇用維持をしてきた。そして、企業にとって人材マネジメント上、いま一番課題になってきているのは、その真ん中にくるような人たちで、状況によっては守りたいのだけれども、状況によっては守りたくない、守る必要がないと考えるような人たち（表a-2：準中核的正社員）です。状況というのは、企業の業績というのもありますし、企業のビジネス上の戦略や力を入れる事業の転換のようなものもありますから、そういう状況によって守りたいと思ったり、守りたくないと思ったりというようなタイプがだんだん出てきたというのが、正社員の中での分化だと思います。

そして、非正社員も大きく分けて二つのタイプに分かれてきている。一つは、昔からのいわゆる非正社員と呼ばれるような人たちで、極端に言えば守るかどうかというような議論の対象外にいる人たち（表b-2：伝統的非正社員）というのがいると思います。もう一つの非正社員のタイプというのは、少し守りたいというか、企業の中で長期的に雇用を続けていきたいと思うようなタイプの非正社員（表b-1：基幹的非正社員）がいて、そういう非正社員も増えてきた。今回の対談でいうと、イオンの事例の中でこういうタイプの人材が出てきたと思いますが、そういうタイプの人材というのは、企業の中である程度長期的に維持をしていきたい非正社員です。その結果、合計五つぐらいのタイプの社員のグループが出てきている。それぞれに対しての異なった人事管理が必要になってきたということなのではないでしょうか。

従来の区分	新たな区分
a 正社員	→a-1 中核的正社員
	→a-2 準中核的正社員
	→a-3 周辺正社員
b 非正社員	→b-1 基幹的非正社員
	→b-2 伝統的非正社員（＝登録型派遣も含む）

▶session 02

大内 なるほど。いまの話は非常に分かりやすいです。正社員でも、もともとは定年まで守りたいと思って雇っていても、状況の変化の中で守れなくなりつつある。そういう中で、場合によっては、外へ出ていってもらっても結構だという正社員が出てくる反面、非正社員の中でも、基幹的なパートなどが代表だと思うのですが、もう少し守りたい、もっといてほしいという人が出てきている。最近の「限定正社員」の議論も、こういう流れの中で出てきたものともいえます。正社員の中からの雇用の不安定化という話と、非正社員の中での雇用の安定化という話が出ていて、この二つはかなり重なり合っていると考えていいのでしょうか。

守島　ちょっと極端な言い方かもしれませんが、雇用契約に期間の限定があるか、ないかということだけの違いであって、仕事の内容であるとか、給与のあり方であるとか、人事管理の他の面は、そんなに大きく違わないのかなという感じがします。

大内　正社員の中で守りたくなくなった人（表a-2）のカテゴリーというものが出てくることについては、こういう人たちに対して人事はどのように対処していくかは難しい問題だと思うのですが、この辺はどうですか。

守島　人事は、正直といいますか、心の底では、そういう人たちが出てきたことに対して、きわめて気持ち悪さを感じているのだと思います。というのは、もともと全員の雇用を守って企業内労働市場の中で活用していくという前提で考え、仕組みを作っていたにもかかわらず、あるタイプの人材については、きちんとした能力を持って頑張れるにもかかわらず、企業として見ると、状況が変わると守れない、守りたくないということが出てくるので、人事としては、いままでの考え方とは違うので、すわりの悪い人材のグループではないかと思います。

大内　こういう人たちが仮に企業を辞めることになっても、現在の外部労働市場の状況からすると、なかなか再就職が難しいのです。こういう状況も人事の悩みを深めているというところがあるのではないでしょうか。

守島　そうですね。ここで言うところの準中核的正社員（表a-2）の人材を外に出していくというのは、状況によっては企業としては選択肢をいろいろ考えるのですが、実際には、いまでも外部労働市場というのがあまり発達していないというのが日本の状態なので、その人たちがスムーズに外に出ていける状況には必ずしもなっていない。したがって、例えば事業や戦略の転換が起こったときに、人材の入替えというのがとてもやりにくいということがありますね。

2　人事の腕の見せどころ

大内　現状の法制度を前提にすると、守りたくなくなった人（表a-2）についても雇用調整まではなかなか難しいのが現状で、企業としては、結局は使っていかざるを得ません。そういう中で、しかし本気で守りたい人（表a-1）とはやはり違うカテゴリーだということがあり、▸session 05育成の仕方や能力開発の仕方で、なかなか難しい問題があると思います。

守島　そういう人たちに対して、昔のような、企業がフルコミットした形での人材育成をやっていくと、あとで守りたくなくなったときに、いわゆる企業の育成の失敗というような解釈をされてしまう場合があると思いますので、企業としては、できるだけ自律型の、自分で自分を育てていってくださいというタイプの育て方にはなってきていますね。

大内　しかし、そう自分任せにされると、従業員にとってモチベーションを高めるのはなかなか難しいのではないかという気もするのですが。

守島　そうですね。例えば成長のモチベーションにしても、仕事をやっていくモチベーションにしても、仕事やキャリアの面で、自分の状況はデッドエンドになっている、または企業にとってそれほど大切にしたい人間ではなくなっていると理解すると、成長のモチベーションも湧いてこないし、仕事で頑張りたいという気持もなかなか湧いてこないのだと思います。

大内　そうすると、どうしたらいいですかね。

守島　そこが企業にとっては、いま大きな問題で、それが最近よく聞かれる解雇規制の緩和のような議論の背景で、そういう人たちをもっと企業の外に出していくことを容易にしたほうがいいというような議論もあるのですが、それで問題が解決するかというと、そうでもありません。その人たちが外に出たところで、どこかに移る先がないと喜んでは出ていきませんから、いま企業は非常に苦労しているところだと思います。

大内　最初からこういう人だと分かれば、外部労働市場で使えるような能力開発するということもあるのでしょうね。

守島　それはありますね。ただ、中核的正社員（表a-1）と、準中核的正社員（表a-2）、周辺正社員（表a-3）の分かれ道というのは、キャリアの最初で決まるわけではなくて、ある程度キャリアが進んだ段階で選抜がされるわけなので、そういう意味では、どういう人材育成をしていくかというのは、システムとしては設計しにくいですね。

大内　なるほどね。そこは人事の頭の痛いところですね。

守島　痛いところです。

大内　しかし、腕の見せどころでもある。

守島　そうですね。その人たちをどう活用していくか。

大内　賃金制度の設計などでインセンティブを与えるとかですかね。

守島　一つは、状況によって守りたい準中核的正社員（表a-2）の人たちは職務型の賃金にしていくという道もあります。いままでのような能力給、つまり経験によって自分の賃金が上がっていくという、未来を見させたタイプの賃金設計ではなくて、いまの仕事をきちんとやったら、それはそれなりに報酬を与えるというような職務型の賃金に移っていって、それができるか、できないかということでモチベーションを維持していく、ということもありますね。

大内　なるほど。しかし、そうなると、伝統的非正社員（表b-2）と同じような処遇になってしまうのかなという気もするのですが。

守島　先ほども申し上げたように、この流れが進むと、極端に言えば、中核的正社員（表a-1）以外の正社員と伝統的非正社員とで、違うのは雇用契約の形態、期間の限定の有無だけということもあるのかもしれません。

大内　他方、非正社員の中の基幹的非正社員（表b-1）というのは、非正社員ですから雇用の期間の制限があるという中で、しかし、ある程度長くいてほしいと。こういう人たちに対する育成の仕方というのは、どうなっていますか。

守島　いままさにおっしゃったように、基幹的非正社員の人たちというのは、期間の限定はあるわけなので、基本的には長く勤めないというのが前提になっている。でも、企業としては、基幹的非正社員の人たちはある程度中核的な業務をやってほしいという期待があるので、長期的に経験を積んでほしいわけです。そうなると、育成もある程度施していかないといけないし、同時に、賃金設計も、長期的な育成に対するモチベーションを上げるようなタイプの賃金制度を用意していかなければいけないということになる。実際、今回の対談の中でも、そのような事例がいくつか出てきたと思います。

大内　もう一つ人事にとって難しそうなのは、中核的正社員をどう引き留めるかというリテンションの問題ですね。

守島　そうですね。いま、準中核的正社員について労働市場がないという話をしましたが、外部の市場ができればできるほど、準中核的正社員の人も出ていくけれども、同時に中核的正社員が外に出てしまうということがあるので、そういう人たちを引き留める、つまりリテンションということが、人事としては大きな問題になります。ただ、それを法律的にどうこうというのは、前にも議論したように難しい ▸session 08 ので、やはり何らかの形のインセンティブを与えて引き留めていくということになるのですね。

3　人材の解雇・活用・入替え

大内　このように見てくると、正社員、非正社員という二分法は伝統的に言われてきたわけですが、結局いまの五つに分かれていて、五つですらも、もしかしたら図式化しすぎていて、その中間にもっといろいろあるのかもしれませんが、もう正社員、非正社員という区別で論じることが適切ではない時代が来ているのかもしれません。

こういう中で最近話題になっているのは、解雇規制のあり方です。▸session 08 これまでは、中核的正社員（表a-1）を念頭に置きながら、企業は正社員の雇用を守るという意識を持っていて、規制がどうこうというよりも、まずそういう意識があるし、そのほうが企業にとっても都合がよかったわけです。そういう中での解雇ルールということで、法的ルールと実態がうまく合っていた、お互い邪魔していないというところがあったわけですが、その中核的正社員以外に準中核的正社員（表a-2）のような人が出てくると、従来の解雇ルールがこのままでいいのかということが問われているのだと思います。

守島　そうですね。準中核的正社員の人材について解雇規制を緩和したとしても、それがそのままそのカテゴリーの人たちの流動化や人材の入替えにつながるかというと、それだけでは難しいと思うのです。つまり、そういう人たちが行きたいと思うような仕事がないといけない。先ほどの話に置き換えれば、労働市場がちゃんと活性化されていないといけないということなので、そういうこともあって、どんなに規制が緩和されても、準中核的正社員の人たちをあくまでも企業の中で維持をして、企業の中で使い回していく、活用していくためのやり方を考える企業も出てくると思います。そういう企業にとっては別に解雇規制の緩和というのは必要ないのですが、多分いまの議論の中で言われているのは、そのカテゴリーの人材についてもう少し流動性を高めるための一つの手段として、解雇規制の緩和というものを考えていきたいという主張が出てきているのでしょうね。

大内　別に、解雇規制が緩和されても解雇しなければならないということではないので、準中核的正社員の人たちについて企業はどう扱っていくかは、企業の判断に委ねられている。切ってしまうという手もあるかもしれないし、準中核的正社員として、さっきおっしゃったように十分に活用するというやり方もあるので、規制を緩和しても解雇がどんどん増えるということではないのかもしれません。むしろ、準中核的正社員の人をどう扱うかというところで企業のスタンスが表れて、企業の特徴が出てくるのかなという気もします。

守島　そうですね。企業としては、準中核的正社員の人たちを内部で活用していくのか、外部に出していくのかということは、業種や戦略、事業の性質や企業の考え方によって大きく違ってくるのだと思います。ただ、難しいのは、準中核的正社員の人というのはそれでも企業にとって人材としての価値はある程度はある人たちだということなのです。周辺正社員（表a-3）の人というのは、ここでのカテゴリーでいうと、人材としての価値がその企業の中ではもうほとんどない人たちで、企業としては積極的に出していきたいというような人たちです。その人たちに対しては、解雇規制の緩和という議論は意味をなすと思うのですが、あまりよくない企業になるのですが、企業の中には準中核的正社員の人たちの中でも周辺正社員のカテゴリーに入れてしまって外に出すというようなことがあり得るのかもしれない。そうなってくると、人材を幸せにして、企業を繁栄させるという人材マネジメントの原則から少し外れるところがあるので、その部分は何らかの形で防いでいかないといけないということでしょうね。

大内　おそらく周辺正社員のカテゴリーは、解雇規制があろうが、なかろうが、企業は何とか本人を説得したりして、合意解約に持ち込んでいるということが多かったと思うのです。ですから、それはそれで解雇規制とは無関係であったともいえるのですが、準中核的正社員について、おっしゃったように従業員を幸せにするという観点、あるいは労働法の伝統的な考え方からすると、その雇用はできるだけ守ってほしいということがあるのです。私は個人的には解雇規制の緩和はあってもいいと思うのですが、しかし、その企業に応じた可能な範囲の解雇回避の努力はしてもらうというのは大前提で、解雇が最後の手段であるという要素は残してほしいなと思うのです。解雇規制が緩和されたからバンバン解雇するということは、あっては困る。そうならないよう、何か法的な仕掛けというのは必要かなと思うのです。

守島　そうですね。解雇回避でもいいし、活用の努力でもいいのですが、そういう努力を準中核的正社員の人たちにするかどうかというのが、企業の真の人材活用という言い方がいいのかどうか分かりませんが、丁寧な人事管理をやっているかどうかというところの違いになってくるのではないでしょうか。

大内　現行では、準中核的正社員の人を切るにしても、あまりに重すぎる解雇回避努力を求めると、これはちょっと困る。そこをもう少し緩和できたらいいというぐらいの解雇規制の緩和でどうなのかな、という気がします。

ただ、もう一つ異なる観点からの議論で、先ほどもあったと思うのですが、準中核的正社員を切ることによって、例えば準中核的正社員の中の中高年者に外に出ていってもらって、それによって、若い人材、あるいは基幹的非正社員（表b-1）でよくできる人が中核的正社員のカテゴリーに行くという入替えがあるとするならば、準中核的正社員の解雇規制の緩和もわりとポジティブに見ることもできるかなという気もするのです。

守島　そうですね。準中核的正社員の入替え、戦略に合わなくなったり、いろいろな意味でパフォーマンスのレベルがそれほど高くない人たちを入れ替えていくということが、人材的な意味で企業の活性化につながる場合というのはあると思うのです。そういうことができる方向につながっていけば、経営的にはとても意味があります。

大内　ただ、準中核的正社員で外に出てもすぐに次の仕事があるわけではないのと同じように、準中核的正社員の人を送り出して、その分若い人が中核的正社員になれるかというと、中核的正社員になるにはそれなりの力がなければいけないということなので、そう簡単に入替えが起こるわけではありませんね。

守島　そうですね。企業内の労働市場で、人の配置は、能力の高低によって決まりますから、単に一方が抜ければ、他方がとって替われるというものでもありません。また準中核的正社員がスムーズに退出するためには、労働市場のマッチングの議論であるとか、一旦何らかの育成期間を置いた上での他の企業への転職であるとか、そういう企業内外のインフラストラクチャーが揃っていかないと、やはり難しいですよね。

大内　結局、解雇規制の問題は、うまく転職していくための労働市場の流動化を支えるための基盤がどれだけあるかということと密接に関係していて、そういう意味では、育成の問題、技能訓練の問題というのは、非常に重要な意味を持ちますね。

守島　おっしゃるように、解雇規制の自由化という話と労働市場の円滑な流動化というのは、セットでなされないとまずい話だと思うのです。日本の企業

Motohiro Morishima

×

Shinya Ouchi

というのは、戦後少なくとも正社員については、人材育成や雇用一般に関して、一つの企業内で処理することを前提とした雇用システムができてきたので、企業外のインフラストラクチャーというのがあまり育っていないのです。例えば企業外での人材育成の仕組みというのがあまりないという話であるとか、こういうことを言うと自らに降りかかってくるのですが、大学での職業教育がきちんとなされていないという話であるとか、そういうことがあるので、そういう部分のインフラストラクチャーをきちんと準備していかないと、解雇規制をしたところで、結局は、先ほどおっしゃったような意味での人材の入替え、企業の活性化にはつながっていかないということもありますね。

4　最後に

大内　今回の対談を通して、人事管理も、労働法も、最終的には労働者に幸せになってもらいたいと考えていることが分かりました。少なくともそういう意味では、人事管理も労働法も向いている方向性が全く同じであったということは確認できたと思います。解雇規制についても、人事管理の立場からも完全な自由化がいいという議論をしているわけではないのです。労働市場の流動化と言っても人材を排出するだけではだめで、セーフティネットは大切だという議論もされているのであり、そこでも、労働法とそんなに考え方の違いはないという気はしますね。

守島　そうですね。私は人事管理の現場に近い人間なので、本当に純粋な意味での経営的な視点をとる人から見れば、もうそんなことは考えなくて、とにかく外に出すということを中心に考えるということが重要だと考える立場もあるのかもしれません。けれども、人事管理をやっている人たちは、トータルな意味での人材、人と企業の幸せのようなことをとても重く考えますから、解雇規制のようなものも、その大きなコンテクストの中で初めて意味があると考えます。

大内　労働法は、労働者の幸せにフォーカスを当ててきたのですが、ただ、ここにフォーカスを当てすぎると、人と企業のトータルの幸せを損なうことになるかもしれません。優良な企業が、労働法に不満を持つのは、この観点からでしょう。そもそも、優良な企業では、個々の従業員の幸せをおろそかにしたりはしないのです。それは、モチベーションを下げてしまうなど、結局、企業の利益にもならないからです。

こうした観点からみると、労働法の規制というのは、優良な企業の人事管理をモデルとし、かつ優良企業の行動をあまり制約しないようにすることが必要で、他方、いわゆるブラック企業に対しては、これまでの規制のエンフォースメントを徹底することにより、雇用社会で生息できないようにすることが必要だと思います。そして、その中間にある多くの企業には、労働法は、優良企業の人事管理をモデルにして、そこに誘導していくという発想でルールを作っていくことが必要ではないかという印象を持ちました。

守島　人材マネジメントや人事管理というのは、経営の機能なので、最終的には企業経営に貢献をしないとならないのですが、働く人の心を理解し、それに寄り添って実施していかないと、その目的が効果的に達成できないという特徴をもっています。したがって、本当に優れた人事管理担当者は、常に働く人のことを考えているのです。つまり、働く人の幸せを考え、どうしたら人材が意欲的に企業に貢献をしてくれるかを考え、最終的に人材マネジメントが企業と働く人の繁栄に資するための道筋を探しています。その意味では、各々守るものはあり、違いはあったとしても、労働法と人材マネジメントは充分協働できると思います。

あとがき

興味深い対談だった。見識に満ちた大内さんの言葉が、私の頭脳を刺激し、労働法とＨＲＭ（人材マネジメント）の共通点、相違点、そして目指している世界が案外似ていることが明らかになった。さらに、労働法とＨＲＭというものを学びたい人には、解りやすい入門書にもなった。

私が専門としている人材マネジメント（ＨＲＭ）は、企業経営にとって必要不可欠な「人材」(human resource) を、経営側のニーズと働く人のニーズをうまくバランスさせながら確保し、活用していく経営活動（management）である。資源管理という意味では、財務論などと同等だが、扱っている対象が生身の人間であるという点で大きく異なっている。この特徴により、対象となる人の心を理解し、それに寄り添う姿勢がないと、長期的には経営に資する人材マネジメントは決してできない。

今回の対談を通じて、私が理解したのは、労働法という法律は、その大部分が、労働者の人としての側面を強く意識し、個人としての権利、尊厳、幸せ、公平性などを守ることを第一の目的としてきた法体系であることである。その意味で、人材マネジメントと重なる部分が多い。ともに、人を大切にすることを重視する分野である。

だが、同時に人材マネジメントは、あくまでも経営に資することが求められ、その中で、時には、人のもつニーズのみを考えてはいられない場面もある。逆に、労働法は、企業側のニーズに対応するのは、その本来の役割ではない。

この点は、大内さんが「はしがき」で挙げられている第一点（人事のミス）と対応するだろう。ただ、これを人事のミスと考えるのか、判断基準の違いとして捉えるのかは一つの課題である。人材マネジメントにたずさわるものも、企業と働く人を長期的に幸せにする「普遍的な公平性」という原則は維持するが、企業経営においては、それを具体状況で、どう実現するかが問われる。究極まで公平性を考えるが、最後には経営のために、一部の従業員が納得しない意思決定もありえると人材マネジメントでは考えるのである。

くしくもこの対談が行われた二〇一二年終わりから二〇一三年前半にかけて、安倍晋三首相が率いる、いわゆるアベノミクスの高揚感の中で、労働法と人事管理に関係するいくつかの議論が盛んに行われた。代表的なのが「解雇規制の緩和」といわゆる「限定正社員」。これを書いている直近になって、「労働時間規制の緩和」に関する議論が加わってきた。

これらの議論の背後にある論点は、要約すれば、「これまでの労働法による窮屈な規制を緩和し、人的資源の活用に関して、もっと柔軟性をもちこまないと、企業はグローバル経営の時代に戦っていけない。」というものである。

はたして、問題はそんなに簡単なものなのだろうか。

この対談を通じて、私が学んだことは、労働法が目指す人材管理のあり方は、すでに多くの優良企業で実現されており、またそれが規範化しているということである。例を挙げれば、多くの企業では、正社員に関しての雇用維持努力は、法令遵守だからやっているのではなく、それが（少なくともこれまでは）企業の合理的な行動だったから、行われてきたのである。また、多くの経営者がそうした行動が正しいと信じてきた。

だからこそ難しい。というのは、現在、競争環境や働く人の意識が大きく変わるなかで、わが国の人材マネジメントは、変化する必要に迫られているからである。いままで合理的で機能してきた仕組みや制度は、それを変えるためには、新たな合理的な仕組みを構想し、構築しないといけないために極めて困難である。

逆に、多くの企業が、法律に規制されて、無理矢理いままでのやり方をとってきたというのであれば、法律を変えれば、一気に変化は起こるだろう。だが、残念ながらそういう状態ではないのである。

これも例を挙げれば、強い雇用保障に守られた正社員を主な働き手とした、いわゆる「日本型人材マネジメントモデル」は、session 12 の議論にあるような従業員タイプの多様化によって、変革が必要になってきている。だが、このモデルが維持してきた強い合理性ゆえに、代替モデルは、いまだ見えない。また、このモデルと不可分な企業内職業人育成のあり方も、労働市場の流動化とともに、変化が求められている。

新たな競争環境に対応する人材マネジメントのあり方は、単に法律を変えれば生まれるものではないのである。労使がきちんと話し合い、自らの企業にあった仕組みを丁寧に考えないと生まれない。逆に法律を変えることで起こりうる副産物に悩まされるかもしれない。深く考えることなく、急いで導入した制度が、後になって問題を引き起こした例は、いわゆる成果主義の影響を考えてみればわかるだろう。

でも、こうした企業の努力の中で、労働法の役割も変化していかないとならないのかもしれない。労働者に寄り添うという基本的立場は維持しつつ、多様な労働者像を前提とし、企業が新たな競争環境に対応する人材マネジメントを行うことを支援するという役割を重視する必要があろう。正しいことを行う企業の人的資源管理を助ける労働法である。

「はしがき」で大内さんは、人材マネジメントでは、長期的に貢献してくれる人材だけが大切にされると述べておられる（第三点）が、現在、企業が大切にする従業員には様々なタイプがあり、各様に大切にされている。もちろん、非正社員を大切にする仕方は、正社員のそれとは違っているが、企業は戦略に基づいて、個人の意思を考慮しながら、大切にしているのである。労働法もこうした企業の動きに、もっと理解を示してほしい。

逆に、変化する人材マネジメントの中で落ちこぼれたり、不利な立場におかれたりする労働者の保護と救済は引き続き労働法に期待するところである。中でも、重要なのは、人材を単なる資源として捉えて、人の尊厳を無視する企業を排除するための労働法である。市場という代物は、排除にあたっては、機能するまでに時間がかかりすぎる。また、伝統的な労働法の範疇には入らないのかもしれないが、規制緩和など労働市場の動きを活発化するための法律も必要である。前半のポイントは、大内さんの第二点（人材を使い捨てにする企業について）と対応し、長期的に企業と働く人を同時に幸せにしたい人事にとっては、労働法に大きく期待する領域である。

いずれにしても、戦後七〇年近く経って、これまで成功してきた雇用システムとそのもとでの人材マネジメントには変化が求められている。新たな仕組みへ向けて、労働法と人材マネジメントの一層の対話が必要だと確信させる対談であった。関係者の皆様すべてに御礼申し上げる。

平成二五年八月

守島基博

ら

わ

は

ま

や

た

な

さ

事項索引

欧文

あ

か

対談者紹介

守島基博（もりしま・もとひろ）

1982 年　慶應義塾大学大学院社会学研究科社会学専攻修士課程修了
1986 年　イリノイ大学産業労使関係研究所博士課程修了（Ph.D.）
現在　一橋大学大学院商学研究科教授
専攻　人材マネジメント論
主要著作
『人材の複雑方程式』（日本経済新聞出版社，2010 年）
『人材マネジメント入門』（日本経済新聞社，2004 年）

大内伸哉（おおうち・しんや）

1995 年　東京大学大学院法学政治学研究科博士課程修了（法学博士）
現在　神戸大学大学院法学研究科教授
専攻　労働法
主要著作
『労働の正義を考えよう —— 労働法判例からみえるもの』（有斐閣，2012 年）
『労働条件変更法理の再構成』（有斐閣，1999 年）

人事と法の対話 —— 新たな融合を目指して
Dialogue of HRM and Labor Law: Toward a New Synthesis

2013 年 10 月 10 日　初版第 1 刷発行

著　者　守島基博
　　　　大内伸哉

発行者　江草貞治

発行所　株式会社　有斐閣
郵便番号 101-0051
東京都千代田区神田神保町 2-17
電話(03)3264-1311[編集]
　　(03)3264-6811[営業]
http://www.yuhikaku.co.jp/

印　刷　大日本法令印刷株式会社
製　本　大口製本印刷株式会社

ISBN978-4-641-14452-1